# 古典文獻研究輯刊

## 六 編

潘美月・杜潔祥 主編

# 第28冊

## 《上海博物館藏戰國楚竹書(四)・曹沫之陣》研究(上)

高佑仁 著

國家圖書館出版品預行編目資料

《上海博物館藏戰國楚竹書（四）・曹沫之陣》研究（上）／
高佑仁著 — 初版 — 台北縣永和市：花木蘭文化出版社，2008
〔民 97〕

目 2+208 面：19×26 公分（古典文獻研究輯刊 六編；第 28 冊）

ISBN：978-986-6657-26-9（精裝）

1. 簡牘文字　2. 研究考訂

796.8　　　　　　　　　　　　　　　　　97001093

ISBN 978-986-6657-26-9

古典文獻研究輯刊

六　編　第二八冊　　　　　　ISBN：978-986-6657-26-9

《上海博物館藏戰國楚竹書（四）・曹沫之陣》研究（上）

作　　者　高佑仁
主　　編　潘美月　杜潔祥
企劃出版　北京大學文化資源研究中心
出　　版　花木蘭文化出版社
發 行 所　花木蘭文化出版社
發 行 人　高小娟
聯絡地址　台北縣永和市中正路五九五號七樓之三
　　　　　電話：02-2923-1455／傳眞：02-2923-1452
電子信箱　sut81518@ms59.hinet.net
初　　版　2008 年 3 月
定　　價　六編 30 冊（精裝）新台幣 46,500 元　　版權所有・請勿翻印

# 《上海博物館藏戰國楚竹書(四)‧曹沫之陣》研究(上)

高佑仁　著

## 作者簡介

高佑仁，1979 年生，高雄市人，台灣師大國研所碩士、成大中文博士生，研究重心集中在古文字考釋，尤其是戰國文字領域，發表著作有〈《曹沫之陣》「早」字考釋－從楚系"*止*"形的一種特殊寫法談起〉、〈《曹沫之陣》校讀九則〉、〈《上海博物館藏戰國楚竹書（二）・民之父母》校讀〉等數篇，2006 年於文字學研討會發表《曹沫之陣》簡「沒身就世」釋讀〉一文，獲頒 95 學年度中國文字學會優秀青年學人獎。

## 提　　要

　　西元二○○四年十二月《上海博物館藏戰國楚竹書（四）》（以下簡稱《上博（四）》）正式出版，其內容依舊精采流贍，覩其字形令人不忍釋卷，讀其內容令人流連忘返。其中《曹沫之陣》共有 65 簡，佔《上博（四）》全書之半數，亦是目前所公佈之上博簡中簡數最多的一篇簡文，並且《曹沫之陣》已正式取代銀雀山簡所出土的兵書，成為現存最古老的兵書。

　　因此雖然學術界深知《曹沫之陣》的內容可為領域作為取資之用，但文字的通讀問題是目前最大的瓶頸，使用不夠正確的編聯與釋文所做的研究，所得到的結論也將有所偏失。因此現階段而言，文字考釋與字句釋讀的問題是目前研究者最主要的焦點，因此論文筆者投注最多心力在「釋讀」方面，「釋」是考釋，考釋簡文文字的字形、字義，並將之與甲骨、金文、各系戰國文字、秦漢文字進行橫面（空間）、縱面（時間）的系統比較，以補充或糾正過去的說法，彰顯這批兩千餘年簡文的寶貴價值。「讀」是訓讀，亦即每一個字詞在簡文中的訓讀。其次，筆者論文中廣泛蒐集所有研究者的研究成果，於論文中全文引用或摘錄重要字句，欲使本文同時亦具備集釋之功能。

目

次

# 凡　例

一、《曹沫之陣》簡文的篇題與正文由不同書手所寫，本論文所謂「《曹沫之陣》
　　書手」乃指撰寫正文之書手而言。

二、考釋文字時，由於原考釋者是簡文最初的整理者、研究者，日後學者的意見亦
　　往往據此而發揮或檢討，因此將原整理者的意見置於最前，其後學者的看法，
　　亦討論意見的同意作爲分類的標準，各意見之下以「時間先後」爲排列的依據，
　　若乙學者的意見與甲學者全同，又時間晚於甲說且無進一步發明，則先著錄甲
　　說後云「乙從之」，不再重複相同意見。

三、本論文的上古音系統，聲母部份據黃侃古聲十九紐之說〔註1〕；韻母及擬音部
　　份據陳新雄師古音三十二部之說〔註2〕。關於古文字上古音的歸部，參考《新
　　添古音說文解字注》一書之標注〔註3〕。

四、本書第四章爲《曹沫之陣》簡文之之考釋內容，首列全篇總釋文，釋文採嚴式隸
　　定，以「（　）」註明該字之今字、通假字；「（？）」代表括號前之字，其
　　隸定尚有疑問；於每簡簡末以「【　】」標出其代表之簡數，若有上、下簡之
　　分，則於簡數後標示，若爲殘簡則以「△」、「▽」表示其屬於上半或下半之
　　簡；「﹛　﹜」代表書手之脫文；「〈　〉」代表書手寫訛字；「□」代表該
　　處缺一字，「☑」代表該處缺若干字，若簡文殘斷而造成缺字情形，並且能利
　　用其他相關線索增補，則以「￢」將增補的文字框起。

---

〔註1〕見陳新雄師：《古音研究》第三章〈古聲研究〉，（台北：五南出版社2000年，11
　　　月），頁551～559。

〔註2〕見陳新雄師：《古音研究》第三章〈古聲研究〉，（台北：五南出版社2000年，11
　　　月），頁303～526。

〔註3〕陳新雄師編輯顧問、鍾宗憲主編：《新添古音說文解字注》，（台北市：洪葉文化，
　　　1999年）。

五、簡文中先採用嚴式隸定，括號後註明其今字、通假字等，若筆者無法釋讀者，則以原書照片植入，以保留拓片原形。援引《文字編》或相關原文圖片時，先利用數位相機進行拍攝，再利用 photoimpact、windows 小畫家等影像軟體做進一步的處理，將筆畫與筆畫之間非文字的影像加以修整、清除，殘泐的筆劃、部件一概不私逕補充，以保留原貌不增入個人主觀判斷。若援引學者的意見中出現圖片，爲求圖片的清晰、明瞭，將爲因過度模糊、不清楚而已造成妨礙閱讀的拓片、圖片、字形，進行重新的整理。

六、校讀部份將欲討論的字形分段說明，被討論之字於按語中皆以△表示，不再重複該字。爲區別學者與筆者的意見，論文首列學者的研究成果，在「按」下以按語形式討論、說明，若遇到前無學者留意過的問題，則直接說討論不再注明「按」字。

七、爲方便讀者閱讀，援引專家學者說法時，於正文不註明其篇名、書名，一概於注中清楚交代。

八、本論文的注解使用當頁注的形式，爲方便使用者找尋出處，本論文不用「同注某」、「同前注」之方法，無論是否該論文已見前注，仍將完整出處清楚交代，以節省使用者尋找資料的時間。

九、考釋文字時，首先列出此條欲考釋之文字，如：

〔208〕28・受（授）又（有）智，舍（舍）又（有）能

「〔208〕」指此條爲本書第 208 條考釋，「28」指此段文字位於第二十八枚竹簡，若此條考釋又再細分若干子題討論，則以【1】、【2】、【3】…等標注，如：

〔203〕、35・賞垀（均）【1】聖（聽）中【2】

意指此條爲本書第 203 條考釋，此段文字出現於第 35 簡，該條下又分【1】、【2】等兩條子題處理。

十、引用古文字材料的文例時，重點單字使用嚴式隸定，非欲討論之字用寬式隸定標示，以方便讀者閱讀。

# 第一章 緒 論

　　文字是文明的象徵，文化的累積需要藉助文字方得呈現，因此考古文物的價值，即在古物所呈現的文化意義，而非在於物品的年代，貝殼、溶洞、浮木其年代往往動輒超過上萬年，但它們恐怕無法超越一片帶字甲骨背後的文化意涵。

　　近幾年來，文字學研究的熱潮是戰國文字，過去我們對於戰國文字的陌生，在於文字材料的缺乏，戰國時人最常使用的書寫工具是竹簡，但簡冊易於腐爛而難以長期保存，因此出土數量一直不多。然而近幾十年來，地下出土了大量戰國文字材料，使我們逐漸了解其文字系統。而戰國文字材料中，其國別大多數屬於楚系，因此李學勤於《包山楚簡文字編・序言》中強調「現代戰國文字研究發軔時的憑藉，乃是楚文字。」〔註1〕。

　　楚文字中「竹簡」更是最大宗的出土材料，是以稱戰國楚簡研究是此時代的「預流」〔註2〕，實非過譽。戰國竹簡的發現雖嚆矢於漢代〔註3〕，但是絕大多數皆關注

---

〔註 1〕 見李學勤：《包山楚簡文字編・序言》。參張守中撰集：《包山楚簡文字編》，（北京：文物出版社，1996 年 8 月），頁 3。李學勤在《郭店楚簡文字編・序言》亦再一次強調云：「現代的戰國文字研究是從楚國文字開始」，參張守中等撰集：《郭店楚簡文字編》，（北京：文物出版社，2000 年 5 月），頁 3。

〔註 2〕 陳寅恪云：「一時代之學術，必有其新材料與新問題。取用此材料，以研求問題，則爲此時代學術之新潮流。治學之士，得預於此潮流者，謂之預流（借用佛教初果之名）。其未得預者，謂之未入流。此古今學術史之通義，非彼閉門造車之徒，所能同喻者也。」，見陳寅恪《敦煌劫餘錄・序》。參陳垣編：《敦煌劫餘錄》，收入《中國西北文獻叢書續編・敦煌學文獻卷》卷 5，（蘭州市：甘肅文化出版社，1999 年），頁 3。

〔註 3〕 西漢景、武年間，魯公王壞孔子宅，欲以廣其宮，得古文經籍於壞壁之中，可參《史記・儒林傳》。許慎《說文解字・敘》亦云：「魯恭王壞孔子宅，而得《禮記》、《尚書》、《春秋》、《論語》、《孝經》」。參許慎撰、段玉裁注：《說文解字・注》，經韵樓藏版，（臺北市：洪葉出版社，1999 年 11 月），頁 769。其次，西漢宣帝時，亦有另

---

在文獻上的價值〔註4〕，除許慎的《說文解字》、《古文字四聲韻》、《汗簡》外，較少學者留意到其文字、聲韻上的價值，戰國文字較不受重視，一直到民國以來「地不愛寶」〔註5〕，戰國文字材料大量出土，而日漸興盛。1942年，長沙古墓出土的楚帛書，為楚文字研究開啓了新頁，從此之後楚系文字材料就大量湧現，前輩學者已有詳細的整理〔註6〕，此不贅述。舉其重要者如1987年湖北荊門包山楚墓出土的「包山簡」，1993年湖北荊門郭店楚墓出土的「郭店簡」，1992年河南新蔡葛陵楚墓出土的「新蔡葛陵簡」，而近年楚文字研究最重要的出土材料，莫過於是1994年陸續被發現於香港古董市場，而被上海博物館所購入收藏的「上海博物館藏楚竹書」，原整理者李零初步整理後指出「簡文所含古書，種類至少在100種以上」〔註7〕，消息一公佈，立刻震撼學界，從2001年11月《上海博物館藏戰國楚竹書（一）》刊行後，每年年底依序發行一冊，冊冊都引起學者廣大的討論，西元2004年12月《上海博物館藏戰國楚竹書（四）》正式發表，一出版立刻成為學術界的大事，而《曹沫之陣》即是其中一篇，共有65簡，已超過《上博四》所收竹簡之半數，其重要性自不言可喻，本論文即是欲以其中之《曹沫之陣》作為研究對象。

# 第一節　前　言

　　西元二〇〇四年十二月《上海博物館藏戰國楚竹書（四）》（以下簡稱《上博（四）》）正式出版，其內容依舊精采流贍，覩其字形令人不忍釋卷，讀其內容令

---

　　一批竹簡出土，王充《論衡・正說》：「至孝宣皇帝之時，河內女子發老屋，得逸《易》、《禮》、《尚書》各一篇，奏之。宣帝下示博士，然後《易》、《禮》、《尚書》各益一篇，而《尚書》二十九篇始定矣」，見楊寶忠：《論衡校箋》，（石家莊市：河北教育出版社，1999年1月），頁876～877。其次，《說文解字・序》亦云「今敍篆文，合以古籀」，其中古文即屬於戰國文字材料。許慎撰、段玉裁注：《說文解字・注》，經韵樓藏版，（臺北市：洪葉出版社，1999年11月），頁771。

〔註4〕這些出土的竹簡收藏於中秘，一般人自是無法閱覽。一直要到劉向、劉歆父子的整理與校對，才得以見於世，《漢書・成帝紀》、《漢書・楚元王傳》也都記載劉向典校中秘書之事。

〔註5〕語出《禮記・禮運》，其云「地不愛其寶」。（清）阮元《校勘十三經註疏・禮記》，嘉慶廿年江西南昌府學開雕影印本，（臺北：藝文印書館，1993年），頁441。

〔註6〕關於戰國文字材料的出土情形，學者們已有完善的整理，如駢宇騫、段書安著：《本世紀以來出土簡帛概述》，（臺北市：萬卷樓圖書公司，1999年）；駢宇騫：《簡帛文獻概述》，（臺北市：萬卷樓圖書公司，2005年）；張顯成著：《簡帛文獻學通論》，（北京：中華書局，2004年）。

〔註7〕參李零：〈參加「新出簡帛國際學術研討會」的幾點感想〉，簡帛研究網，（2000年11月16日），網址：http://www.jianbo.org/Wssf/Liling3-01.htm。

人流連忘返。竹書內容一刊行公佈，研究者立刻於〈簡帛研究網〉發表心得，網站立即開闢「上博四」專欄，論文蠭出並作，學者們交相發明，互為駁議，一時之間蔚為大觀，戰國文字研究的蓬勃，可見一斑。

《上博（四）》所收錄的篇章篇目，就筆者所見材料，最早是李朝遠於 2004 年 4 月 23 日至 25 日在美國聖橡山大學召開第三屆國際簡帛研討會時所公佈，邢文整理李朝遠的發言撰成〈郭店、上博楚簡整理研究的最新進展〉一文，發表於 2004 年 8 月的《國際簡帛研究通訊》〔註8〕，《上博（四）》的篇名及其內容概要，才始見於世人〔註9〕。《上博（四）》所收錄的內容有《采風曲目》、《逸詩》、《昭王毀室、昭王與龔之脽》、《柬大王泊旱》、《內豊》、《相邦之道》、《曹沬之陳》等七篇簡文，共 125 枚竹簡〔註10〕，對於古文字、詩學、禮制、軍事史、儒學、經學等領域等都占有著舉足輕重的地位。

不過，早在《上博（四）》尚未刊行之前，即有部分上博簡的整理者曾透露這篇簡文的篇名，並據其相關內容得出若干研究成果〔註11〕，然限於未發表的材料不得公開、引用的原則，學術界對於《曹沬之陳》簡文實際內容的瞭解，依舊付之闕如。就篇名而言，《上博（四）》尚未正式發表之前，原考釋者李零將之稱作「曹沬之陳」

---

〔註8〕 見邢文：〈郭店、上博楚簡整理研究的最新進展〉，《國際簡帛研究通訊》，第四卷第二期，2004 年 8 月，頁1～3。

〔註9〕 當時對於《曹沬之陳》簡的介紹是「《曹沬之陳》共 65 簡，記魯莊公與曹沬問對。曹沬即曹劌，史籍屢見，他對軍事上的貢獻見於《左傳‧莊公十年》。本篇開頭論政，其後論兵，篇題主於論兵，是一篇佚失已久的古兵書。」，見邢文：〈郭店、上博楚簡整理研究的最新進展〉，《國際簡帛研究通訊》，第四卷第二期，2004 年 8 月，頁3。

〔註10〕 其中《采風曲目》六簡、《逸詩》六簡、《昭王毀室‧昭王與龔之脽》十簡、《柬大王泊旱》二十三簡、《內豊》十一簡、《相邦之道》四簡、《曹沬之陳》六十五簡，共一百二十五枚簡。《上海博物館藏戰國楚竹書》的責任編輯秦志華於《上博四》出版不久前（2004 年 12 月 26 日）表示全書「約 127 支簡」，與出版實際內容不合，這表示《上博四》一直到正式印行發表以前，其內容、簡序、綴合等問題，都還是在變動改易之中，可知上博簡原整理者的用心與慎重的程度。參秦志華：〈《上海博物館藏戰國楚竹書》第四冊出版情況〉，簡帛研究網，（2004 年 12 月 26 日），網址：http://www.jianbo.org/admin3/list.asp?id=1284。附帶一提，雖《上博（四）》原書之「版次」為「二○○四年十二月第一版」，然學術界真正見其書，必須晚到 2005 年農曆年前後，因此「簡帛研究網」首篇有關「上博四」之研究心得，是廖名春、陳劍、季旭昇師於二月十二日所發表的論文。

〔註11〕 如濮茅左即從《曹沬之陳》的篇名位置，探討楚簡篇名的相關問題。李零也據之推論「曹沬」與「曹劌」是同一人。參濮茅左：〈《孔子詩論》簡序解析〉，《上博館藏戰國楚竹書研究》，（上海：上海書店出版社，2002 年 3 月），頁 14。參李零：〈為什麼說曹劌和曹沬是同一人——為讀者釋疑，兼談兵法與刺客的關係〉，《讀書》2004 年 9 期，頁 129～134。

〔註12〕或「敔蔑之陳」〔註13〕，上博簡整理者之一的濮茅左則稱之爲「曹沬之陣」〔註14〕，可見無論在人名的使用上，以及「陳」與「陣」的釋讀，咸未有定名。2004年底《上海博物館藏戰國楚竹書（四）》出版，原考釋者李零才正式將此篇竹簡定名爲「曹沬之陳」。「陳」字原簡作「戰」，然而今日「軍陣」之「陣」多用「陣」而不用「陳」，因此本論文以「曹沬之陣」一名爲本論文之名稱。

　　原考釋者李零將《曹沬之陣》分爲65簡，佔《上博（四）》全書之半數，亦是目前所公佈之上博簡中簡數最多的一篇簡文〔註15〕，不過在經過學者的重新拼合、整理之後，將不少原本分爲二簡之處，綴合成一完簡，因此簡數恐會較「65」之數要少。竹簡首尾平頭，篇名寫於第二簡之簡背，字形與內文明顯非出一人之手，每簡共有三道編線，天頭地尾各又預留一字的書寫空間，契口大多在右，亦有若干簡屬反契口的現象，殘簡多半斷於中道編聯下一至二字處，現存的字體中字形殘泐、模糊處甚少，配合彩色圖版閱讀，字體鮮明的程度令人手不忍釋。關於竹簡形制、編聯、排序、契口位置等相關問題，可參第三章〈《曹沬之陣》簡的形制與編聯〉將深入分析，此不贅述。

　　另外，1972年4月山東省臨沂縣銀雀山西漢墓出土大量竹簡，其中發現《孫子兵法》（即吳孫子）、《孫臏兵法》（即齊孫子）、《六韜》、《尉繚子》等珍貴的兵書〔註16〕，廓清了長久以來對於《孫子兵法》的作者疑惑，對學術界造成很大的震撼，將目前所見兵書寫本推至漢代，但是二〇〇四年《上海博物館藏戰國楚竹書（四）》正式發表後，《曹沬之陣》已正式取代銀雀山簡所出土的兵書，成爲現存最古老的兵書。

---

〔註12〕 李零：〈爲什麼說曹劌和曹沬是同一人——爲讀者釋疑，兼談兵法與刺客的關係〉，《讀書》2004年，第9期，頁131。又見李零：《簡帛古書與學術源流》，（北京：生活・讀書・新知三聯書局，2004年4月），頁373。

〔註13〕 見李零：〈中國歷史上的恐怖主義：刺殺和劫持（上）〉，北京《讀書》2004年第11期，頁14。

〔註14〕 見濮茅左：〈《孔子詩論》簡序解析〉，《上海博物館藏戰國楚竹書研究》，（上海：上海書店出版社，2002年3月），頁14。

〔註15〕 目前上博簡發表至第五冊，各冊內容分別爲《上博（一）》有《孔子詩論》、《緇衣》、《性情論》共三篇：《上博（二）》有《民之父母》、《子羔》、《魯邦大旱》、《從政（甲篇）（乙篇）》、《昔者君老》《容成氏》等共六篇；《上博（三）》有《周易》、《仲弓》、《恒先》、《彭祖》共四篇。《上博（四）》有《采風曲目》、《逸詩》、《昭王毀室・昭王與龔之脽》、《柬大王泊旱》、《內豊》、《相邦之道》、《曹沬之陣》等共7篇；《上博（五）》有《競建內之》、《鮑叔牙與隰朋之諫》、《季庚子問於孔子》、《姑成家父》、《君子爲禮》、《弟子問》、《三德》、《鬼神之明・融師有成氏》等共八篇。

〔註16〕 簡文中僅避高帝之諱，其後諸帝皆不諱，則簡文應書寫在漢高帝在位之時，參張震澤：《孫臏兵法校理》，（臺北市：明文書局，1985年5月），頁2。

## 第二節　研究動機及目的

　　《曹沫之陣》內容大可區分兩大段，前者論政，後者論兵，簡文藉由魯莊公與曹沫之間的問答，鋪陳出曹沫對於天命、修政以及戰爭核心問題的深入討論，是一篇亡佚已久古魯國兵書。《曹沫之陣》既是佚書，則內容未必皆見於先秦古籍，但其與其他先秦兵書的關係，也是一項重要問題。魯國的兵書流傳於楚地，然而楚國於魯頃公十八年取魯國最後一塊土地，而遷魯君于莒，六年後頃公被貶為平民，死於柯，楚國正式消滅魯國〔註17〕，則楚人師敵國之長以滅敵，《曹沫之陣》之內容究竟有何精粹之處，能令篇章遠播至楚地，此乃學術界極欲了解的課題。而《曹沫之陣》簡文雖為戰國中晚期，但史事的時空背景則是定位在春秋前期的魯莊公，所謂「國之大事，在祀與戎」〔註18〕，據王應麟《困學紀聞》所載，光《春秋》一書中所發生的戰爭事件至少已有 271 次之多〔註19〕，《中國歷代戰爭年表》中整理春秋所發生的戰事共計 395 次，戰國時期亦有 230 次〔註20〕，可知兼併、攻伐相當普遍，談論戰略思想的作品因此蘊育而生。然而，《曹沫之陣》雖是一篇兵書，但本質上還是儒家的作品，陳麗桂師以為「其論兵，固是兵家學說，其論政，仍是儒家仁德本調」〔註21〕，說法相當正確，從「貧於美而富於德」至「不可不修政而善於民」，皆是儒家仁政的呈現。

　　雖然學術界如此引頸企盼對《曹沫之陣》的珍貴內容立即進行思想、兵學、魯國史、經學史、儒學史之研究，但是文字通讀的問題是目前所面臨的最大阻礙，畢竟簡文是以標準的戰國楚文字所書寫，乃出於兩千兩百多年前戰國時人之手〔註22〕，而戰

---

〔註17〕參郭克煜：《魯國史》，（北京：人民出版社，1994 年 12 月），頁 264～267。

〔註18〕語出《左傳·成公十三年》，劉康公之語。見〔清〕阮元《校勘十三經註疏·左傳》，（臺北：藝文印書館，1993 年），460 下。

〔註19〕王應麟《困學紀聞》卷六云：「春秋書侵者才五十八，而書伐者至於二百一十三」，二者合計共 271 條，不過這僅是書「侵」與「伐」者。參王應麟：《困學紀聞》（下），（臺北市：中國子學名著集成編印基金會，1978 年），《中國子學名著集成》珍本 36，卷六，頁 376。

〔註20〕見《中國歷代戰爭年表》「作戰次數統計表」，中國軍事史編寫組編：《中國歷代戰爭年表》，（北京：解放軍出版社，2003 年），頁 1。

〔註21〕陳麗桂師：〈近三十年出土儒道古佚文獻在中國思想史上的意義與貢獻〉，簡帛研究網，（2005 年 8 月 10 日），網址：http://www.jianbo.org/admin3/2005/chenligui001.htm。又收入《陳滿銘教授七秩榮退誌慶論文集》，（臺北：萬卷樓圖書公司，2005 年），頁 333～349。

〔註22〕馬承源說：「據種種情況推斷和與郭店楚簡相比較，我們認為上海博物館所藏的竹簡，乃是楚國遷郢以前貴族墓中的隨葬品。」，廖名春以為「『楚國遷郢』，事在西元前 278 年。」。參馬承源主編：〈前言：戰國楚簡的發現保護和整理〉，《上海博物館

國時期周天子面臨王綱解紐、諸侯僭命的困境，在語言、字體上呈現「言語異聲、文字異形」〔註23〕的現象，季旭昇師稱爲「中國歷史上第一個文字最混亂的時代」〔註24〕誠然，文字部件的變換、通假字的繁仍、冷僻字義的使用，在在都造成吾人解讀的困難。就字形而言，戰國時期書手各自展現出屬於自己的字形風格〔註25〕，使戰國文字辨識更加不易，在研究上也加深其重要性。

　　雖然學術界深知《曹沫之陣》的內容可爲學術領域作爲取資之用，但文字的通讀問題是目前最大的瓶頸，使用不夠正確的編聯與釋文所做的研究，所得到的結論也將有所偏失。現階段而言，文字考釋與字句釋讀是目前研究者最主要的焦點，因此本書投注最多心力在「釋讀」方面〔註26〕，「釋」是考釋，考釋簡文文字的字形、字義，並將之與甲骨、金文、各系戰國文字、秦漢文字進行橫面（空間）、縱面（時間）的系統比較，以補充或糾正過去的說法，彰顯這批兩千餘年簡文的寶貴價值。「讀」是訓讀，亦即每一個字詞在簡文中的訓讀。其次，筆者論文中廣泛蒐集所有研究者的研究成果，於論文中全文引用或摘錄重要字句，欲使本文同時亦具備集釋之功能。

# 第三節　研究方法與步驟

　　昔陳新雄師屢屢叮嚀學生，讀書治學不得其法，如同「盲人騎瞎馬，夜半臨深池」〔註27〕，錯誤的研究法不僅使人得出錯誤的結論，也使我們所花費的研究精力徒勞無功。戰國文字形體雖然紛亂，然而「亂中有序」〔註28〕，戰國文字偏旁異形、類化繁多、異體夥見、假借頻仍此其之「亂」，但研究者卻可以透過一定的方法、門

藏戰國楚竹書（一）》，（上海：上海古籍出版社，2001 年 11 月），頁 2。廖名春：〈上博《詩論》簡的作者和作年〉，簡帛研究網，（2002 年 1 月 17 日），網址：http://www.jianbo. org/Wssf/ 2002/liaomincun02.htm#_ftnref15。

〔註23〕許慎撰、段玉裁注：《說文解字‧注》，經韵樓藏版，（臺北市：洪葉出版社，1999 年 11 月），頁 765。

〔註24〕見季旭昇師：《說文新證（上冊）》，（臺北市：藝文印書館，2002 年 10 月），頁 5。

〔註25〕舉例而言，從「人」者可更易作從「千」，這是古文字學的常識，但「人」、「千」的替換是限於某些字例（如「年」、「仁」），而非所有從「人」偏旁者都可以替換成「千」，古文字中「死」字所從「人」，筆者未見甲骨、金文、戰國文字中有人旁替換作「千」旁者，但《曹沫之陣》簡 58 之「死」字，字即從「千」，於古文字甚爲特殊，是個人風格所致。

〔註26〕筆者對於釋讀的字詞亦有所篩選，學者已普遍知曉的問題如「又」讀作「有」、「㠯」即「以」之類，本論文略而不談。

〔註27〕筆者於陳新雄師「古音學研究」課程中所聞教。

〔註28〕此爲季旭昇師「戰國文字研究」課程中所云。

徑、步驟，分析歸納進而掌握其「序」〔註29〕。筆者總結本文所使用的研究方法，說明如下：

## 壹、親手摹寫

古文字大師容庚有句名言云：「學了古文字，寫幾個出來看看」，又指出「不能開口甲骨文、閉口金文，說的天花亂墜，卻寫不出幾個像樣的古文字」〔註30〕，季旭昇師也自初中開始即知摹字之樂〔註31〕，而劉釗亦自述其工夫境界爲「你講的出來的字，我就寫的出來」〔註32〕，可見這些古文字大師總以摹寫爲研究古文字學第一要務。研究古文字卻不摹寫古文字，則學問有如浮沙建塔，考釋文字的成果不免使人懷疑。因此筆者在本文撰寫時，最初步的工作就是摹寫全部的簡文，唯有親自摹寫才能夠看出每個單字間差異性及共通性，俾使一筆一劃都能牢記在心。

## 貳、輯 佚

出土材料雖多爲新出，其內容往往不見今本古籍，但是它的若干文句常常被收錄於歷代典籍叢書、類書之中，因此在從事楚文獻研究時，必須先進行輯佚的工作，收羅這些仍殘存於古籍的隻字片語。《曹沫之陣》公佈後，原考釋者李零於《上博四‧說明》指出「此書史志無載，是一部佚失已久的古兵書。」〔註33〕，但廖名春很快的就指出《曹沫之陣》在《愼子》古籍中尚有其殘留的字句，並收錄了11條佚文〔註34〕，筆者接續其工作，勾沉了《白氏六帖事類集》、《古今合璧事類備要》、《路史》

〔註29〕李學勤也以爲戰國時代文字雖然各國「文字異形」，但還是有不少共通之處，因此以爲「楚文字研究可成爲六國古文研究的突破口。」，參李學勤：《中國古代文明十講‧中國古代文明研究》，（上海：復旦大學出版社，2003年8月），頁169。

〔註30〕見陳煒湛：〈我如何教古文字〉，收入《中山大學學報論叢》，1991年第一期，頁60。

〔註31〕參季旭昇師《說文新證‧自序》。見季旭昇師：《說文新證（上冊）》，（臺北市：藝文印書館，2002年10月），序五。又季旭昇師於臺灣師範大學國文系講演〈我的文字之路〉時學生亦曾聽聞，2006年5月24日。

〔註32〕此爲筆者聆聽劉釗講演時所得，2006年1月18日。

〔註33〕見馬承源主編：《上海博物館藏戰國楚竹書（四）》，（上海：上海古籍出版社，2004年12月），頁242。

〔註34〕廖名春以爲「上述十一條記載，有八條說是出自《愼子》，其他三條雖然沒有交待出處，但《樂書》和《詩經世本古義》的記載，一看就是節選；《天中記》所記，除缺少出處外，其餘都同於《初學記》，顯然是抄自《初學記》。所以，此記載出自《愼子》，當無問題。」，可見廖名春以爲上述十一條全出《愼子》。廖名春：〈楚竹書《曹沫之陣》與《愼子》佚文〉，簡帛研究網，（2005年2月12日），網址：http://www.jianbo.org/admin3/2005/liaominchun003.htm。亦可參見《新出土文獻與先秦思想重構國際學術研討會》會議論文，（臺北市：臺灣大學，2005年），頁9-3。

等 8 條佚文〔註35〕，並將這些佚文與《曹沫之陣》的簡文進行比對的工作，如此一來便可得知《曹沫之陣》的若干字句於後世的變化情形。

## 參、字形分析

字形分析是考釋文字的基本功，也是文字通讀的礎石，錯誤的文字釋讀會使我們對於文義的了解造成偏差，小至一詞一句，大至一章一節，都應謹慎。因此本論文每條考釋之首，即先進行字形之分析，先確認該字為何，其次釐清字形的演變脈絡，隨後文義訓讀的工作，才不致於浮沙建塔。然而，戰國文字尚在發展階段，許多對於字形的分析與考釋，學者們的研究意見都還停留在莫衷一是的情況，而《曹沫之陣》是篇擁有多達 65 簡共計一千七百餘字的出土材料，絕對是戰國文字形體考釋的突破口。本論文使用「字形分析」所做的研究，如簡 9「🖊身就🪶」一詞，筆者承續學者的基礎，透過文字分析，指出《郭店・唐虞之道》簡 2 的「🪶」與本簡的「🖊」都應釋作「沒」，另外在據陳劍對《季庚子問於孔子》簡 14「嵗」字的考釋，指出本處「🪶」雖「世」旁與之小異，但字亦是「嵗」字，「嵗」讀作「世」〔註36〕。再如簡 2 筆者承袁國華師對《魯邦大旱》簡 6 的「飯」字考釋，以為楚簡中「反」、「攴」形體常有相混的現象〔註37〕。

## 肆、假借字的破釋

段玉裁〈寄戴東原先生書〉云：「音韻明則六書明，六書明則古經傳無不可通。」〔註38〕，說明通音韻在古籍研究上的重要性，古籍是文獻而出土材料亦是文獻，但古籍已經過歷代學者皓首窮經地進行校釋的工作，整理後的版本自是文通字順，而楚簡出於戰國時人之手，時間的差距，空間的隔閡，其中的文字勢必難以釋讀，則段玉裁對於聲韻學所突顯價值，在出土文獻上更是重要的助益。

## 伍、字書、韻書的旁證

每一個我們所見的古文字，都意味著它曾經真實地存在於這個世界，只是受到時間、空間的種種因素，導致它最後為人所遺忘、淘汰，然而其寫法雖已不再

---

〔註35〕參本論文第二章〈《曹沫之陣》簡的佚文〉。

〔註36〕參拙文：〈《曹沫之陣》簡「沒身就世」釋讀〉，《文字的俗寫現象及多元性——第十七屆中國文字學全國學術研討會論文集》，（臺北縣板橋市：聖環圖書公司，95 年），頁 65～81。

〔註37〕見袁國華師：〈上海博物館藏戰國楚竹書（二）字句考釋〉，大阪大學《中國研究集刊》第 36 號，（大阪：大阪大學文學部中國哲學研究室，2004 年），頁 84～85。

〔註38〕許慎撰、段玉裁注：《說文解字・注》，經韻樓藏版，（臺北市：洪葉出版社，1999 年 11 月），頁 813。

被使用，但歷代字書、韻書常常仍舊保留其原始樣貌，在考釋文字時，常常扮演著關鍵的腳色，字書如《龍龕手鑑》、《干祿字書》、《玉篇》、《類篇》、《新加九經字樣》、《隸辨》等，韻書如《廣韻》、《集韻》等。這些字書、韻書在本論文中常發揮重要的功能，例如《曹沫之陣》簡 55 有個「𣈙」字，筆者以爲字即從口、母聲，應讀作「謀」，因爲《說文》「謀」字下有個古文作「𣿩」〔註39〕，《類篇》「謀」亦作「𣈙」字〔註40〕。又如《曹沫之陣》簡 31 有「𥆙」字，李零以爲它是「睽」之異體字，因爲「睽」字見《玉篇》、《廣韻》等書，這些古代字書、韻書的重要性，可見一斑。

## 陸、出土文獻及古籍的比勘

　　一百年多來地不愛寶，從安陽所出土的的甲骨開始，青銅器、敦煌寫卷、簡牘、帛書等材料都大量出土，使得我們在從事楚簡研讀上，有許多豐富的材料可供取資與比對，尤其對於字詞意義的掌握上，除甲骨、金文材料外，近年大量出土的簡帛材料更是考釋文字與通讀文句上的一大利器。例如簡 2「欲於土鉶」之「欲」字，在簡文中訓作「飲食」之義，古籍未見，但見沙市周家台《醫方》簡「男子飲二七，女子欲七」，《曹沫之陣》、《醫方》二材料的原整理者都以爲「欲」字是訛字，可是二條重要材料相輔相成，訛字的可能性不高。

　　此外，學術的演進是漸進的，文化的傳承也是持續的，許多出土材料仍可於古籍中找到蛛絲馬跡，若干文句依舊斑斑可考，而這些古籍文獻即成爲出土材料重要的比校勘對象，今日所見的楚簡資料，雖未必都可以如《上博（一）・緇衣》、《上博（二）・民之父母》、《上博（三）・周易》等材料仍在古籍可找到對應的文本，但是其若干字辭、用語，總是會殘留在某些性質相近或相關的古籍中。另外，個別字詞如「異於」、「沒身」、「就世」、「重賞」、「獄訟」、「繕甲厲兵」、「什伍」、「承教」、「恭儉」、「驕泰」、「明日將戰」等，都在古籍中存有痕跡，這些見於今本古籍的字詞都使考釋信而有徵，強化了論證的可信度，並使出土材料與古籍材料得到映證，是二重證據法的最佳例證。

## 柒、有效利用網路資源

　　拜科學昌盛之賜，網際網路的影響力無遠弗屆，對楚簡研究而言亦復如此，《上博（四）》刊行後學者最早發表文章之處，並非期刊論文，而是於「簡帛研究網」、

---

〔註39〕許慎撰、段玉裁注：《說文解字・注》，經韵樓藏版，（臺北市：洪葉出版社，1999年 11 月），頁 92。

〔註40〕（宋）司馬光：《類編》，（北京：中華書局，2003 年 12 月），頁 47。

「孔子 2000」、「武漢大學簡帛網」等研究網站〔註41〕，網路論文發表的便利性及迅速性，非常適合楚簡這一日新月異的新領域〔註42〕。而網路資料庫的匯整，讓許多古文字的原始材料得以方便查閱，使亟須大量參證資料的古文字領域，得以事半功倍。就楚文字研究而言，如羅凡晸所架設的「楚簡的世界」網站，附有《上博（一）》中的單字、部件、部首的搜尋〔註43〕，對於《上博（一）》單字的搜尋可說無往不利。又由香港中文大學圖書館與張光裕共同製作的「郭店楚簡資料庫」，附有「郭店楚簡十六篇釋文修訂稿全文檢索」〔註44〕，主要是依據張光裕、袁國華師所主編《郭店楚簡研究・第一卷・文字編》一書爲底本，對於郭店楚簡中的字詞、釋文、文例之搜尋，有極大的幫助。再如由早稻田大學文學部工藤元男研究室製作的「楚系文字資料」網站中的「簡牘資料データベース」可以搜尋有關包山楚簡中的字句〔註45〕，對於包山簡的研究貢獻良多。

另外，成功大學的「甲骨文全文影像資料庫」〔註46〕、「甲骨文數位典藏」〔註47〕、「YH127 甲骨坑資料」〔註48〕在甲骨拓片的取資上有莫大的助益，而鍾柏生師、陳昭容師、袁國華師、季旭昇師、沈寶春、林清源師、朱歧祥等學者所製作的「殷周金文暨青銅器資料庫」，使筆者在金文拓片及銘文的找尋上便利甚多〔註49〕。而香港中

---

〔註41〕〈簡帛研究網〉於西元 2000 年 2 月正式對外開通，自創立以來，已有 14 萬人次登錄訪問，先後共發表研究文章和資訊 850 餘篇。2003 年 9 月 10 日起，網站由武漢大學中國傳統文化研究中心所掌理。上述資料悉據〈簡帛研究網〉之「本網簡介」，網址：http://www.jianbo.org/admin3/list.asp?id=997。〈孔子 2000〉網站的「清華大學簡帛研究」一欄，由廖名春所主持，網址：http://www.confucius2000.com/。「武漢大學簡帛網」乃武漢大學簡帛研究中心所設立，網址：http://www.bsm.org.cn/index.php。

〔註42〕據筆者統計《上海博物館藏戰國楚竹書（五）》一書，從學者見到書（約 2 月初）至 3 月中一個多月的時間，光「武漢大學簡帛網」一網站，學者的研究論文已超過八十篇，學者傾全力關注，必然爲此一領域帶來快速的發展。

〔註43〕見羅凡晸：〈楚簡的世界〉網站，網址：ttp://s21040.xxking.com/sh/photo-sh/default.asp。

〔註44〕見香港中文大學圖書館、張光裕教授製作：〈郭店楚簡十六篇釋文修訂稿全文檢索〉，網址：http://bamboo.lib.cuhk.edu.hk/cgi/nph-bwcgis/BASIS/bamboo /producer/bamsview /SF?。

〔註45〕見早稻田大學文學部工藤研究室：〈簡牘資料データベース〉，網址：http://www.asahi-net. or.jp/ -YW5A-IWMT/DB/db/HDB/houzandb.htm。

〔註46〕成功大學圖書館所設置的「甲骨文全文影像資料庫」，網址：http://libsun1.lib.ncku. edu.tw /cgi-bin/ttsweb。

〔註47〕袁國華師、柯維盈等架設之「甲骨文拓片資料庫」，網址：http://ndweb.iis.sinica.edu.tw/ rub_public /System/Bone/index.html。

〔註48〕劉益昌、陳光祖、李永迪等架設之「YH127 甲骨坑資料」，網址：http://archeodata.sinica. edu.tw/。

〔註49〕筆者幸而能於中央研究院歷史語言所金文工作室工讀，蒙友人的協助得以使用該資

文大學所開發的「漢達文庫」〔註50〕，在甲骨文、金文、戰國文字、漢簡等材料的來源上，都使研究者能快速地找到相關資料，是古文字研究不可或缺的資料庫。另外，李鍌師、陳新雄師、李殿魁所編纂的網路版《異體字字典》〔註51〕，在古籍異體字的取資上，也扮演著重要的地位。

## 捌、善用大陸、日本、美國等學者的研究成果

在過去兩岸交流尚不能自由往來時，學者們較難取得大陸方面的研究成果，但近幾年來兩岸開放後，許多大陸學者所發表的專著已都能於市面購得，而博士、碩士論文以及單篇論文、會議論文，也都可於「萬方數據資源系統」、「中國期刊全文資料庫」等處自行下載閱讀，這使得許多大陸方面的研究成果，讓我們能夠進一步的使用，許多集釋、文字編的成果，便可以妥善予以利用，而不致於重複研究〔註52〕。另外，戰國文字研究不單僅為華人所重視，日本、韓國、美國都有學者傾力於此，並有重要的研究著作誕生，其中尤以日本學者為最。關於日本學者戰國文字的研究動向，大阪大學中國哲學研究室所架設的「戰國楚簡研究會」網站，能使吾人接收到日本簡帛研究的最新訊息〔註53〕，對於了解日本地區楚簡研究的最新情況具莫大助益。

## 玖、大膽假設、小心求證

唐蘭以為「電腦什麼都能做，但是不能新釋古文字，因為釋讀古文字是種發明」〔註54〕，因此利用電腦檢索資料只是學術研究的基礎，考釋文字必須提出足以服人的證據，因此「大膽假設」進而「小心求證」是考釋文字時十分重要的態度，胡適在《元典章校補釋例·序》中指出善本、古本在校勘學上的重要性，唯有依憑善本、

---

料庫之資源，在此甚為感謝。

〔註50〕 由香港中文大學中國文化研究所中國古籍研究中心開發的「漢達文庫」，網址：http://www.chant.org/。

〔註51〕 李鍌師、陳新雄師、李殿魁等編：教育部《異體字字典》網路版，民國93年1月正式五版，網址：http://140.111.1.40/main.htm。

〔註52〕 許多「文字編」及「集釋」的工作如果重複進行，其實是浪費學者的研究精力，蔡信發對《說文》研究有所謂「加強聯繫，避免重複」之說，其實就是這個概念。蔡信發：〈一九四九年以來臺灣地區大學院校國（中）文研究所《說文》論文研究〉，收入《第十六屆中國文字學國際學術研討會論文集》，高雄師範大學國文系，2005年，頁402。

〔註53〕 大阪大學中國哲學研究室：「戰國楚簡研究會」網站，網址：http://www.let.osaka-u.ac.jp/chutetsu/sokankenkyukai/index.html。

〔註54〕 唐蘭此言乃李學勤所聽聞。見李學勤：《中國古代文明十講·中國古代文明研究》，（上海：復旦大學出版社，2003年8月），頁23。

古本所做的校讀工作，才稱的上是「科學」的，因此以爲「校勘之學無處不靠善本」〔註55〕，但是楚簡研究者的瓶頸是，我們所面臨的對象本身已是古本，新出土的材料幾乎皆無更老的善本、古本〔註56〕，因爲缺乏可比對的文獻材料，再加上戰國文字的僻文奇字、古音奧義，因此在進行釋讀的工作時，「大膽假設」是避免不了的情況，有時更是研究時的必要功夫。但是，沒有依據的假設是「猜測」，是故還須以古籍或出土文物資料以證。

## 第四節　對於疑難字的態度

其次，是有關疑難字的問題，《曹沫之陣》全篇單字共計一千七百多字（合文、重文以一字計），必然有許多疑難的字例仍處於眾說紛紜的階段，其中有筆者足以研究分析，進而判斷各家之優劣者，但亦有尚無法解決者，然無論如何，筆者對於這些疑難字有以下幾點的態度：

### （一）若非有強而有力的證據，避免將疑難字朝「訛字」思考

所謂「人有失手，馬有亂蹄」，楚簡書手是人，任何的因素都可能造成其筆誤，因此筆誤的情形在楚簡中絕對存在，裘錫圭曾有專文談郭店楚簡中的「錯別字」問題〔註57〕，蘇建洲也曾專節討論《上博（二）》之文本的「錯誤類型」〔註57〕。但是我們必須體認，楚簡中有訛字出現並不代表我們可以將「現階段」無法解釋字句，通通導向訛字，因爲未能正確地識出字形往往是基於相關材料的不足，問題是在我

---

〔註55〕 胡適：《元典章校補釋例・序》云「所以校勘之學無處不靠善本，必須有善本互校方才可知謬誤，必須依據善本方才可以改正謬誤，必須有古本的依據，方才可以證實所改的是非。凡沒有古本的依據而僅僅推測某字與某字形似而誤，某字涉上下文而誤的，都是不科學的校勘。」，換言之，胡適以爲唯有善本古本的幫助，才能發現錯誤，改正錯誤，並且證明所改爲是。見陳垣：《元典章校補釋例》（又名《校勘學釋例》），（上海書店出版社，1997 年 7 月），頁 6。

〔註56〕 以《曹沫之陣》而言，雖《慎子》有佚文，但《慎子》佚文最早僅見唐徐堅《初學記》所載，《初學記》離《曹沫之陣》簡文晚約一千年，且資料是引自《慎子》，而《慎子》又轉引自《曹沫之陣》，時間上晚近千年，文字上展轉引用、傳抄、翻刻，則這些佚文反倒是被修正的對象。因此就戰國楚竹書而言，唯一稱的上古本者，也只有其他的竹簡文獻，如《上博（一）・緇衣》與《郭店・緇衣》，或《上博（二）・性情論》與《郭店・性自命出》，但是這樣的例子非常罕見。因此我們僅能從個別字句中，去爬梳是否有個別文例是出於其他先秦古籍之中。

〔註57〕 參裘錫圭：〈談談上博簡和郭店簡中的錯別字〉，《中國出土文獻十講》，（上海：復旦大學出版社，2004 年 12 月），頁 308～316。

〔註57〕 蘇建洲：《上海博物館藏戰國楚竹書（二）校釋》，（臺北市：花木蘭文化出版社，《古典文獻研究輯刊》三編，第 30 冊，2006 年 9 月），頁 491～495。

們，胡適在《元典章校補釋例·序》中云：「主觀的疑難往往可以引起本子的搜索與比較，但讀者去作者的時代既遠，偶然的不解也許是由於後人不能理會作者的原意，而未必眞由於傳本的錯誤。〔註 59〕」，將未識字遽作「訛字」解釋的情況很多，例如《上博（二）·魯邦大旱》【簡6】：「△梁食肉」〔註 60〕，△字由於右旁較爲特殊，因此學者見解很分歧〔註 61〕，李學勤以爲「第六簡『飯』字，疑乃『飫』字之誤。」〔註 62〕，並沒有其他佐證，袁國華師很快就從字形、字義、文例等證明此字正是「飯」字〔註 63〕，一直要到《上博（四）》出版，《曹沫之陣》【簡2】「飯於土簋」之「飯」字作△，可見△即是「飯」字無誤，可見在字未得釋出之前，遽解釋作「訛字」，縱使連古文字的權威學者李學勤都可能做出錯誤的判斷，更何況吾人，《顏氏家訓·勉學》云：「觀天下書未遍，不得妄下雌黃。」〔註 64〕很有道理。換言之，楚簡中有許多疑難字，很多學者很喜歡直接解作訛字，以爲改字之後字句方始通順，一來現在不識之字，安知日後不會被破讀，其次古文獻的研究是求「眞」，就求「眞」的原則而言，縱使改字後句義更爲通順、顯明，也不輕易動搖，一切以尊重書手爲原則，也正因如此，南宋明校勘學家彭叔夏曾云：「三折肱爲良醫，信知書不可以意輕改。」〔註 65〕，《古書疑義舉例》亦有「不識古字而誤改例」一項〔註 66〕，勿輕言

〔註59〕 胡適：《元典章校補釋例·序》，見陳垣：《元典章校補釋例》（又名《校勘學釋例》），（上海書店出版社，1997 年 7 月），頁 6。

〔註60〕 見馬承源主編：《上海博物館藏戰國楚竹書（二）·魯邦大旱》，（上海：上海古籍出版社，2002 年 12 月），頁 56。

〔註61〕 有釋作「飽」、「飼」、「飯」、「斂」等說法，見拙文：〈論《魯邦大旱》、《曹沫之陣》之「飯」字〉，簡帛研究網，（2005 年 2 月 20 日），網址：http://www.jianbo.org/admin3/2005/gaoyouren001.htm。

〔註62〕 李學勤：〈上博楚簡魯邦大旱解義〉，《上海博物館藏戰國楚竹書研究·續編》，（上海：上海書店出版社，2004 年 7 月），頁 99。

〔註63〕 袁國華師：〈上海博物館藏戰國楚竹書（二）字句考釋〉，收入大阪大學《中國學會中國研究集刊》第 36 號，2004 年，頁 84～85。此文蒙鄔濬智告知，並將資料傳贈筆者，在此特申謝忱。

〔註64〕 李振興、黃沛榮、賴明德師註釋：《新譯顏氏家訓》，（臺北市：三民書局，1993 年），頁 165～166。

〔註65〕 彭叔夏於《文苑英華辯證·序》中云：「叔夏年十二三時，手抄太祖皇帝實錄，其間云：『興衰治□之源』，闕一字，意謂必是『治亂』。後得善本，乃作『治忽』。三折肱爲良醫，信知書不可以意輕改。」見（南宋）彭叔夏《文苑英華辨證》，收入《知不足齋叢書（八）》，（臺北市：興中書局，1964 年），頁 4898。筆者案：忽訓作盡、絕滅。《爾雅·釋詁下》：「忽，盡也。」，《廣韻·沒韻》：「忽，滅也。」，《詩·大雅·皇矣》：「是伐是肆，是絕是忽。」，毛傳：「忽，滅也。」。

〔註66〕 俞樾：《古書疑義舉例》，收入楊家駱主編：《古書疑義舉例等七種》，（臺北市：世界書局印行，1962 年 9 月），頁 76。

將未識字解爲訛字，實是愷切之語。

## （二）文字分析以「字形」爲主

　　古文字研究常會有一盲點，就是在字形尚未被正確地釋讀出來前，學者就開始進行假借的工作，這樣的結論恐怕是非常危險的，因此學生以爲文字考釋最重要的依據仍是字形，在字形未確認之前，我們僅能就字形上所存的證據進而分析研究，在字形未認可之前逕而提出其通假的可能，其結論多令人存疑。

## （三）若本字已能通讀，則不必再解釋作假借字

　　戰國時期「言語異聲、文字異形」，假借字多到幾乎使文章無法卒讀，但是筆者在考釋文字的態度是，若本字已能通讀，即無須往假借字思考，例如《曹沫之陣》簡26有句話爲「人之甲不緊，我甲必緊。」，學者多通讀作「堅」，釋讀絕對可以成立，不過筆者發現古籍中「緊」其實已經有「堅固」、「牢固」之意，如《管子‧問》：「戈戟之緊，其屬何若。」，尹知章注即云「緊，謂其堅彊者。」，丁士涵以爲「緊，當作緊，戟衣也。」，將字視作訛字，姚永概、郭沫若、王冬珍等都從之，筆者以爲實不必，《管子》文例與《曹沫之陣》相同，都用「緊」形容防禦武器的堅固，可證絕非訛字。另外，唐杜牧《冬至日寄小姪阿宜》：「頭圓筋骨緊，兩臉明且光。」，又如《水滸全傳》第一百零六回：「緊守城池，不在話下。」，而「緊守」其實也就是「固守」，都是「緊」字有堅固之義的證據。

# 第五節　《曹沫之陣》研究回顧

　　在筆者本論文定稿之際（2006年9月），筆者所見對《曹沫之陣》進行研究之篇章，共計42篇。在《曹沫之陣》發表至今約莫一年半之光景，學者們的研究重心，仍多聚焦於「文字考釋」與「字句訓讀」的層面上，就簡文進行思想研究者，僅見淺野裕一之大作〈上博楚簡〈曹沫之陳〉的兵學思想〉一篇（見「附圖一」第31篇），可知這段時間以來《曹沫之陣》簡的研究，尚停留於通讀簡文的階段。

　　今以發表時間爲經，以論文爲緯，整理成「《曹沫之陣》簡研究成果一覽表」，並詳列其作者、發表日期、篇名、出處，並對論文內容的重心做說明，若論文有發表成單篇論文，或又見發表於他處，則於「備註」欄內說明，如下：

**附圖一：《曹沫之陣》簡研究成果一覽表** 〔註67〕

---

〔註67〕本表僅收研究者對於《曹沫之陣》之內容或文字進行研究、考釋之工作者，若僅略論簡文性質及內容者，暫不列入此表之中。

| 序號 | 作　者 | 發表日期 | 篇　名 | 出　處 / 內　容 | 備　註 |
|---|---|---|---|---|---|
| 1. | 李　零 | 2004 | 爲什麼說曹劌和曹沫是同一人——爲讀者釋疑，兼談兵法與刺客的關係 | 《讀書》2004 年 09 期<br><br>證明曹劌、曹沫爲同一人 | |
| 2. | 陳　劍 | 2005.2.12 | 上博竹書《曹沫之陳》新編釋文（稿） | 簡帛研究網，網址：http://www.jianbo.org/admin3/2005/chenjian001.htm。<br><br>對簡文進行拼合與編聯的工作 | 陳劍於 2005 年 5 月 15 日曾撰「補記」補充兩條編聯意見。〔註68〕 |
| 3. | 廖名春 | 2005.2.12 | 讀楚竹書《曹沫之陳》箚記 | 簡帛研究網，網址：http://www.jianbo.org/admin3/2005/liaominchun002.htm。此文也發表於「出土文獻與先秦思想重構國際學術研討會」，2005 年 3 月，臺灣大學哲學系，頁 9-1～9-10。<br><br>考釋「非山非澤，亡又不民」、「貧於敓」、「昔周□」、「君言無以異於臣之言，君弗聿」、「歿身就死」、「曼哉，吾聞此言」、「居不褻席，食不貳味」、「還年」等條簡文，並主張「簡十一與簡十二可綴合」。 | |
| 4. | 廖名春 | 2005.2.12 | 楚竹書《曹沫之陣》與《愼子》佚文 | 簡帛研究網，網址：http://www.jianbo.org/admin3/2005/liaominchun003.htm。<br><br>就《愼子》存有佚文及篇名問題進行研究。 | 本文又發表於臺灣大學哲學系 2005 年 3 月 26 日「新出土文獻與先秦思想重構」國際學術研討會，頁 9-1～9-10。 |
| 5. | 孟蓬生 | 2005.02.15 | 上博竹書（四）閒詁 | 簡帛研究網，網址：http://www.jianbo.org/admin3/2005/mengpengsheng001.htm。<br><br>考釋「訋」、「勿」二字 | |
| 6. | 季旭昇 | 2005.2.15 | 上博四零拾 | 簡帛研究網，網址：http://www.jianbo.org/admin3/2005/jixusheng002.htm。<br><br>考釋「曼哉，吾聞此言」、「匹夫寡婦之獄訟，君必身聽之」等二條簡文。 | |

〔註68〕該文爲大陸友人武漢大學研究生蔡丹先生所提供，在此至爲感謝。

| 7. | 李　銳 | 2005.2.20 | 讀上博四札記（一） | 簡帛研究網，網址：http://www.jianbo.org/admin3/2005/lirui001.htm。 | |
| | | | | 考釋「旻」、「均」等字。 | |
| 8. | 范常喜 | 2005.2.20 | 《曹沫之陳》「君言無以異於臣之言君弗盡」臆解 | 簡帛研究網，網址：http://www.jianbo.org/admin3/2005/fanchangxi001.htm。 | |
| | | | | 考釋「君言無以異於臣之言君弗盡」一條。 | |
| 9. | 高佑仁 | 2005.2.20 | 論《魯邦大旱》、《曹沫之陳》之「飯」字 | 簡帛研究網，網址：http://www.jianbo.org/admin3/2005/gaoyouren001.htm。 | |
| | | | | 考釋「飯」字。 | |
| 10. | 陳斯鵬 | 2005.2.20 | 上海博物館藏楚簡《曹沫之陣》釋文校理稿 | 簡帛研究網，網址：http://www.jianbo.org/admin3/list.asp?id=1328。 | |
| | | | | 對簡文進行拼合與編連的工作。 | |
| 11. | 李　銳 | 2005.2.21 | 讀上博四箚記（三） | 孔子2000，網址：http://www.confucius2000.com/admin/list.asp?id=1621。 | |
| | | | | 主張簡【28】、【37 上】、【49】、【48】、【59】、【60 上】、【32 下】為可連貫通讀。 | |
| 12. | 李　銳 | 2005.2.25 | 《曹劌之陣》釋文新編 | 簡帛研究網，網址：http://www.jianbo.org/admin3/2005/lirui002.htm。 | |
| | | | | 對簡文進行拼合與編連的工作 | |
| 13. | 蘇建洲 | 2005.2.25 | 《上博（四）·曹沫之陳》補釋一則（二） | 簡帛研究網，網址：http://www.jianbo.org/admin3/2005/sujianzhou002.htm。 | |
| | | | | 考釋「伎」字。 | |
| 14. | 蘇建洲 | 2005.2.25 | 《上博（四）·曹沫之陳》補釋一則 | 簡帛研究網，網址：http://www.jianbo.org/admin3/list.asp?id=1332。 | |
| | | | | 考釋簡文「亡有不民」一條。 | |
| 15. | 徐在國 | 2005.3.4 | 說「昃」及其相關字 | 簡帛研究網，網址：http://www.jianbo.org/admin3/2005/xuzaiguo001.htm。 | |
| | | | | 考釋「昃」字 | |
| 16. | 禤健聰 | 2005.3.4 | 關於《曹沫之陳》的「𥄂」字 | 簡帛研究網，網址：http://www.jianbo.org/admin3/2005/xuejiancong001.htm。 | |
| | | | | 考釋「𥄂」字。 | |

| | | | | | |
|---|---|---|---|---|---|
| 17. | 孟蓬生 | 2005.3.6 | 上博竹書（四）閒詁（續） | 簡帛研究網，網址：http://www.jianbo.org/admin3/2005/mengpengsheng002.htm。 | |
| | | | | 考釋「貧於美」一條。 | |
| 18. | 蘇建洲 | 2005.3.7 | 《上博（四）·曹沫之陣》箚記 | 孔子2000，網址：http://www.confucius2000.com/admin/list.asp?id=1648。 | |
| | | | | 考釋「少者則易遷，既成則易治」、「御」（或讀「武」）、「又戒言曰：愚，爾征貢；不愚，而或興或康以會。故帥不可使愚，愚則不行。」等條。 | |
| 19. | 魏宜輝 | 2005.3.10 | 讀上博楚簡（四）箚記 | 簡帛研究網，網址：http://www.jianbo.org/admin3/2005/weiyihui001.htm。 | |
| | | | | 考釋「居不褻文」、「屬紀於大國，大國親之」、「弗涉危地」等條。 | |
| 20. | 蘇建洲 | 2005.3.10 | 《上博（四）·曹沫之陣》三則補議 | 簡帛研究網，網址：http://www.jianbo.org/admin3/2005/sujianzhou003.htm。 | 此文乃據〈讀上博楚簡（四）箚記〉一文而做的修正與補充。 |
| | | | | 考釋「少者則易潛（或讀「遷」），既成則易治」、「御」、「又戒言曰：愚，爾定玨；不愚，而或興或康以會。故帥不可使愚，愚則不行」等條。 | |
| 21. | 蘇建洲 | 2005.3.14 | 〈楚文字考釋四則〉 | 簡帛研究網，網址：http://www.jianbo.org/admin3/2005/sujianzhou004.htm。 | |
| | | | | 考釋「早」字。 | |
| 22. | 高佑仁 | 2005.4.3 | 讀《曹沫之陣》心得兩則：「幾」、「非山非澤，亡有不民」 | 簡帛研究網，網址：http://www.jianbo.org/admin3/2005/gaoyouren002.htm。 | |
| | | | | 考釋「幾」、「非山飛澤，亡有不民」等條。 | |
| 23. | 白于藍 | 2005.4.10 | 上博簡《曹沫之陣》釋文新編 | 簡帛研究網，網址：http://www.jianbo.org/admin3/2005/baiyulan001.htm。 | |
| | | | | 對簡文進行拼合與編連的工作。 | |
| 24. | 何有祖 | 2005.4.15 | 上博楚竹書（四）箚記 | 簡帛研究網，網址：http://www.jianbo.org/admin3/2005/heyouzu001.htm。 | |
| | | | | 考釋「白徒」、「獄訟」、「毋耀軍，毋辟罪，用都教於邦」等條。 | |

| 25. | 范常喜 | 2005.4.15 | 《上博四・曹沫之陳》「車輦皆栽（載）」補議 | 簡帛研究網，網址：http://www.jianbo.org/admin3/2005/fanchangxi003.htm。 | |
| | | | | 考釋「車輦皆栽」。 | |
| 26. | 禤健聰 | 2005.4.15 | 上博楚簡釋字三則 | 簡帛研究網，網址：http://www.jianbo.org/admin3/2005/xuejiancong002.htm。 | |
| | | | | 考釋「𩰫」、「𥼑」等條。 | |
| 27. | 李銳 | 2005.5.27 | 《曹劌之陣》重編釋文 | 簡帛研究網，網址：http://www.jianbo.org/admin3/2005/lirui003.htm。 | |
| | | | | 對簡文進行拼合與編連的工作。 | |
| 28. | 竹田健二 | 2005.5 | 「曹沫之陳」における竹簡の綴合と契口 | 《東洋古典學研究（19）》，広島大學東洋古典學研究會，2005.5，頁 23～39。此文竹田健二曾迻譯作中文，於 2005 年 12 月 2、3 日政治大學中文系「出土簡帛文獻與古代學術國際研討會」發表，頁 313～317。 | |
| | | | | 指出《曹沫之陣》簡有左契口的情形。 | |
| 29. | 李守奎 | 2005.6 | 《曹沫之陣》之隸定與古文字隸定方法初探 | 《漢字研究》第一輯，（北京：學苑出版社，2005 年 6 月），頁 492～499。 | |
| | | | | 以《曹沫之陣》【簡 1】為例，談古文字的隸定方式。 | |
| 30. | 陳斯鵬 | 2005.6 | 《戰國簡帛文學文獻考論》之第四節「戰國簡帛散文本校理舉例之二--《曹蔑之陣》校理」 | 中山大學博士學位論文，2005 年 6 月。 | |
| | | | | 乃「上海博物館藏楚簡《曹沫之陣》釋文校理稿」一文的補充及修正。 | |
| 31. | 高佑仁 | 2005.8.23 | 論《曹沫之陣》簡 17 之「愛」字 | 孔子 2000，網址：http://www.confucius2000.com/admin/list.asp?id=1923。 | |
| | | | | 考釋「愛」字。 | |
| 32. | 淺野裕一 | 2005.9.25 | 上博楚簡〈曹沫之陳〉的兵學思想 | 簡帛研究網，網址：http://www.jianbo.org/admin3/2005/qianyeyuyi001.htm。亦收入《中國研究集刊》第 38 號（戰國楚簡研究 2005），大阪大學中國哲學研究室。 | 該書日本已出版，然國內尚未得見。 |
| | | | | 談《曹沫之陣》的兵學思想 | |

| 33. | 高佑仁 | 2005.9.4 | 「君必不已則由其本乎」釋讀 | 簡帛研究網，網址：http://www.jianbo.org/admin3/2005/gaoyouren003.htm。 | |
| | | | | 談「君必不已則由其本乎」一段之釋讀 | |
| 34. | 高佑仁 | 2005.11.13 | 《曹沫之陣》校讀九則 | 簡帛研究網，網址：http://www.jianbo.org/admin3/2005/gaoyouren004.htm。本文於2005年12月14日宣讀於淡江大學「第二屆中國文學研究所研究生秋季論文發表會」，論文集刊。 | |
| 35. | 高佑仁 | 2005.11.27 | 《曹沫之陣》「早」字考釋——從楚系「少」形的一種特殊寫法談起 | 武漢大學簡帛網，網址：http://www.bsm.org.cn/show_article.php?id=119。該文又收入武漢大學簡帛研究中心《簡帛》第一輯，(上海：古籍出版社，2006年10月)，頁177～185。 | |
| | | | | 考釋《曹沫之陣》簡之「早」字 | |
| 36. | 王蘭 | 2005.12.10 | 「牪爾正○(從衤從工)」句試釋 | 武漢大學簡帛網，網址：http://www.bsm.org.cn/show_article.php?id=128。 | |
| | | | | 考釋「牪」、「衦」字。 | |
| 37. | 高佑仁 | 2005.12.25 | 談《唐虞之道》與《曹沫之陣》的「沒」字 | 武漢大學簡帛網，網址：http://www.bsm.org.cn/show_article.php?id=145。本文增刪若干內容後以〈曹沫之陣「沒身就世」釋讀〉一名，發表於逢甲的大學第十七屆文字學學術研討會，《文字的俗寫現象及多元性——第十七屆中國文字學全國學術研討會論文集》，2006年5月20，頁65～81。該文將被收入《文字論叢》。 | |
| | | | | 考釋「沒」、「世」二字。 | |
| 38. | 田旭東 | 2006 | 戰國寫本兵書—《曹沫之陳》 | 《文博》2006年第一期， | |
| | | | | 談《曹沫之陳》之兵學思想 | |
| 39. | 蔡丹 | 2006.1.3 | 上博四《曹沫之陳》試釋二則 | 簡帛網論壇，網址：http://www.bsm.org.cn/show_article.php?id=168。 | |
| | | | | 考釋「欲」、「車」等字。 | |
| 40. | 邴尚白 | 2006.1 | 〈上博楚竹書《曹沫之陣》注釋〉 | 臺灣大學《中國文學研究》第二十一期，頁5～38。 | |
| | | | | 對《曹沫之陣》簡之排序、文字考釋、訓讀做通盤的研究。 | |

| 41. | 高佑仁 | 2006.2.20 | 談《曹沫之陣》的「沒身就世」 | 武漢大學簡帛網，網址：http://www.bsm.org.cn/show_article.php?id=212 | |
| | | | | 談「世」字。 | |
| 42. | 高佑仁 | 2006.2.24 | 讀《上博四》箚記三則 | 武漢大學簡帛網，網址：http://www.bsm.org.cn/show_article.php?id=228 | |
| 43. | 高佑仁 | 2006.2.28 | 談《曹沫之陣》「爲和於陣」的編聯問題 | 武漢大學簡帛網，網址：http://www.bsm.org.cn/show_article.php?id=248 | |
| | | | | 談一處編聯問題。 | |
| 44. | 朱賜麟 | 2006.6 | 《曹沫之陣》思想研究——春秋時代兵學思想初探 | 臺灣師範大學國文研究所碩士論文 | |
| | | | | 對於《曹沫之陣》簡的排序、釋讀、兵學思想進行研究。 | |
| 45. | 蔡丹 | 2006.6 | 《曹沫之陳》集釋 | 武漢大學歷史學院碩士論文 | 該論文蒙蔡丹先生惠贈方得以參考，在此至爲感謝。 |
| | | | | 首先對《曹沫之陣》進行集釋工作，並對其排序、文字考釋進行研究。 | |
| 46. | 高佑仁 | 2006.6.14 | 談《曹沫之陣》簡 36"義"字的形體來源 | 武漢大學簡帛網，網址：http://www.bsm.org.cn/show_article.php?id=364 | |
| | | | | 考釋「義」字。 | |
| 47. | 單育辰 | 2006.8.30 | 從戰國簡《曹沫之陳》再談今本《吳子》、《愼子》的眞僞 | 武漢大學簡帛網，網址：http://www.bsm.org.cn/show_article.php?id=409 | |
| | | | | 指出《吳子》、《愼子》兩書應可脫去偽書之名。 | |
| 48. | 蘇建洲 | 2006.10.21 | 《上博（四）·曹沫之陣》簡 18「纏」字小考 | 武漢大學簡帛網，網址：http://www.bsm.org.cn/show_article.php?id=441 | |
| | | | | 考釋「纏」字。 | |
| 49. | 周鳳五 | 2005.11.1 | 上博楚竹書〈曹沫之陳〉研究 | 爲 94 年度國科會研究計畫，資料來源見「行政院國家科學委員會」網站，網址：http://web.nsc.gov.tw/ | 該計畫封面註明「本計畫可公開查詢」 |
| | | | | 提出排序及釋文的結論。 | |
| 50. | 陳偉武 | 2006.11 | 讀上博藏簡第四零札 | 古文字研究第 26 輯 | |
| 51. | 劉洪濤 | 2006.11.8 | 讀《上海博物館藏戰國楚竹書（四）》箚記 | 武漢大學簡帛網，網址：http://www.bsm.org.cn/show_article.php?id=457 | |
| | | | | 提出一則考釋意見。 | |

| | | | | |
|---|---|---|---|---|
| 52. | 范常喜 | 2006.11.13 | 讀簡帛文字箚記六則 | 武漢大學簡帛網，網址：http://www.bsm.org.cn/show_article.php?id=462 | |
| | | | | 提出一則考釋意見。 | |
| 53. | 劉洪濤 | 2007.1.17 | 讀《上海博物館藏戰國楚竹書（四）》箚記（二） | 武漢大學簡帛網，網址：http://www.bsm.org.cn/show_article.php?id=505 | |
| | | | | 提出一則考釋意見。 | |
| 54. | 李佳興 | 2007.2.25 | 《上博四·曹沫之陳》54 簡 字試釋 | 簡帛研究網，網址：http://www.jianbo.org/admin3/2007/lijiaxing001.htm | |
| | | | | 提出一則考釋意見。 | |
| 55. | 李強 | 2007.3.14 | 《曹沫之陳》箚記 | 武漢大學簡帛網，網址：http://www.bsm.org.cn/show_article.php?id=534 | |
| | | | | 提出六則考釋意見。 | |
| 56. | 劉洪濤 | 2007.3.24 | 說「非山非澤，亡有不民」 | 武漢大學簡帛網，網址：http://www.bsm.org.cn/show_article.php?id=539 | |
| | | | | 提出「非」讀作「匪」訓作「彼」。 | |
| 57. | 季旭昇師主編、高佑仁撰 | 2007.3 | 《上海博物館藏戰國楚竹書（四）》〈曹沫之陳釋譯〉 | 萬卷樓圖書公司，頁 137～233。 | |
| | | | | 據本碩論初稿改寫而成。 | |
| 58. | 單育辰 | 2007.6.3 | 《《曹沫之陳》新編聯及釋文》 | 武漢大學簡帛網，網址：http://www.bsm.org.cn/show_article.php?id=574 | |

# 第六節　論文架構

　　本論文共分六章，以下為各章節之說明。

　　第一章：〈緒論〉，本章共分六節，第一節「前言」，介紹《曹沫之陳》簡的發表經過及概況；第二節「研究動機及目的」，說明本論文之所以選定《上海博物館藏戰國楚竹書（四）·曹沫之陳》為題之理由與目的；第三節「研究方法與步驟」，說明本論文在撰寫時的程序與方法，又細分為「親手摹寫」、「輯佚」、「字形分析」、「假借字的破釋」、「字書、韻書的旁證」、「出土文獻及古籍的比勘」、「有效利用網路資源」、「善用大陸、日本、美國等學者的研究成果」、「大膽假設、小心求證」等細目；第四節為「對於疑難字的態度」，說明本論文對於疑難字的態度；第五節為「《曹沫之陳》研究回顧」，回顧學者們對於《曹沫之陳》的研究成果，並整理成「《曹沫之

陣》簡研究成果一覽」；第六節爲「論文架構」，說明本論文之架構。

第二章「曹沫之陣的佚文」，討論《曹沫之陣》於古書中的佚文情形，第一節爲「廖名春的輯佚工作」，第二節爲「本文的輯佚工作」，羅列本文所進行的輯佚成果。

第三章爲「《曹沫之陣》簡的形制與編聯」，第一節爲「竹簡形制編聯」，談簡文的形制、編聯等問題；第二節爲「契口與反契口的問題」；第三節爲「諸家學者及本文之排序」，並附「《曹沫之陣》各家排序一覽表」。

第四章「本論」，是本論文的重心，將簡文分成九各段落，進行考釋文字及訓讀的工作。

第五章「餘論」，第一節爲「《曹沫之陣》標點符號分析」，第二節爲「論《曹沫之陣》簡篇題與內文非同出一人之手」。

第六章「參考書目」，詳列本論文所參考的研究成果。

並附錄《曹沫之陣》文字索引」以及〈《曹沫之陣》「早」字考釋〉、〈《曹沫之陣》簡「沒身就世」釋讀〉等兩篇筆者所發表的單篇論文。

# 第二章 《曹沫之陣》佚文

## 第一節 廖名春的輯佚工作

　　《曹沫之陣》一文，原考釋者李零於《上博（四）・曹沫之陳・說明》中云：「此書史志無載，是一部佚失已久的古兵書。」〔註 1〕，簡文公佈後，廖名春很快的就指出在《慎子》一書中《曹沫之陣》尚殘留若干的佚文，《曹沫之陣》簡 1～簡 2 載莊公鑄大鐘之事，在《慎子》中共收錄了 11 條佚文〔註 2〕，合兩條內容重出者，列爲編號 1 至 9，兩條內容重出者爲「《太平御覽》卷五百七十五」、「馬驌《繹史》卷四十」，分別與編號 1 與編號 9 條內容相同，茲羅列如下：

**圖二：廖名春輯佚成果一覽表**

| 編號 | 出　處 | 內　文 | 備　註 |
|---|---|---|---|
| 1. | （唐）徐堅《初學記》卷十六 | 《慎子》曰：魯莊公鑄大鐘，曹翽入見，曰：今國褊小而鐘大，君何不圖之？ | 宋李昉等《太平御覽》卷五百七十五之記載亦同。 |

---

〔註 1〕 見馬承源主編：《上海博物館藏戰國楚竹書（四）》，（上海：上海古籍出版社，2004年 12 月），頁 242。

〔註 2〕 廖名春以爲「上述十一條記載，有八條說是出自《慎子》，其他三條雖然沒有交待出處，但《樂書》和《詩經世本古義》的記載，一看就是節選；《天中記》所記，除缺少出處外，其餘都同於《初學記》，顯然是抄自《初學記》。所以，此記載出自《慎子》，當無問題。」，可見廖名春以爲上述十一條全出《慎子》。廖名春：〈楚竹書《曹沫之陣》與《慎子》佚文〉，簡帛研究網，（2005 年 2 月 12 日），網址：http://www.jianbo.org/ admin3/ 2005/ liaominchun003.htm。亦可參見《新出土文獻與先秦思想重構國際學術研討會》會議論文，（臺北市：臺灣大學，2005 年），頁 9-3。

| 2. | （宋）王應麟《玉海》卷一百九 | 《慎子》：魯莊公鑄大鐘，曹劌入見，曰：國褊小而鐘大。 | |
| 3. | （宋）陳暘《樂書》卷一百九 | 魯莊公鑄大鐘而國小鐘大，曹劌規之。 | |
| 4. | （明）陳耀文《天中記》卷四十三 | 國小鐘大：魯莊公鑄大鐘，魯劌入見，曰：今國褊小而鐘大，君何不圖之？ | |
| 5. | （明）彭大翼《山堂肆考》卷一百六十二 | 鐘大當圖：《慎子》曰：魯莊公鑄大鐘，曹劌入見，曰：今國褊小而鐘大，君何不圖之？ | |
| 6. | （明）何楷《詩經世本古義》卷九 | 魯莊公鑄大鍾，而國小鐘大，曹劌譏之。 | |
| 7. | （清）《佩文韻府》卷四十七之一 | 《慎子》：魯莊公鑄大鐘，曹劌入見，曰：國褊小而鐘大。 | |
| 8. | （清）《淵鑒類函》卷一百九十一 | 《慎子》：魯莊公鑄大鐘，曹劌入諫，曰：今國褊小而鐘大，君何不圖之？ | |
| 9. | （清）陳厚耀《春秋戰國異辭》卷三 | 《慎子》：魯莊公鑄大鐘，曹劌入見，曰：今國褊而鐘大，君何不圖之？ | 馬驌《繹史》卷四十同 |

　　廖名春據上述佚文指出本篇簡文當改作《曹劌之陣》，又對佚文的演變作出了解釋，可參〈楚竹書《曹沫之陣》與《慎子》佚文〉一文〔註3〕，此不贅述。

# 第二節　本文的輯佚工作

　　廖名春已利用這些佚文得出若干研究，筆者又發現其他8條佚文（其中2條內容重見），茲分欄羅列如下：

## 圖三：本文輯佚成果一覽表

| 編號 | 出　處 | 內　文 | 備　註 |
| --- | --- | --- | --- |
| 1. | （唐）白居易《欽定四庫全書‧子部‧類書類‧白氏六帖事類集》卷六十二 | 魯莊既鑄，曹沫發言：魯莊公鑄鐘大，曹劌入見曰：「今國小鐘大」云云。 | |
| 2. | （宋）謝維新《欽定四庫全書‧子部‧類書類‧古今合璧事類備要》外集卷十三 | 魯莊公鑄鐘大，曹劌入見曰國小鐘大，國語。 | |
| 3. | （宋）羅泌《欽定四庫全書‧別史‧路史》卷八 | 魯莊公國小鐘大，而曹劌方請圖之。 | （明）孫瑴《欽定四庫全書‧經部‧五經總義類‧古微書》卷二十四內容相同。 |

| | | | |
|---|---|---|---|
| 4. | （明）李之藻撰《欽定四庫全書‧史部‧政書類‧儀制之屬‧頖宮禮樂疏》卷六 | 魯莊公之國小而鍾大，君子皆譏。 | （清）《欽定四庫全書‧經部‧樂書‧古樂書》卷下內容相同，僅「鍾」字作「鐘」。 |
| 5. | （清）李鍇撰《欽定四庫全書‧別史類‧尚史》卷三十 | 《慎子》：莊公鑄大鐘曹劌入見曰：「今國褊而鐘大，君何不圖之。」 | |
| 6. | （清）蔣廷錫、陳夢雷等編《古今圖書集成‧經濟彙編‧樂律典‧鐘部紀事》 | 《慎子》：魯莊公鑄大鐘，昔曹劌入見曰：「今國小而鐘大，君何不圖之。」 | |

上述八例佚文有兩條內容分別與編號 3 與編號 4 重見，故附於備註之中，因此只有 6 欄。此八條《曹沫之陣》佚文與廖名春所引用的十一條材料，小異大同，筆者僅就「小異」之處，再做說明。

《白氏六帖事類集》云「魯莊既鑄，曹沫發言」的說法，並不合於簡文原貌，簡文云「魯莊公將爲大鐘，型既成矣」（簡 1），既成者乃「鐘型」而非「鐘」，但是若從《白氏六帖事類集》「魯莊公鑄大鐘」或《初學記》「魯莊公鑄大鐘」來看，二者並無差異，可見最晚在唐代之時，《慎子》原書已經都是莊公「鑄」大鐘，而非「將爲」大鐘，不過亦有可能《慎子》最初的引文即是「鑄」大鐘，二者孰是孰非，恐須其他更早的佚文來證明。

另外，從上面十九條佚文中，都是記載莊公「已鑄大鐘」，這個線索顯示，恐怕《慎子》原書所引曹沫之陣的內容，也僅是從開頭一直到「君何不圖之」一句，它略過了「周室之邦魯」一段的反襯之文〔註 4〕，約莫只引用了兩簡長短的內容，非「論政」部分全數引用，假若全數引用則「毀鐘型而聽邦政」一句將與「魯莊既鑄」、「魯莊公鑄大鐘」等說法矛盾，若鐘已鑄，則毀鐘型並無濟於事。

《白氏六帖事類集》引作「魯莊公鑄鐘大」，很清楚《古今合璧事類備要》亦是抄錄自此，「鑄鐘大」實爲不辭，可能是受後一句「國小鐘大」之「鐘大」的影響，而產生涉下而誤的情形。白居易《白氏六帖事類集》與徐堅《初學記》雖同爲唐代類書，但《初學記》是唐玄宗敕命徐堅所編纂的類書，屬於官方性質，而《白氏六帖事類集》則爲白居易私人之著作，個人有限的精力、財力，無法與官

---

〔註 4〕 廖名春以爲「簡文『昔周室之邦魯，東西七百，南北五百，非山非澤，無有不民』一段，述魯國初封建國時的『強大』，爲反襯之文；《慎子》佚文則無，當爲其省略。因爲《慎子》作爲諸子百家之一，輕記事而重論理，或者說記事是爲了論理。所以，簡省其作爲反襯之文的記事部分，是勢所必然。」，廖名春：〈楚竹書《曹沫之陣》與《慎子》佚文〉，簡帛研究網，（2005 年 2 月 12 日），網址：http://www.jianbo.org/admin3/2005/liaominchun003.htm。亦可參見《「新出土文獻與先秦思想重構」國際學術研討會》會議論文，（臺北市：臺灣大學，2005 年），頁 9-5。

方相比，若單單僅從魯莊公鑄鐘這條記載來看，《初學記》的說法較爲完整，也較符合原貌〔註5〕。《路史》記載「魯莊公國小鐘大，而曹劌方請圖之。」很明顯前後二句都是節錄的版本。

　　《樂書》作「曹劌規之」，《詩經世本古義》作「曹劌譏之」，《頖宮禮樂疏》、《古樂書》作「君子皆譏」，其實《樂書》「規之」的說法與一般「何不圖之」說法相同，《資治通鑑・漢紀四十》「規固二榆」，胡三省注云：「規，圖也、謀也。」〔註6〕，而「曹劌譏之」的「譏」可訓作「諫」，《廣雅・釋詁四》：「譏，諫也。」，《楚辭・天問》：「遷藏就歧何能依？殷有惑婦何所譏？」，王逸注：「譏，諫也。」，說法與《曹沫之陣》簡文、《初學記》的記載可通，而《頖宮禮樂疏》、《古樂書》「君子皆譏」應承自《詩經世本古義》。另外，《古今圖書集成》一條衍「昔」一字。

〔註5〕　《四庫全書總目提要》以爲：「（初學記）在唐人類書中，博不及《藝文類聚》，而精則勝之，若《北堂書鈔》及《六帖》，則出此書之下遠矣。」
〔註6〕　參（宋）司馬光撰、（元）胡三省音註：《資治通鑑》，收入《文淵閣四庫全書》，卷三百零五，頁305-83下。

# 第三章 《曹沫之陣》簡的形制與編聯

## 第一節 竹簡形制編聯

　　《曹沫之陣》據原考釋者李零的整理共有 45 支整簡〔註1〕、20 支殘簡,共 65 枚竹簡〔註2〕。但是所謂的「整簡」,除了首尾完好無殘斷者共 19 枚簡外〔註3〕,尚有 26 枚乃經由李零綴合後才成爲完整的簡〔註4〕,這些綴合後的完簡,經過日後研究者的檢驗,部分簡當無法綴合,應分成上下二簡。另外,若干李零認爲屬於殘斷上半或下半的簡,學者發現是可以綴合在一起的,如廖名春即發現【簡11】、【簡12】可綴合〔註5〕。換言之,《曹沫之陣》竹簡的總數,未必就是李零所整理的 65 枚。陳劍認爲「相對於現存的全篇簡數來講,可以說殘失甚少,基本完整。」〔註6〕,就現存的簡文來看,僅有少處段落的簡文殘失。

---

〔註1〕 陳麗桂師在〈近三十年出土儒道古佚文獻在中國思想史上的意義與貢獻〉一文中以爲「〈曹沫之陳〉原有 45 支簡」,恐怕是將原整理者所整理的整簡(相對於殘簡而言)當成是全部的簡數,參陳麗桂師:〈近三十年出土儒道古佚文獻在中國思想史上的意義與貢獻〉,簡帛研究網,(2005 年 8 月 10 日),網址:http://www.jianbo.org/admin3/2005/chenligui001.htm。

〔註2〕 見馬承源主編:《上海博物館藏戰國楚竹書(四)》,(上海:上海古籍出版社,2004 年 12 月),頁 241。

〔註3〕 包括簡 5、9、10、13、14、18、19、20、21、22、33、35、38、39、40、50、52、54、65 等共 19 枚簡。

〔註4〕 包括簡 1、2、6、7、8、17、23、24、25、28、32、34、36、37、42、43、44、45、46、51、53、55、56、60、63、64 等共 26 枚簡。

〔註5〕 廖名春:〈讀楚竹書《曹沫之陳》箚記〉,簡帛研究網,(2005 年 2 月 12 日),網址:http://www.jianbo.org/admin3/2005/liaominchun002.htm。

〔註6〕 陳劍:〈上博竹書《曹沫之陳》新編釋文(稿)〉,簡帛研究網,(2005 年 2 月 12 日),網址:http://www.jianbo.org/admin3/2005/chenjian001.htm。

　　《曹沬之陣》簡竹簡頭尾皆平齊，篇題「敗蔑之戰」寫于簡 2 之簡背〔註7〕，無殘斷的完簡簡長約莫 47.5 公分，三道編聯，除簡 1、簡 19、並無清楚契口外〔註8〕，絕大多數的竹簡於右側皆有契口，絕大多數的簡多有爲上、中、下三道契口，但亦見省略契口者〔註9〕，日人竹田健二敏銳地發現《曹沬之陣》之簡 15、59、63 下、64 下四簡具有「左契口」〔註10〕，這一現象對於綴合以及簡帛形制會有多大的影響，仍須進一步的研究。上博簡常於編聯處折斷，但《曹沬之陣》非是，他多半折斷於中契口之下一、二字處，因此下半部的殘簡往往僅能見到一個契口。總字數方面，日本「戰國楚簡研究會」估計爲 1784 字〔註11〕。

　　依目前的竹簡情況已無法得知乃先編後寫或是先寫後編，因爲竹簡的文字有意識的跳過編聯的契口處，也無文字因被編繩擠壓而變形，但這也無法證明事先編後寫，因爲契口的作用本來也就爲了提醒書手預留編聯空間而設。

# 第二節　契口與反契口的問題

　　《曹沬之陣》簡文共有三道編聯，兩千多年後，簡上被編繩所勒出的痕跡至今亦清晰可見。除首簡無契口外，其餘各簡於上、中、下方各有一契口，契口往往在其右方，上契口於每簡首字上方，中契口在簡文正中間的部分，下契口在每簡末字下端，《曹沬之陣》簡往往殘斷於中契口之下方一字之處。然而，眞正具有特色的是《曹沬之陣》簡「左契口」的型態。《曹沬之陣》「左契口」的情形首先由竹田健二發現，他認爲分別在簡 15、59、63 下、64 下等四支簡上皆具有左契口的情形，而這些簡的契口都是在下契口，竹田先生並且指出這四支簡的綴合恐怕

---

〔註7〕　日本「戰國楚簡研究會」網站「第四分冊（最新刊）の内訳」中指出「第一簡背面に篇題が記されている。」，然篇題實於簡二背，資料恐有手民之誤。網址：http://www.let.osaka-u.ac.jp/chutetsu/sokankenkyukai/syanhaku.html。

〔註8〕　筆者此說乃據《上海博物館藏戰國楚竹書（四）》之圖版分析，但是馬承源館長曾謂：「由於地層的擠壓，被埋藏竹簡的軟化，一般留下的編線已嵌入竹肉。」，可知竹簡已有一定程度的變形，則是否確實無契口存在，最嚴謹的方式還是親見原簡。朱淵清：〈馬承源先生談上博簡〉上海大學古代文明思想中心、清華大學思想文化研究所主編：《上博館藏戰國楚竹書研究》，（上海：上海書店出版社，2002 年4 月），頁 5。

〔註9〕　如首簡即無明顯之契口，不過這一有可能是時代侵蝕所造成，仍須以實物爲據。

〔註10〕　見竹田健二：〈「曹沬之陳」における竹簡の綴合と契口〉，《東洋古典學研究》第 19集，（廣島市：東洋古典學研究會，2005 年 5 月），頁 23～29。

〔註11〕　見日本「戰國楚簡研究會」網站「上博楚簡形制一覽」所整理，網址：http://www.let.osaka- u.ac.jp/chutetsu/sokankenkyukai/syanhaku.html。

是有問題的，他不認同一支簡會有上下契口相同的左右契口皆存的情況〔註12〕。竹田先生的意見非常寶貴，此研究也非常重要，不過「左契口」的現象恐怕需要在大量的追索，將其他更多的楚簡納入討論，這樣得出的結論會，比較精確。

　　而這四簡都是上下殘斷之簡，而且都在下契口。竹田不認同一簡有左、右契口相混可能，換言之《曹沫之陣》最少有四支屬於左契口型態上半簡是已殘而不見的，但我們知道《曹沫之陣》殘簡甚少，基本上文句都可通讀，剛好所殘之簡正是這些左契口型態的上半簡，這是很有問題的。簡64「吾一欲聞三代之所」文句十分通暢，若此簡不應綴合，則簡64下的位置，仍須進一步研究〔註13〕。

## 第三節　諸家學者及本文之排序

　　《上海博物館藏戰國楚竹書》所發表的簡文，有些可以與傳世古籍或出土文獻比對，譬如《周易》、《老子》、《禮記·孔子閒居》、《緇衣》、《性自命出》、《性情論》等篇章，這些竹簡的排序由於有可比對的材料，問題較單純，但除此之外絕大多數的簡文都存在著排序的問題，這在長達65簡的《曹沫之陣》中，更是一大挑戰。

　　李零已將《曹沫之陣》的簡序作初步的擬定，但是由於簡文相當長，且簡文內容多無可對應的文獻，加上戰國的古字奧義與通假情形普遍，要爲這篇兩千年前的古佚書排出順序，是件極困難的工作。因此原考釋者李零於〈說明〉中云「排列的順序只能求其大概，不一定完全正確」〔註14〕，雖然簡序未必皆爲學者所接受，但整體而言，筆路藍縷之功已相當難能可貴，並爲日後的編聯留下基礎性的建設。在此之後，陳劍〔註15〕、廖名春〔註16〕、陳斯鵬〔註17〕、李銳〔註18〕、白于藍〔註19〕、

〔註12〕竹田健二：〈「曹沫之陳」における竹簡の綴合と契口〉，收入《東洋古典學研究（19）》，廣島大學東洋古典學研究會，2005年5月，頁23～39。此文竹田健二曾迻譯作中文，於2005年12月2、3日政治大學中文系「出土簡帛文獻與古代學術國際研討會」發表，頁313～317。

〔註13〕2005年12月3日在政治大學出土簡帛文獻與古代學術國際研討會上，筆者曾就此問題請教陳劍老師，陳劍老師認爲簡64的綴合應當可以成立，簡文「吾一欲聞三代之所」頗爲順暢，若要重新擺放，恐有困難。筆者在此感謝陳劍老師的寶貴意見。

〔註14〕見馬承源主編：《上海博物館藏戰國楚竹書（四）》，（上海：上海古籍出版社，2004年12月），頁241。

〔註15〕陳劍：〈上博竹書《曹沫之陳》新編釋文（稿）〉，簡帛研究網，（2005年2月12日），網址：http://www.jianbo.org/admin3/2005/chenjian001.htm。

〔註16〕廖名春：〈讀楚竹書《曹沫之陳》箚記〉，簡帛研究網，（2005年2月12日），網址：http://www.jianbo.org/admin3/2005/liaominchun002.htm。

〔註17〕陳斯鵬曾前後發表兩次意見，第一次見陳斯鵬：〈上海博物館藏楚簡《曹沫之陣》釋文校理稿〉：簡帛研究網，（2005年2月20日），網站：http://www.jianbo.org/admin3/

邴尚白〔註20〕、朱賜麟〔註21〕、季旭昇師〔註22〕、周鳳五〔註23〕、單育辰〔註24〕等多位學者都曾經爲此問題提出意見，今以圖表方式呈現各家排序之內容，如下：

圖四：《曹沫之陣》各家排序一覽表

| 編號 | 李零 | 陳劍 | 陳斯鵬1 | 李銳1 | 白于藍 | 李銳2 | 陳斯鵬2 | 邴尚白 | 朱賜麟 | 蔡丹 | 季旭昇 | 周鳳五 | 單育辰 | 本文 |
|---|---|---|---|---|---|---|---|---|---|---|---|---|---|---|
| 1. | 1 | 1 | 1 | 1 | 1 | 1 | 1 | 1 | 1 | 1 | 1 | 1 | 1 | 1 |
| 2. | 2 | 2 | 2 | 2 | 2 | 2 | 2 | 2 | 2 | 2 | 2 | 2 | 2 | 2 |
| 3. | 3 | 3 | 3 | 3 | 3 | 3 | 3 | 3 | 3 | 3 | 3 | 3 | 3 | 3 |
| 4. | 4 | 41 | 41 | 7下 | 41 | 41 | 7下 | 41 | 41 | 41 | 41 | 41 | 41 | 41 |
| 5. | 5 | 4 | 4 | 8上 | 4 | 4 | 8上 | 4 | 4 | 4 | 4 | 4 | 4 | 4 |
| 6. | 6 | 5 | 5 | 41 | 5 | 5 | 41 | 5 | 5 | 5 | 5 | 5 | 5 | 5 |
| 7. | 7 | 6 | 6 | 4 | 6 | 6 | 4 | 6 | 6 | 6 | 6 | 6 | 6 | 6 |
| 8. | 8 | 7 | 7 | 5 | 7上 | 7上 | 5 | 7上 | 7上 | 7上 | 7上 | 7上 | 7上 | 7上 |
| 9. | 9 | 8 | 8 | 6 | 8下 | 8下 | 6 | 8下 | 8下 | 8下 | 8下 | 8下 | 8下 | 8下 |
| 10. | 10 | 9 | 7上 | 9 | 9 | 7上 | 9 | 9 | 9 | 9 | 9 | 9 | 9 | 9 |
| 11. | 11 | 10 | 10 | 8下 | 10 | 10 | 8下 | 10 | 10 | 10 | 10 | 10 | 10 | 10 |
| 12. | 12 | 11 | 11上 | 9 | 11 | 11 | 8下 | 11 | 11 | 11 | 11 | 11 | 11 | 11 |

list.asp?id=1328。第二次編聯意見則見其博士論文《戰國簡帛文學文獻考論》之第四節「戰國簡帛散文文本校理舉例之二──《曹蔑之陣》校理」，中山大學博士學位論文，2005 年 6 月。

〔註18〕 李銳曾前後發表兩次意見，第一次發表爲李銳：〈《曹劌之陣》重編釋文〉（以「李銳（一）」表示），簡帛研究網，（2005 年 2 月 25 日），網址：http://www.jianbo.org/admin3/2005/lirui002.htm。第二次發表爲李銳：〈《曹劌之陣》重編釋文〉（以「李銳（二）」表示），簡帛研究網，（2005 年 5 月 27 日），網址：http://www.jianbo.org/admin3/2005/lirui003.htm。

〔註19〕 白于藍：〈上博簡《曹沫之陳》釋文新編〉，簡帛研究網，（2005 年 4 月 10 日），網址：http://www.jianbo.org/admin3/2005/baiyulan001.htm。

〔註20〕 邴尚白：〈上博楚竹書《曹沫之陣》注釋〉，收入臺灣大學《中國文學研究》第二十一期，2006 年，頁 14。

〔註21〕 朱賜麟：《《曹沫之陣》思想研究──春秋時代兵學思想初探》，臺灣師範大學碩士論文，2006 年 6 月。

〔註22〕 參季旭昇師主編、高佑仁執筆、朱賜麟協撰：《上海博物館藏戰國楚竹書（四）讀本·曹沫之陳釋譯》，（臺北：萬卷樓圖書公司，2007 年 3 月）。

〔註23〕 周鳳五：《上博楚竹書〈曹沫之陳〉研究》，爲 94 年度國科會研究計畫，資料來源見「行政院國家科學委員會」網站，網址：http://web.nsc.gov.tw/。

〔註24〕 單育辰《曹沫之陳》新編聯及釋文〉，武漢大學簡帛網，（2007 年 6 月 3 日），網址：http://www.bsm.org.cn/show_article.php?id=574。

| 編號 | 李零 | 陳劍 | 陳斯鵬1 | 李銳1 | 白于藍 | 李銳2 | 陳斯鵬2 | 邴尚白 | 朱賜麟 | 蔡丹 | 季旭昇 | 周鳳五 | 單育辰 | 本文 |
|---|---|---|---|---|---|---|---|---|---|---|---|---|---|---|
| 13. | 13 | 12 | 12 | 10 | 12 | 12 | 10 | 12 | 12 | 12 | 12 | 12 | 12 | 12 |
| 14. | 14 | 13 | 13 | 11 | 13 | 13 | 11 | 13 | 13 | 13 | 13 | 13 | 13 | 13 |
| 15. | 15 | 14 | 14 | 12 | 14 | 14 | 12 | 14 | 14 | 14 | 14 | 14 | 14 | 14 |
| 16. | 16 | 17 | 17 | 13 | 17 | 17 | 13 | 17 | 17 | 17 | 17 | 17 | 17 | 17 |
| 17. | 17 | 18 | 18 | 14 | 18 | 18 | 14 | 18 | 18 | 18 | 18 | 18 | 18 | 18 |
| 18. | 18 | 19 | 19 | 17 | 19 | 19 | 17 | 19 | 19 | 19 | 19 | 19 | 19 | 19 |
| 19. | 19 | 20 | 20 | 18 | 20 | 20 | 18 | 20 | 20 | 20 | 20 | 20 | 20 | 20 |
| 20. | 20 | 21 | 21 | 19 | 21 | 21 | 19 | 21 | 21 | 21 | 21 | 21 | 21 | 21 |
| 21. | 21 | 22 | 22 | 20 | 22 | 22 | 20 | 22 | 22 | 22 | 22 | 22 | 22 | 22 |
| 22. | 22 | 23 | 23 | 21 | 29 | 29 | 21 | 23下 | 25 | 29 | 25 | 29 | 25 | 25 |
| 23. | 23 | 24 | 24上 | 22 | 24下 | 23下 | 22 | 24上 | 58 | 24下 | 23下 | 24下 | 24下 | 23下 |
| 24. | 24 | 25 | 30 | 23 | 25 | 24 | 23 | 30 | 23下 | 25 | 24上 | 25 | 25 | 24上 |
| 25. | 25 | 26 | 37上 | 24 | 23下 | 25 | 24上 | 29 | 24上 | 23下 | 30 | 26 | 23下 | 30 |
| 26. | 26 | 62 | 31 | 25 | 24上 | 26 | 29 | 24下 | 26 | 24上 | 26 | 62 | 24上 | 26 |
| 27. | 27 | 58 | 32 | 26 | 26 | 62 | 24下 | 25 | 62 | 26 | 62 | 58 | 30 | 62 |
| 28. | 28 | 37下 | 33 | 62 | 62 | 58 | 25 | 26 | 33 | 62 | 58 | 23下 | 26 | 58 |
| 29. | 29 | 38 | 34 | 58 | 58 | 49 | 26 | 62 | 34 | 58 | 37下 | 24上 | 62 | 37下 |
| 30. | 30 | 39 | 35 | 49 | 37下 | 33 | 62 | 58 | 35 | 49 | 38 | 49 | 58 | 38 |
| 31. | 31 | 40 | 36 | 33 | 38 | 34 | 58 | 37下 | 36 | 59 | 39 | 33 | 59 | 39 |
| 32. | 32 | 42 | 28 | 34 | 39 | 35 | 59 | 38 | 28 | 60 | 40 | 34 | 60上 | 40 |
| 33. | 33 | 43 | 29 | 35 | 40 | 36 | 60上 | 39 | 37上 | 37下 | 42 | 35 | 48 | 42 |
| 34. | 34 | 44 | 24下 | 36 | 42 | 28 | 37下 | 40 | 48 | 38 | 43 | 36 | 46下 | 43 |
| 35. | 35 | 45 | 25 | 28 | 43 | 37上 | 38 | 42 | 48 | 39 | 44 | 28 | 33 | 44 |
| 36. | 36 | 46上 | 26 | 37上 | 44 | 63下 | 39 | 43 | 46下 | 40 | 45 | 37上 | 34 | 45 |
| 37. | 37 | 47 | 37下 | 63下 | 45 | 48 | 40 | 44 | 59 | 42 | 46上 | 63下 | 35 | 46上 |
| 38. | 38 | 63上 | 38 | 48 | 46上 | 59 | 43 | 45 | 60上 | 43 | 47 | 48 | 36 | 47 |
| 39. | 39 | 27 | 39 | 59 | 47 | 60上 | 43 | 46上 | 37下 | 44 | 63上 | 37下 | 28 | 63上 |
| 40. | 40 | 29 | 40 | 60上 | 63上 | 37下 | 44 | 47 | 38 | 45 | 27 | 38 | 37上 | 27 |
| 41. | 41 | 31 | 42 | 37下 | 27 | 38 | 45 | 63上 | 39 | 46上 | 23上 | 39 | 49 | 23上 |
| 42. | 42 | 32上 | 43 | 38 | 23上 | 39 | 46上 | 27 | 40 | 47 | 51下 | 40 | 60下 | 51下 |
| 43. | 43 | 51下 | 44 | 39 | 51下 | 40 | 31 | 23上 | 42 | 63上 | 29 | 42 | 37下 | 29 |
| 44. | 44 | 50 | 45 | 40 | 50 | 42 | 32上 | 51下 | 43 | 27 | 24下 | 43 | 38 | 24下 |
| 45. | 45 | 51上 | 46 | 42 | 51上 | 43 | 51下 | 50 | 44 | 23上 | 50 | 44 | 39 | 50 |

| 編號 | 李零 | 陳劍 | 陳斯鵬1 | 李銳1 | 白于藍 | 李銳2 | 陳斯鵬2 | 邴尚白 | 朱賜麟 | 蔡丹 | 季旭昇 | 周鳳五 | 單育辰 | 本文 |
|---|---|---|---|---|---|---|---|---|---|---|---|---|---|---|
| 46. | 46 | 30 | 47 | 43 | 31 | 44 | 47 | 51上 | 45 | 51下 | 51上 | 45 | 40 | 51上 |
| 47. | 47 | 52 | 48 | 44 | 32上 | 45 | 63上 | 31 | 46上 | 50 | 31 | 46 | 42 | 52 |
| 48. | 48 | 53上 | 49 | 45 | 30 | 46上 | 32下 | 32 | 47 | 51上 | 32 | 47 | 43 | 53上 |
| 49. | 49 | 32下 | 50 | 46上 | 52 | 47 | 50 | 52 | 63上 | 31 | 52 | 63上 | 44 | 31 |
| 50. | 50 | 61 | 51上 | 47 | 53上 | 63上 | 51上 | 53上 | 27 | 32上 | 53上 | 27 | 45 | 32 |
| 51. | 51 | 53下 | 27 | 63上 | 32下 | 27 | 30 | 60下 | 23上 | 30 | 60下 | 23上 | 46上 | 60下 |
| 52. | 52 | 54 | 52 | 27 | 61 | 23上 | 52 | 61 | 51下 | 52 | 61 | 51下 | 47 | 61 |
| 53. | 53 | 55 | 53上 | 29 | 53下 | 51下 | 53上 | 53下 | 29 | 53上 | 53下 | 50 | 63上 | 53上 |
| 54. | 54 | 56 | 51下 | 32下 | 54 | 50 | 60下 | 54 | 24下 | 32下 | 54 | 51上 | 27 | 54 |
| 55. | 55 | 57 | 58 | 61 | 55 | 51上 | 61 | 55 | 31 | 61 | 55 | 31 | 23上 | 55 |
| 56. | 56 | 15 | 62 | 31 | 56上 | 30 | 53下 | 56 | 32 | 53下 | 56 | 32上 | 51下 | 56 |
| 57. | 57 | 16 | 53下 | 32上 | 56下 | 32上 | 54 | 57 | 50 | 54 | 57 | 30 | 50 | 57 |
| 58. | 58 | 46下 | 54 | 51下 | 57 | 31 | 55 | 15 | 51上 | 55 | 15 | 52 | 51上 | 15 |
| 59. | 59 | 33 | 55 | 50 | 15 | 52 | 56 | 16 | 30 | 56 | 16 | 53上 | 31 | 16 |
| 60. | 60 | 34 | 56 | 51上 | 16 | 53上 | 57 | 46下 | 52 | 57 | 46下 | 32下 | 32上 | 46下 |
| 61. | 61 | 35 | 57 | 30 | 59 | 60下 | 15 | 33 | 53上 | 15 | 33 | 61 | 52 | 33 |
| 62. | 62 | 36 | 15 | 52 | 60 | 32下 | 16 | 34 | 60下 | 16 | 34 | 53下 | 53上 | 34 |
| 63. | 63 | 28 | 16 | 53上 | 48 | 61 | 46下 | 35 | 61 | 48 | 35 | 54 | 32下 | 35 |
| 64. | 64 | 48 | 59 | 60下 | 46下 | 53下 | 33 | 36 | 53下 | 46下 | 36 | 55 | 61 | 36 |
| 65. | 65 | 49 | 60 | 53下 | 33 | 54 | 34 | 28 | 54 | 33 | 28 | 56 | 53下 | 28 |
| 66. | | 37上 | 61 | 54 | 34 | 55 | 35 | 48 | 55 | 34 | 37上 | 57 | 54 | 37上 |
| 67. | | 59 | 63 | 55 | 35 | 56 | 36 | 49 | 56 | 35 | 49 | 15 | 55 | 49 |
| 68. | | 60 | 64 | 56 | 36 | 57 | 28 | 59 | 57 | 36 | 48 | 16 | 56 | 48 |
| 69. | | 63下 | 65 | 57 | 28 | 15 | 37上 | 60上 | 15 | 28 | 59 | 59 | 57 | 59 |
| 70. | | 64 | | 15 | 37上 | 16 | 27 | 37上 | 16 | 37上 | 60上 | 60 | 15 | 60上 |
| 71. | | 65 | | 16 | 49 | 46下 | 48 | 63下 | 63下 | 63下 | 63下 | 64 | 16 | 63下 |
| 72. | | | | 46下 | 63下 | 64 | 49 | 64 | 64 | 64 | 64 | 65上 | 63下 | 64 |
| 73. | | | | 64 | 64 | 65上 | 63下 | 65上 | 65上 | 65上 | 65上 | 7下 | 64 | 65上 |
| 74. | | | | 65 | 65上 | 7下 | 64 | 7下 | 7下 | 7下 | 7下 | 8上 | 65上 | 7下 |
| 75. | | | | | 7下 | 8上 | 65 | 8上 | 8上 | 8上 | 8上 | 65下 | 7下 | 8上 |
| 76. | | | | | 8上 | 65下 | | 65下 | 65下 | 65下 | 65下 | | 8上 | 65下 |
| 77. | | | | | 65下 | | | | | | | | 65下 | |

# 第四章　《曹沫之陣》考釋

## 總釋文

### 一、「莊公問修政」章

　　敓（曹）蔑之戟（陣）【2背】

　　魯臧（莊）公酒（將）為大鐘，型既城（成）矣，敓（曹）蔑（沫）入（內）見曰：「昔周室之邦（封）魯ㄑ，東西七百，南北五百，非【1】山非澤，亡又（有）不民ㄥ。今邦懇（彌）少（小）而鐘愈大，君亓（其）者（圖）之。昔抏（堯）之鄉（饗）坴（舜）也，飯於土鞙（簋），歠於土型（鉶），【2】而改（撫）又（有）天下。此不貧於敳（美）而㝈（富）於悳（德）與（歟）？昔周室□□□□□□□□□□□□□□□□□□【3】□□競必勅（勝），可目（以）又（有）忈（治）邦，周等（志）是㾏（存）。

　　臧（莊）公曰【41△】：「今天下之君子既可智（知）已，箟（孰）能并（併）兼人【4▽】才（哉）？」

　　敓（曹）蔑（沫）曰：「君亓（其）毋員（憚），臣䎽（聞）之曰：『噩（鄰）邦之君明，則不可目（以）不攸（修）政而善於民。不肰（然）悉〈忞〉（恐）亡安（焉）；【5】竖（鄰）邦之君亡（無）道，則亦不可目（以）不攸（修）政而善於民，不肰（然）亡（無）目（以）取之。』」

　　臧公曰：「昔池（施）胉（伯）語募（寡）人曰：【6】『君子旻（得）之遊（失）之，天命ㄥ。』今異於而（爾）言ㄥ。」

　　敓（曹）蔑（沫）曰【7上】：「亡目（以）異於臣之言，君弗聿（盡）。ㄟ臣䎽（聞）之曰：『君【8下】子目（以）敔（賢）偁（稱）而遊（失）之，天

—33—

命乚；呂（以）亡道叟（稱）而旻（沒）身邊（就）芺（世），亦天命。不肰（然）君子呂（以）臤（賢）叟（稱）害（曷）又（有）弗【9】旻（得），呂（以）亡（無）道叟（稱），害（曷）又（有）弗遊（失）乚』」。

臧（莊）公曰：「曼（趯／慢）才（哉）！虘（吾）䎛（聞）此言。乚」乃命毀（毀）鐘型而聖（聽）邦政，不畫【10】痌（寢）、不歛＝（飲酒）、不聖（聽）樂、居不褻　曼（文），飤（食）不貳（貳）盥（菜）【11】，兼忎（愛）蠆（萬）民而亡（無）又（有）厶（私）也。【12】～

## 二、論「問陣、守邊城」章

還年而䎛（問）於敊（曹）【12】敄（沫）曰：「虘（吾）欲與齊戰，䎛（問）戗（陣）系（奚）女（如）？獣（守）鄝（邊）城系（奚）女（如）？」

敊（曹）敄（沫）㑹（答）曰：「臣䎛（聞）之：『又（有）固愳（謀）而亡（無）固城，【13】又（有）克正（政）而亡（無）克戗（陣）』。三弋（代）之戗（陣）皆鷹（存），或呂（以）克，或呂（以）亡（無）。且臣䎛（聞）之：『少（小）邦尻（居）大邦之闋（間），啻（敵）邦【14】交陞（地），不可呂（以）先烮（作）悁（怨），疆陞（地）母（毋）先而必取□安（焉），所呂（以）佢（拒）鄝（邊）乚；母（毋）忎（愛）貨資、子女，呂（以）事【17】亓（其）俊（便）辟（嬖），所呂（以）佢（拒）內；城臺（郭）必攸（修），纏（繕）虘（甲）利（厲）兵，必又（有）戠（戰）心呂（以）獣（守），所呂（以）爲倀（長）也。厭（且）臣之䎛（聞）之：不和【18】於邦，不可呂（以）出豫（舍）。不和於豫（舍），不可呂（以）出戗（陣）。不和於戗（陣），不可呂（以）戰（戰）。』是古（故）夫戗（陣）者，三斅（教）之【19】末。君必不已，則緐（由）亓（其）枲（本）虖（乎）？」【20】～

## 三、論「三教」章

臧（莊）公曰：「爲和於邦女（如）之可（何）？」

敊（曹）敄（沫）㑹（答）曰：「母（毋）穫（獲）民畨（時），母（毋）敚民利，【20】繬（紳／陳）攻（功）而飤（食），坓（刑）罰又（有）皋（罪），而賞箣（爵）又（有）悳（德）。凡畜羣（群）臣，貴戔（賤）同坒（等），桑（祿）母（毋）償（倍／背）。《詩》於（固）又（有）之曰：『幾（豈）【21】㝅（弟）君子，民之父母。』此所呂（以）爲和於邦乚м。」

臧（莊）公曰：「爲和於豫（舍）（舍）女（如）可（何）？」

敊（曹）敄（沫）曰：「三軍出，君自衛（率），【22】必又（有）二㹂（將）

軍，母（每）牆（將）軍必又（有）響（數）辟（嬖）夫＝（大夫），母（每）俾（嬖）夫＝（大夫）必又（有）響（數）大官之帀（師）、公孫（孫）公子，凡又（有）司衛（率）倀（長）【25】□□□□□□□□□□□□□□□□□□□，其（期）會之不難，所弖（以）爲和於豫（舍）。」

臧（莊）公或（又）餌（問）【23下】：「爲和於戝（陣）女（如）可（何）？」

會（答）曰：「車閒（間）宖（容）伍（伍），伍（伍）閒（間）宖（容）兵，貴【24上】立（位）、砫（重）飤（食），思（使）爲前行。三行之遺（後），句（苟）見耑（短）兵，攴（什）【30▽】五（伍）之閒（間）必又（有）公孫公子，是胃（謂）軍紀。五人弖（以）敀（伍），元＝（一人）【26△】又（有）多，四人皆賞，所弖（以）爲剚（斷）。毋上（尚）膚（獲）而上（尚）餌（聞）命，【62▽】所弖（以）爲母（毋）退。衛（率）車弖（以）車，衛（率）徒弖（以）徒，所弖（以）同死【58△】，又（有）戒言曰：『犇（奔），尒（爾）正祉（訌）；不犇（奔），而（爾）或毀（興）或康（康）弖（以）【37下】會』，古（故）衛（帥／率）不可思（使）犇＝（犇，犇）則不行。戝（戰）又（有）㬎（顯）道，勿兵弖（以）克。【38】」～

## 四、論「勿兵以克」章

臧（莊）公曰：「勿兵弖（以）克系（奚）女（如）？」

會（答）曰：「人之兵【38】不砥礪（礪），我兵必砥礪（礪）。人之虜（甲）不緊，我虜（甲）必緊。人事（使）士，我事（使）夫＝（大夫）。人事（使）夫＝（大夫），我事（使）牆（將）軍。人【39】事（使）牆（將）軍，我君身進。此戝（戰）之㬎（顯）道。」【40】～

## 五、論「用兵之忌」章

臧（莊）公曰：「既成（承）喬（教）矣，出帀（師）又（有）幾（機）虖（乎）？」

會（答）曰：「又（有）。臣餌（聞）之：三軍出，【40】亓（其）遙（將）邇（卑）、父兄（兄）不薦（薦）、繇（由）邦卿（御）之，此出帀（師）之幾（機）。」

臧（莊）公或（又）餌（問）曰：「三軍鸞（散）果又（有）幾（機）虖（乎）？」

會（答）曰：「又（有）。臣餌（聞）【42】之：三軍未成戝（陣）、未豫（舍）、行堅（阪）淒（濟）壐（障），此雙（散）果之幾（機）。」

臧（莊）公或（又）餌（問）曰：「戰（戰）又（有）幾（機）虖（乎）？」

會（答）曰：「又（有）。丌（其）迲（去）之【43】不遬（速），其邍（就）之不專（傅），丌（其）埅（啓）節不疾，此戰（戰）之幾（機）。是古（故）矣（疑）陳（陣）敗，矣（疑）戰死。」

臧（莊）公或（又）餌（問）曰：「既戰（戰）又（有）幾（機）虖（乎）？」【44】

會（答）曰：「又（有）。丌（其）賞譏（鮮）叡（且）不中，丌（其）誣（誅）硡（重）叡（且）不設（察），死者弗收，剔（傷）者弗餌（問），既戰（戰）而又（有）忌＝（怠心），此既戰（戰）之幾（機）乚。」【45】～

# 六、論「復戰之道」章

臧（莊）【45】公或（又）問曰：「『返（復）敗（敗）戰（戰）』又（有）道虖（乎）？」

會（答）曰：「又（有）。三軍大敗（敗）【46上】，死者收之，剔（傷）者餌（問）之，善於死者為生者。君【47▽】乃自愆（過）吕（以）敓（悅）於蠆（萬）民，弗琗（狎）危墬（地），母（毋）火飤（食）【63上】，毌誣（誅）而賞，母（毋）皋（罪）百眚（姓），而改丌（其）迻（將）。君女（如）親（親）𧗳（率），【27▽】，必聚群又（有）司而告之：『二厽（三）子孛（勉）之，迆（過）不才（在）子才（在）【23上】募（寡）人。虐（吾）戰（戰）啻（敵）不訓（順）於天命』，反（返）師將返（復）戰（戰）【51下】必訋（召）邦之貴人及邦之可（奇）士，（旅／御）卒事（使）兵，母（毋）返（復）㫃（前）【29△】裳（常）。凡貴人囟（使）処（處）前立（位）一行，迻（後）則見亡，進【24下】則彔（祿）𥬮（爵）又（有）裳（常），幾莫之當（擋）。」

臧（莊）公又問曰：「『返（復）盤戰（戰）』又（有）道虖（乎）？」

會（答）曰：「又（有）。既戰（戰）返（復）豫（舍），虖（號）命（令）於軍中【50】曰：『纏（繕）甯（甲）利兵，明日酒（將）戰（戰）。』，則哉（廝）伲（徒）剔（煬），吕（以）盤邍（就）行，【51上】母（毋）忌（怠），母（毋）思（使）民矣（疑），迟（及）尔龜簭（筮），皆曰『勅（勝）之』。改鬃（冒）尔（爾）鼓，乃遊（秩）丌（其）備。明日返（復）戕（陣），必迆（過）丌（其）所，此『返（復）【52】盤戰（戰）』之道。」

臧（莊）公或（又）問曰：「『返（復）甘（酣）戰（戰）』又（有）道虖（乎）？」

　　僉（答）曰：「又（有）。必【53上】遊（失）車虘（甲），命之母（毋）行，
晶＝（明日）牀（將）戳（戰），思（使）為前行。牒（諜）人【31▽】夆（來）
告曰：『亓（其）迬（將）銜（帥）聿（盡）剔（傷），載（車）連（輦）皆
栽（𢦏），曰牀（將）早行』，乃命白徒早歓（食）戕（輦）兵，各載尔（爾）
贅（藏）。既戳（戰），牀（將）歐（量）為之【32】，慭（慎）弖（以）戒，
客（焉）牀（將）弗克？母（毋）冒弖（以）迨（陷），必迊（過）前攻。【60
下】賞膲（獲）話（飾）绛（蕙），弖（以）懽（勸）亓（其）志。埇（勇）
者憙（喜）之，虤（惶）者昏（謀）之，蘴（萬）民【61△】、贛（黔）首皆欲
或（克）之，此『遊（復）甘戳（戰）』之道。」

　　臧（莊）公又問【53下】曰：「『遊（復）故（苦）戳（戰）』又（有）道宵
（乎）？」

　　僉（答）曰：「又（有）。收而聚之，羅（束）而厚之，貹（重）賞泊（薄）
垈（刑），思（使）忘亓（其）豉（死）而見（獻？）亓（其）生，思（使）
良【54】車、良士徍（往）取之餌，思（使）亓（其）志记（起），戡（勇）者
思（使）憙（喜），绛（蕙）者思（使）昏（悔），狀（然）句（後）改刟（始），
此『遊（復）故戳（戰）』之道。」【55】～

## 七、論「善攻、善守者」章

　　臧（莊）公或（又）啻（問）曰：【55】「善攻者釆（奚）女（如）？」

　　僉（答）曰：「民又（有）寶（保），曰城，曰固，曰蔽（阻），三者聿（盡）
甬（用）不皆（棄），邦豦（家）弖（以）惀（宏）。善攻者必弖（以）亓（其）
【56】所又（有），弖（以）攻人之所亡又（有）。」

　　臧（莊）公曰：「善獸（守）者釆（奚）女（如）？」

　　僉（答）曰：【57△】「亓（其）歓（食）足弖（以）歓（食）之，亓（其）
兵足弖（以）利之，其城固【15▽】足弖（以）找（捍）之，卡＝（上下）和
叙（且）祝（篤），緟（緟）紀於大＝戈＝（大國，大國）㪅（親）之，天下
【16△】不勳（勝）。巠（卒）谷（欲）少弖（以）多，少則惕（易）設（察），
圪（迄）成則惕（易）【46下】忽（治）▲。果勳（勝）矣▲，親（親）率勳（勝）。
吏（使）人，不親（親）則不纏（綧／敦），不和則不祝（篤），不愁（義）
則不備（服）。」【33】～

## 八、論「為親、為和、為義」章

　　臧（莊）公曰：「為親（親）女（如）【33】可（何）？」

　　會（答）曰：「君母（毋）慰（憚）自裻（勞），吕（以）觀卡＝（上下）之眚（情）僞；佖（四）夫募（寡）婦之獄訽（訟），君必身聖（聽）之。又（有）智（智）不足，亡（無）所【34】不中，則民斬（親）之。」

　　臧（莊）公或（又）聞（問）：「爲和女（如）可（何）？」

　　會（答）曰：「母（毋）辟（嬖）於俴（便）俾（嬖），母（毋）倀（長）於父戤（兄），賞均（均）聖（聽）中，則民【35】和之。」

　　臧（莊）公或（又）聞（問）：「爲義女（如）可（何）？」

　　會（答）曰：「紳（陳）攻（功）走（尚）取（賢）。能紿（治）百人，事（使）倀（長）百人；能紿（治）三軍，思（使）衙（帥）。受（授）【36】又（有）智，舍（予）又（有）能，則民宜（義）之。虔（且）臣聞（聞）之：『卆（卒）又（有）倀（長）、三軍又（有）衙（帥）、邦又（有）君，此三者所吕（以）戰（戰）ㄣ』，是古（故）倀（長）【28】民者毋図（攝）筥（爵），（母）毋ㄥ（御）軍，母（毋）辟（避）辠（罪），（甬）用都嗇（教）於邦【37上】於民。」

　　臧（莊）公曰：「此三者足吕（以）戰（戰）虖（乎）？」

　　會（答）曰：「戒ㄣ。勅（勝）【49▽】不可不懃（慎）ㄣ。不卆（卒）則不亙（恒），不和則不蔫（篤），不兼（謙）畏【48△】丌（其）志者，募（寡）矣。」【59▽】～

## 九、論「三代之所」章

　　臧（莊）公或（又）聞（問）曰：「虔（吾）又（有）所聞（聞）之：『一【59▽】出言三軍皆懂（勸），一出言三軍皆遅（往），又（有）之虖（乎）？」

　　會（答）曰：「又（有）。明（盟）【60上】餗（盅）鬼神軥武，非所吕（以）嗇（教）民，□君其智（知）之。此【63下】先王之至道。」

　　臧（莊）公曰：「蔵（沫），虔（吾）言氏（寔）不，而女（毋）或（惑）者（諸）少（小）道與（歟）？虔（吾）一谷（欲）聞（聞）弋（代）帝＝（之所）。」

　　敔（曹）蔵（沫）會（答）曰：「臣聞（聞）之：『昔之明王之记（起）【64】於天下者，各吕（以）亓（其）殜（世），吕（以）及亓（其）身。』今與古亦列（間）【65上】不同矣，臣是古（故）不敢吕（以）古會（答）。肰（然）而古ㄥ亦【7下】又（有）大道安（焉），必共（恭）僉（儉）吕（以）尋（得）之，而喬（驕）大（泰）吕（以）遊（失）之。君亓（其）【8上】亦隹（唯）聞（聞）夫虽（禹）、康（湯）、傑（桀）、受（紂）矣ㄣ。【65下】」

# 第一節 「莊公問修政」章

## 壹、釋 文

散（曹）蔑之戦（陣）【2背】

魯臧（莊）公𨡓（將）為大鐘〔1〕，型既城（成）矣〔2〕，散（曹）蔑（沫）入（內）見曰〔3〕：「昔周室之邦（封）魯乚〔4〕，東西七百，南北五百〔5〕，非【1】山非澤，亡又（有）不民乚〔6〕。今邦㒼（彌）少（小）而鐘愈大〔7〕，君亓（其）煮（圖）之〔8〕。昔㚺（堯）之鄉（饗）叜（舜）也〔9〕，飯於土輜（簋），欲於土型（鉶）〔10〕，【2】而攺（撫）又（有）天下〔11〕。此不貧於散（美）而𡨄（富）於㥁（德）與（歟）？〔12〕昔周室□□□□□□□□□□□□□□□□〔13〕【3】□□競必𠡗（勝）〔14〕，可㠯（以）又（有）𢘓（治）邦〔15〕，周等（志）是鳫（存）〔16〕。

臧（莊）公曰【41△】〔17〕：「今天下之君子既可智（知）已〔18〕，簹（孰）能并（併）兼人【4▽】才（哉）？〔19〕」

散（曹）蔑（沫）曰〔20〕：「君亓（其）毋員（愪）〔21〕，臣䎽（聞）之曰：『器（鄰）邦之君明〔22〕，則不可蒙（以）不攸（修）政而善於民〔23〕。不肰（然）忎〈忈〉（恐）亡安（焉）〔24〕；【5】叜（鄰）邦〔25〕之君亡（無）道，則亦不可蒙（以）不攸（修）政而善於民，不肰（然）亡（無）蒙（以）取之。』」

臧公曰：「昔沱（施）胉（伯）〔26〕語募（寡）人曰：【6】『君子㝵（得）之遊（失）之，天命乚。〔27〕』今異於而（爾）言乚。〔28〕」

散（曹）蒙（沫）曰【7上】：「亡蒙（以）異於臣之言，君弗書（盡）乚〔29〕。臣䎽（聞）之曰：『君【8下】子㠯（以）臤（賢）爯（稱）〔30〕而遊（失）之，天命乚；蒙（以）亡道爯（稱）而叟（沒）身遷（就）𦭖（世）〔31〕，亦天命。不肰（然）君子蒙（以）臤（賢）爯（稱）害（曷）又（有）弗【9】㝵（得）〔32〕，㠯（以）亡（無）道爯（稱），害（曷）又（有）弗遊（失）乚』」。

臧（莊）公曰：「曼（趨／慢）才（哉）！虐（吾）䎽（聞）此言。乚〔33〕」乃命毀（毀）〔34〕鐘型而聖（聽）邦政，不晝【10】寢（寢）〔35〕、不歓＝（飲酒）〔36〕、不聖（聽）樂〔37〕、居不褻　𡕥（文）〔38〕，飤（食）不貳（貳）盥（菜）〔39〕【11】，兼悉（愛）蔓（萬）民而亡（無）又（有）厶（私）也。〔40〕【12】～

# 貳、校　釋

〔1〕、1·魯【1】戚（莊）公【2】牆（將）為大鐘【3】

【1】魯

　　段注本《說文》云：「魯，鈍詞也。从白，魚聲。」〔註1〕，原簡「魯」字作 ▨，與一般戰國文字相同，字從「甘」而不從「白」。

【2】戚（莊）公

　　原考釋者李零釋作「戚」讀作「莊」〔註2〕。

　　陳斯鵬釋作「臧」〔註3〕。

　　佑仁案：戰國文字「臧」字除從「臣」外，亦多從「口」而作「臧」，而《戰國文字編》、《楚文字編》也都將「戚」字置在「臧」字下〔註4〕，將「戚」視為「臧」之異體，因此陳斯鵬直接隸定作「臧」也可成立，但若以嚴式隸定的標準來看，本處△字作 ▨，字從「口」而不從「臣」，則李零的意見較符合此要求。另外簡1開頭稱「魯莊公」，其後皆稱「莊公」〔註5〕，亦可證此簡為《曹沫之陣》之首簡。

【3】牆（將）為大鐘

　　「鐘」字從童聲，「童」字從「壬」，「壬」之第三橫筆總較第二橫筆來的略長，如 ▨（信 2·18）、▨（王孫遺鐵鐘），但《曹沫之陣》書手總是會刻意將第三橫筆拉長作 ▨（簡1），頗具特色。

　　簡文所述「將為」表示鐘尚未完成，簡文後談到「型既成矣」、「邦彌小而鐘愈大」，前者表示大鐘模範已成，但尚未熔鑄大鐘，後者表示魯莊公絕非第一次鑄鐘〔註6〕，只是鐘越鑄越大，已達曹沫無法容忍的地步，才會內見而諫。簡文「魯莊公將為大鐘」之記載與古籍佚文不同，參本書第二章。

---

〔註1〕許慎撰、段玉裁注：《說文解字注》，經韵樓藏版，（臺北市：洪葉出版社，1999 年 11 月），頁 138。

〔註2〕馬承源主編：《上海博物館藏戰國楚竹書（四）》，（上海：上海古籍出版社，2004 年 12 月），頁 243。

〔註3〕陳斯鵬：〈上海博物館藏楚簡《曹沫之陣》釋文校理稿〉，簡帛研究網，（2005 年 2 月 20 日），網址：http://www.jianbo.org/admin3/list.asp?id=1328。

〔註4〕見湯餘惠主編：《戰國文字編》，（福州：人民出版社，2001 年 12 月），頁 189；李守奎：《楚文字編》，（上海：華東師範大學出版社，2003 年 12 月），頁 191。

〔註5〕見簡 6、10、20、22、33、35、36、38、40、41、42、43、44、45、49、50、53、53、55、57、59、64 等簡，共 22 例。

〔註6〕「邦彌小而鐘愈大」意指國家領地越來小，而鐘卻越鑄越大，可知莊公在《曹沫之陣》撰寫以前，已非第一次鑄鐘。

　　魯莊公爲大鐘，其實也象徵著對於擁有領土及權位的自傲，一方面也顯示出對於周天子的漠視，曹沫以「必恭儉以得之，驕泰以失之」諫之，正是著眼於莊公此項缺失。鑄大鐘對莊公而言是保有天命的象徵，其次鑄鐘勞民傷財而僅爲滿足國君個人的享樂，這也是爲何曹沫要反對鑄鐘之因。而與莊公同時的齊桓公，亦曾「欲鑄大鐘，昭寡人之名焉」，鮑叔也是極力勸阻〔註7〕，又《晏子春秋·景公爲大鐘晏子與仲尼柏常騫知將毀第九》載景公鑄大鐘晏子、仲尼、柏常騫毀鐘即是如此，晏子勸諫「鐘大，不祀先君而以燕，非禮」〔註8〕，更是一語中的。不僅如此，欲得大鐘有可能反而帶來國家的滅亡，《韓非子·說林下》、《呂氏春秋·愼大覽》載智伯欲伐仇由而無路，而假贈大鐘予伐仇，藉由除道迎鐘的契機滅了仇由。雖然這些事跡，皆晚於魯莊公時期，但說明「鑄鐘」的享樂無補於國計民生的概念卻相同。

〔2〕、1·型【1】既城（成）【2】矣

【1】型

　　《曹沫之陣》「型」及「鉶」作 ![字] （簡1）、![字]（簡2）、![字]（簡10），字從「丹」，而「刑罰」之「刑」作 ![字]（簡21）、![字]（簡54），字從「井」不從「丹」。季旭昇師認爲「金文從『丹』的字往往也從『井』，如弭伯簋『彤』字作『![]』（《金文編》817）、牆盤『青』字作『![]』（《金文編》818）、靜簋『靜』字作『![]』（《金文編》819），都可以證明『丹』字和『井』字有很密切的關係。」〔註9〕，而簡文從「丹」之「型」字來看，其「丹」旁與簡文「![]」字（簡61）之「丹」旁字形正同。《曹沫之陣》簡文「型」字都從「丹」，但其他楚簡中則見同一書手在「型」字上從「丹」、從「井」混用的情形，如《上博（一）·緇衣》「型」字簡1作從「丹」旁，但簡1、簡8、簡13、簡14（三例）、簡15（三例）等共九例亦見從「井」者。

【2】城

　　李家浩指出楚簡中兩種常被釋作「成」的字，分別爲 ![字]（郭·19·35）與 ![字]（郭·4·17），前者字從「丁」，是「成」字無誤，後者其實應是「城」字，字形「是把『土』旁寫在『成』旁之下，並把『土』與『丁』的筆劃共用。」〔註10〕，甚確，不過楚文字中「城」字常將「丁」、「土」共筆的部件聲化作「壬」，因此李家浩所舉的「![字]」

〔註7〕　見《說苑·正諫》一文，劉向：《新序·說苑》，（臺北市：世界出局，1958年），頁75。
〔註8〕　參王更生：《晏子春秋今注今譯》，（臺北市：臺灣商務印書館，1987年），頁381。
〔註9〕　見季旭昇師：《說文新證（上冊）》，（臺北市：藝文印書館，2002年10月），頁422。
〔註10〕李家浩：〈讀《郭店楚墓竹簡》瑣議〉，《郭店楚簡研究》，中國哲學第二十輯，（瀋陽：遼寧教育出版社，1999年1月），頁349。

字若視作从「壬」聲也無不可，楚系从「壬」之字作 ![字] （包·145/望）、![字] （郭·窮·4/望）、![字] （郭·語二·33），與「城」字作 ![字] （郭·老丙·2）、![字] （郭·老乙·12）、![字] （帛丙·99），可見字確實从「壬」聲，「城」古音定紐、耕部，「壬」透紐、耕部，二字古音甚近，從「聲化」的較度來解釋，更能說明字形之所以如此演變的原因。本簡隸定作「城」讀作「成」。

〔3〕、1·敓（曹）䥫（沫）【1】入（內）見【2】曰

【1】敓䥫

原考釋在「說明」中指出「曹沫」古書有四種寫法：曹劌、曹翽、曹沫、曹昧〔註11〕。簡文又提供了一種新的異名。佑仁案：簡1作「敓䥫」、簡2背作「敓蔑」、簡5作「敓蠆」、12-13作「敓戫」、簡13作「嫶戫」等不同寫法的異体字。原考釋指出「敓」字古文字多用爲「造」，與「曹」讀音相同，都是從母幽部字；「蔑」與「萬」、「沫」讀音亦相同，都是明母月部字。

另外，「曹沫」之名亦因異文的差異而有兩種讀法，一種是讀作「曹沫（音末）」，「沫」古音明母、月部，一種「曹昧（音妹）」，「昧」古音明母、物部（陳新雄師稱「沒」部），二者並不同，關於讀音問題，李零指出：

> 「《刺客列傳》索隱對曹沫之『沫』的讀音，所注反切是『亡葛切』，從道理講，它是上古音的明母月部字，即相當於『沫』字，而不是『沬』字。這兩個字，字形、讀音都有區別，『沫』是明母月部字，兩橫是作上長下短；『沬』是明母物部字，兩橫是作上短下長。雖然在古書中，『沫』、『未』兩字經常混用，但還是有一定區別。曹沫的名到底是『沫』還是『沬』，前人有不同看法，如清梁玉繩《史記志疑》卷三一認爲，《索隱》作『亡葛切』不對。但我認爲，其標準寫法還是以作『沫』更好（中華書局標點本《史記》作『沫』）。在上古音中，『曹』是從母幽部字（從曹得聲的『遭』是精母幽部字），『告』是見母覺部字（從告得聲的『造』是從母幽部字），讀音相近，可以通假；『劌』是見母月部字，『沫』是明母月部字，『蔑』是明母月部字，讀音相近，也可以通假。」〔註12〕

筆者贊成李零先生的意見，「沫」是明母、月部，「昧」則是明母、物部（陳新雄師稱「沒」部），從《曹沫之陣》所出現的異文來看，「䥫」、「蔑」、「戫」都是月部，

---

〔註11〕馬承源主編：《上海博物館藏戰國楚竹書（四）》，（上海：上海古籍出版社，2004年12月），頁241。

〔註12〕李零：〈爲什麼說曹劌和曹沫是同一人——爲讀者釋疑，兼談兵法與刺客的關係〉，《讀書》2004年09期，頁131～132。

與「沫」之古音正合，而「蠆」則是元部，與「沫」爲「月元旁轉」，而上述諸異體與「沒」部的「眜」音則稍遠，可知讀作「曹沫（音末）」當較理想。

【2】內見

「內見」即「入見」。入內可通，《說文》：「入，內也。」〔註13〕又《說文》：「內，入也。」〔註14〕內、入二字爲互訓。「入」、「內」二字常通用，如「入門」一詞，於金文中常見〔註15〕，但〈鄔簋〉作「内」、〈無重鼎〉作「（圖）」（內、門合文），可見內、入可通。又《史記・范雎蔡澤傳》：「物內諸侯客」，《索引》：「入猶內也。」，《禮記・月令》：「無不務紀」，《呂氏春秋・季秋紀》、《淮南子・時則》皆引「內」作「入」〔註16〕。

「入見」一詞古籍甚多，《孟子・梁惠王下》載魯平公將出「樂正子入見，曰：『君奚爲不見孟軻也？』」〔註17〕。從古籍記載，我們可以知道早在莊公十年長勺之戰，曹沫即曾內見莊公，《左傳・莊公十年》云「公（魯莊公）將戰。曹劌請見。其鄉人曰：『肉食者謀之，又何間焉？』，劌曰：『肉食者鄙，未能遠謀。』乃入見，問何以戰」〔註18〕，而本簡開宗明義即直言曹沫內見之事，可知此時曹沫在魯國已具一定地位，因此該事件理當發生於長勺之戰以後。

另外，《曹沫之陣》曹沫應答之語僅本處用「曹沫曰」，後半敘述則都用「答曰」，但莊公仍保留「莊公」之名，而不用「問曰」。

〔4〕、1・昔【1】周室之邦（封）魯【2】 ✔

【1】昔

原考釋者李零釋作「昔」，字形略有殘泐，但殘筆及上下文例看，釋作「昔」無誤。《曹沫之陣》「昔」字頗具特色，一般楚系「昔」字作 ✦（天策）、✦（天策）、（圖）（新蔡・甲三：11、24）、✦（郭・成・37），字形从「灿」字作 ✦，但《曹沫之陣》「昔」字「灿」旁作 ✦，很明顯外面的筆劃較裡面的長，左邊部件呈似「人」

---

〔註13〕 許慎撰、段玉裁注：《說文解字注》，經韵樓藏版，（臺北市：洪葉出版社，1999 年11 月），頁 226。

〔註14〕 許慎撰、段玉裁注：《說文解字注》，經韵樓藏版，（臺北市：洪葉出版社，1999 年11 月），頁 226。

〔註15〕 如見〈廿七年衛簋〉、〈𦈡簋〉、〈走馬休盤〉、〈吳方彝蓋〉等器，其後常加「立中廷」一語。

〔註16〕 見高亨：《古字通假會典》，（濟南市：齊魯書社，1997 年 7 月），頁 522。

〔註17〕 〔清〕阮元《校勘十三經註疏・孟子》，嘉慶廿年江西南昌府學開雕影印本，（臺北：藝文印書館，1993 年），頁 47。

〔註18〕 〔清〕阮元《校勘十三經註疏・左傳》，嘉慶廿年江西南昌府學開雕影印本，（臺北：藝文印書館，1993 年），頁 146 下。

形，右邊部件呈似「入」形，戰國楚系這種型態的「昔」字雖然存在，但較爲特殊。《郭店・昔者君老》字「昔」字作 （簡 1），左邊與《曹沫之陣》的型態相同。在銅器銘文中，中山王鼎其「」字作，「昔」字作，其「廿」旁左半呈「入」形，右半呈「人」形，與小篆作「」相同，但與《曹沫之陣》的字形正好左右相反。

【2】周室之邦魯

「邦魯」原考釋者李零以爲「指封魯」〔註19〕。

朱賜麟以爲「『邦魯』，即是封建魯邦。『邦』字詞性在此兼動、名詞格。」〔註20〕。

**佑仁案**：周室，即周王朝。「周室」文例於十三經與戰國諸子的著述中大量出現，見《詩經・魯頌・閟宮》、《左傳・哀公十三年》、《左傳・僖公四年》、《左傳・襄公十四年》、《穀梁・僖公四年》、《孟子・萬章下》等，皆指周王朝、周政權而言。

「邦」字爲國家之統稱，其與「國」字表地域的概念明顯不同，大西克也曾做過通盤的研究，他總結其研究指出「先秦時期的『或』系字應釋爲『域』。先秦時期國家的意義由『邦』字表現，從數量上看，『或』系字還沒成爲國家通稱。」〔註21〕，但是楚簡中是否完全都不以「國」表「國家」之義，這恐怕是需要再進一步商榷的。

「邦」爲「分封」之義。《釋名・釋州國》：「邦，封也，封有功」。又《尚書・蔡仲之命》：「乃命諸王邦之蔡。」，《墨子・非攻下》：「唐叔與呂尙邦齊、晉。」二句「邦」字皆「分封」義。然而「邦」、「封」都从「丰」得聲，皆爲幫紐、東部，且意義亦近，五代徐鍇《說文繫傳・邑部》：「邦，古謂封諸侯爲邦。」，因此「邦、封」二字可能同出一源，且古籍中二字常混用，如《詩經・商頌・玄鳥》：「邦畿千里，維民所止」〔註22〕，而《文選・西京賦》「邦」字引作「封」，又《論語・季氏》：「且在邦域之中矣」，《釋文》云：「邦或作封」，可見二者音義皆近。《曹沫之陣》「邦」字出現共十七次，作「封」義用僅此處，其餘皆作邦國之邦。

〔註19〕馬承源主編：《上海博物館藏戰國楚竹書（四）》，（上海：上海古籍出版社，2004 年 12 月），頁 243。

〔註20〕朱賜麟：《曹劌之陣思想研究──及其在春秋兵學思想史上的意義》，臺灣師範大學碩士論文，2006 年 6 月，頁 20。

〔註21〕見大西克也：〈論古文字資料中的「邦」和「國」〉，《古文字研究》第二十三輯，（北京市：中華書局，2002 年 6 月），頁 192。

〔註22〕見〔清〕阮元校勘：《詩經》，《十三經注疏本》，（臺北：藝文印書館，1993 年 9 月十二刷），頁 794。

〔5〕、1・東西【1】七【2】百，南北五百。【3】

【1】西

「西」簡文字作△，一般戰國楚系「西」字作（包・154）、（郭・太・13）、（畲章鎛），與簡文△字稍有不同，△字的這種寫法多見於古幣中，如（古幣72）、（尖布・西都・晉原）、（尖布・西都・典392）、（古幣・72），何琳儀以爲乃「省形」〔註23〕，正確可從，△字應即楚系「」形之省。

【2】七

一般戰國文字中「七」、「十」二字常混，季旭昇師以爲「戰國以後『七』、『十』形近，於是或以橫長豎短者爲『七』、橫短豎長者爲『十』。」〔註24〕，正確可從，我們看戰國文字中的「十」字常豎筆較橫筆長〔註25〕，「七」字則橫豎二筆同長或橫筆稍長〔註26〕，本簡△字作，從文例上看「東西▽百」，釋作「七」當無可疑。

另外近出《上博（五）・弟子問》簡2有個「七」字作，文例作「吳人生七☐」，「七」字與△字形完全相同，但原考釋者張光裕釋作「十」，無說〔註27〕，2006年2月3日蘇建洲與筆者在萬卷樓圖書公司閱讀《上博（五）》時，筆者以爲此字似應改釋作「七」，蘇建洲以爲「七」、「十」有少數混同現象，仍須視上下文例而定，而後陳劍、何有祖都將此字改釋作「七」〔註28〕，而范常喜不認同原考釋者的意見，但亦不認爲字爲「七」字，而主張字乃「十七」之合文〔註29〕，關於此處的通讀實仍待進一步研究。

【3】東西七百，南北五百

原考釋者李零以爲「此述魯之封域。《禮記・明堂位》：『成王以周公爲有勳勞於天下，是以封周公於曲阜，地方七百里，革車千乘。』鄭玄注：『曲阜，魯地，上公之封，地方五百里，加魯以四等之附庸方百里者二十四，並五五二十五，積四十九，

〔註23〕見何琳儀：《戰國古文字典》，（北京：中華書局，1998年），頁1350。

〔註24〕季旭昇師：《說文新證（下冊）》，（臺北市：藝文印書館，2004年11月），頁266。

〔註25〕李守奎：《楚文字編》，（上海：華東師範大學出版社，2003年12月），頁137。

〔註26〕李守奎：《楚文字編》，（上海：華東師範大學出版社，2003年12月），頁834。

〔註27〕馬承源主編：《上海博物館藏戰國楚竹書（五）》，（上海：上海古籍出版社，2005年12月），頁268。

〔註28〕陳劍：〈談談《上博（五）》的竹簡分篇、拼合與編聯問題〉，武漢大學簡帛網，（2006/2/19），網址：http://www.bsm.org.cn/show_article.php?id=204。何有祖：〈上博五《弟子問》試讀三則〉，（2006/2/20），網址：http://www.bsm.org.cn/show_article.php?id=209。

〔註29〕范常喜：〈《上博五・弟子問》1、2號簡殘字補說〉，（2006年5月21），網址：http://www.bsm.org.cn/show_article.php?id=349。

開方之得七百里。』」〔註30〕。

季旭昇師以爲「鄭玄之意，魯上公封地方五百里（長寬各五百里），得二十五萬平方里，加以附庸方百里者二十四則爲二十四萬平方里，合計四十九萬平方里，開方之則爲方七百里。今據〈曹沫之陳〉，魯地只有東西七百里，南北五百里，得三十五萬平方里，比四十九萬平方里要少。」〔註31〕。

**佑仁案**：古籍中常見以「東西……南北……」句式來形容空間、區域之大小，如《管子·輕重乙》「東西二萬八千里，南北二萬六千里」。

〔6〕、2·非【1】山非澤【2】，亡又（有）不民【3】乚

**【1】非**

原考釋者李零以爲：「指山澤以外的土地都有人居住」〔註32〕。

廖名春認爲『「非山非澤」的『非』，其實當訓爲隱、閒，也就是偏僻之『僻』」，將「非山非澤」解釋成「僻山僻澤」〔註33〕。

李銳〈釋文新編〉、〈重編釋文〉皆讀「非」爲「匪」〔註34〕。

蘇建洲以爲『「非」似可讀爲『鄙』。『非』，古音爲幫母微部；『鄙』，幫母之部，聲紐是雙聲，韻部則孟蓬生已指出『楚國方言中之部與脂微部有相混的情形。』」，將「非山非澤」釋爲「鄙山鄙澤」，「鄙」意爲「郊外」之意〔註35〕。

陳斯鵬以爲「竊謂『非』應讀爲『彼』。此句大意是：昔時魯地東西七百里，南北五百里，至其山澤之間，無不爲魯之屬民。」〔註36〕，另外劉洪濤亦有相似意見，他認爲「傳世文獻中有"匪A匪B"的用法」且「A、B是名詞性成分」者，例如《詩經·四月》之「匪鶉匪鳶，翰飛戾天」、「匪鱣匪鮪，潛逃於淵」等，並

---

〔註30〕馬承源主編：《上海博物館藏戰國楚竹書（四）》，（上海：上海古籍出版社，2004年12月），頁243。

〔註31〕參季旭昇師主編、高佑仁執筆、朱賜麟協撰：《上海博物館藏戰國楚竹書（四）讀本·曹沫之陳釋譯》，（臺北：萬卷樓圖書公司，2007年3月），頁160。

〔註32〕馬承源主編：《上海博物館藏戰國楚竹書（四）·曹沫之陣》，上海古籍出版社，2004年12月，頁244。

〔註33〕見廖名春：〈讀楚竹書《曹沫之陳》箚記〉，簡帛研究網，2005年2月12日，網址：http://www.jianbo.org/admin3/2005/liaominchun002.htm。

〔註34〕李銳：《《曹劌之陣》重編釋文〉，簡帛研究網，（2005年5月27日），網址：http://www.jianbo.org/admin3/2005/lirui003.htm。

〔註35〕見蘇建洲：〈上博（四）曹沫之陳〉補釋一則〉，簡帛研究網，2005年2月25，網址：http://www.jianbo.org/admin3/list.asp?id=1332。

〔註36〕參陳斯鵬《戰國簡帛文學文獻考論》之第四節「戰國簡帛散文文本校理舉例之二——《曹蔑之陣》校理」，中山大學博士學位論文，2005年6月。

引用陳奐《詩毛氏傳疏》引《釋詞》之意見以爲「匪，彼也。」，釋「匪」爲「彼」
〔註37〕。

　　季旭昇師以爲「高讀『非』爲『無』，於意可通。《郭店・語叢四》『非言不酬，
非德亡遑』，劉釗先生《郭店楚簡校釋》讀爲『靡言不酬，靡德無報』，以爲即《詩・
大雅・抑》的『無言不讎，無德不報』。靡亦訓爲無。『不民』與『不臣』同類，『民』
謂『歸順之民』，『亡有不民』謂『無有不歸順之民』。山澤多頑劣不順之流民，曹沫
之意指昔周公封魯之時，東西七百里，南北五百里，山澤之民均歸順；今君鑄大鐘，
民心將不服，君其圖之。」〔註38〕。

　　李強以爲「『非』字，據《說文》：『非，違也……取其相背。』而『違』字據《說
文》：『離也。』《左傳・莊公四年》：『夏，紀侯大去其國，違齊難也。』是『違』字
有『避開』之義；而據《爾雅・釋詁》：『違，遠也。』《左傳・僖公九年》：『天威不
違顏咫尺。』是『違』字亦有『遠』義，如此則『非』字本身就有『避開』、『偏遠』
的意思，無煩通假。而據簡文，其強調之點顯然是魯國之地，綜合前後文義，以釋
作『僻遠（的山澤）』爲佳。」〔註39〕。

　　佑仁案：筆者曾有過討論〔註40〕，以爲「非」、「不」二字音近〔註41〕，而「不」
字又常與「無」通假〔註42〕，可見「非」、「無」二字音近，而「非」幫紐微部、「無」
明紐、陽部，聲紐同爲重唇，韻部也接近，因此主張「非山非澤」可讀作「無山
無澤」，「無山無澤」的「無」並不能訓作「沒有」，而應該釋作「無論」、「不論」，
《詩經・魯頌・泮水》：「無小無大，從公於邁」，《鄭箋》云：「臣无尊卑，皆從君
行」〔註43〕，高亨指出：「無小無大，指不論小官大官。」〔註44〕，馬持盈《詩經
今註今譯》：「無小無大：不分職位之尊卑也」〔註45〕。換言之，「無山無澤」即指

---

〔註37〕　參劉洪濤：〈說「非山非澤，亡有不民」〉，武漢大學簡帛網，（2007年3月24日），
　　　　網址：http://www.bsm.org.cn/show_article.php?id=539。

〔註38〕　參季旭昇師主編、高佑仁執筆、朱賜麟協撰《上海博物館藏戰國楚竹書（四）讀本・
　　　　曹沫之陣釋譯》，（臺北：萬卷樓圖書公司，2007年3月），頁161。

〔註39〕　李強：〈《曹沫之陣》箚記〉，武漢大學簡帛網，（2007年3月14日），網址：http://www.bsm.
　　　　org.cn/show_article.php?id=534。

〔註40〕　拙文：〈讀《曹沫之陣》心得兩則：「幾」、「非山非澤，亡有不民」〉，簡帛研究網，（2005
　　　　年4月3日），網址：http://www.jianbo.org/admin3/2005/gaoyouren002.htm。

〔註41〕　見高亨：《古字通假會典》，（濟南市：齊魯書社，1997年7月），頁433。

〔註42〕　見高亨：《古字通假會典》，（濟南市：齊魯書社，1997年7月），頁433。

〔註43〕　見〔清〕阮元校勘：《詩經》，《十三經注疏本》，（臺北：藝文印書館，1993年9月
　　　　十二刷），頁767。

〔註44〕　高亨：《詩經今注》，（臺北市：里仁，1981年），頁515。

〔註45〕　馬持盈：《詩經今註今譯》，（臺北市：臺灣商務，1971年），頁583。

無論哪一座山，無論哪一處澤。

另外，除了「非」、「無」直接通假的可能外，古籍中亦見「非」、「無」二字通用的情況，如《古書虛字集釋》云：「非猶『無』也」，又云「賈子耳庫篇：『死而非補』說見經傳釋詞補」〔註46〕，《新書·耳痺》：「父死而不死，則非父之子也；死而非補，則過計也。」〔註47〕，《經傳釋詞補》中收錄甚多『『非』猶『無』之例」〔註48〕，此不贅引。另外，顏世鉉在〈從「形訛」和「通假」看古代史料的價值〉亦有類似的看法〔註49〕，可參。

【2】澤

「澤」字原簡作「<img>」，其右下偏旁已類化作成「<img>」，字形與戰國文字的「<img>」（即楚文字「執」之所從）字相同。「睪」字本从目从矢，甲金文作<img>（拾·17·2）、<img>（毛公雙鼎），其「矢」旁在戰國文字中遂類化作「<img>」。

【3】不民

原考釋者李零以為「亡又不民」乃「指山澤以外的土地都有人居住。」〔註50〕。

邴尚白以為「周鳳五師指出：『不民』，不辭。<img>應為『毛』之訛，本篇雖謄抄的頗工整，但仍有一些錯字。『非山非澤，無有不毛』，極言當年始封地之沃美。周師之說可從。」〔註51〕。

〔註46〕 參斐學海撰：《古書虛字集釋》，（臺北市：廣文書局，1989年7月），頁876。

〔註47〕 〔漢〕賈誼撰：《新書》十卷，據明正德吉藩刻本，收入《四部叢刊》初編子部57，（臺北市：臺灣商務印書館，1989年），卷下頁20。

〔註48〕 參〔清〕孫經世撰：《經傳釋詞補》，收入《叢書集成》續編語文學類第70冊，（臺北市：新文豐出版社，1989年），頁258。

〔註49〕 顏世鉉在〈從「形訛」和「通假」看古代史料的價值〉一文中云：「『亡』與『非』通用的情形，……先說『無』訓為『非』者，如《禮記·禮器》：『苟無忠信之人，則禮不虛道。』言非忠信之人，則禮不虛行也，《周易·繫辭傳》：『苟非其人，道不虛行。』文義也與此相同。又《管子·形勢解》：『無德厚以安之，無度數以冶之，則國非其國，而民無其民。』此言國非其國，而民非其民也。『民無其民』，戴望云：『元本《無》作《非》。』次論『非』訓為『無』者，《孟子·梁惠王》：『無非事者。』朱子《集註》：『皆無有無事而空行者。』《國語·周語上》：『《夏書》有之曰：眾非元后何戴？后非眾無與守邦。』以上所論，司見，『非』、『無』兩字有詞義相通的情形，因此，可證『非』字可與『亡』、『無』通用。」，參顏世鉉：〈從「形訛」和「通假」看古代史料的價值〉，《第一屆古文字與古代史學術討論會論文集（會議用）》，中央研究院歷史語言研究所2006年9月22～24日，頁24-1～24-20。【案：正式版論文將於2007年10月出版】，又該文亦宣讀於中研院史語所九十五年度第十五次學術講論會，2006年10月2日。

〔註50〕 馬承源主編：《上海博物館藏戰國楚竹書（四）》，（上海：上海古籍出版社，2004年12月），頁244。

〔註51〕 邴尚白：〈上博楚竹書《曹沫之陣》注釋〉，收入臺灣大學《中國文學研究》第二十

　　周鳳五以爲「民」字乃「毛」字之訛，「毛」字楚文字作〔圖〕（天策）、〔圖〕（包・37），與本簡民字作「〔圖〕」字形差異不算小，除非有堅強的證據，否則筆者不傾向以訛字解字。周鳳五以爲「非山非澤，亡有不毛」乃「言當年始封地之沃」，但對「無山無澤」一句並無說解。

　　簡文「民」字多達十七例〔註52〕，本簡以外的「民」字形都不作訛字解，要解△作訛字恐須更多證明。另外邴尚白以爲本篇錯字有「恐」、「勖」、「饈」、「定」等例〔註53〕，「忈」字以爲多數學者所認可的訛字，甚確，參本書「不肰（然）忈〈忘〉（恐）亡安（焉）」考釋；「曼」字邴尚白釋作訛字，恐非，可參「曼（趨／慢）才（哉）！虗（吾）聝（聞）此言」考釋，此不贅述；「盥」字邴尚白釋作從「采」得聲，並讀作「饈」，邴尚白僅言「簡文所寫稍有走樣」並不解作訛字，此處說法恐爲手民之誤；「戈」字除周鳳五、邴尚白解釋作訛字外，學者仍都解爲「國」之異體。可知目前《曹沫之陣》簡學者們所認可之訛字僅見「忈」一處，就《曹沫之陣》簡共計一千七百多字而言，訛字的比例甚低。

〔7〕、2・今邦愿（彌）少（小）而鐘愈大

　　原考釋者李零隸定作「愿」，以爲「讀『彌』。《小爾雅・廣詁》：『彌，益也』」〔註54〕。

　　佑仁案：「懦」字見《集韻》、《類篇》、《字彙》、《正字通》等書，其解釋皆爲「心弱也」，但《說文》未收此字，《集韻》等書的撰成年代都已晚，不知是否即本簡文之「愿」。李零將「愿」讀作「彌」，正確。此處「彌」當「副詞」用，修飾「小」字，表程度之加深。《廣韻・支韻》：「彌，益也」，又《論語・子罕》：「仰之彌高，鑽之彌堅」，邢昺《疏》：「彌，益也」〔註55〕。

　　陳霞村以爲「彌」、「愈」屬副詞性質，乃「用在謂語之前，表示所陳述的情況與發出的動作較前程度加深，數量加多」〔註56〕，何樂士以爲「彌」、「愈」多用在

　　　　一期，2006年，頁14。

〔註52〕本簡文「民」字共見簡2、5、6、12、20（兩例）、22、28、35（兩例）、36、37、49、52、56、61、63（兩例）等共十七例。

〔註53〕參邴尚白：〈上博楚竹書《曹沫之陣》注釋〉，收入臺灣大學《中國文學研究》第二十一期，2006年，頁14。

〔註54〕馬承源主編：《上海博物館藏戰國楚竹書（四）》，（上海：上海古籍出版社，2004年12月），頁244。

〔註55〕〔清〕阮元《校勘十三經註疏・論語》，嘉慶廿年江西南昌府學開雕影印本，（臺北：藝文印書館，1993年），頁79。

〔註56〕陳霞村：《古代漢語虛詞類解》，（太原市：山西教育出版社，1992年），頁221。

形容詞前，表示程度之甚或是加深加重〔註57〕。檢索古籍亦可見「彌……愈……」
的用法，如《荀子・富國》：「事之彌順，其侵人愈甚」，又《管子・五輔》：「上彌殘
苛而無解舍，下愈覆鷔而不聽從」，又《呂氏春秋・審分覽》：「形性彌羸，而耳目愈
精」，「愈」也可以作「俞」，如《荀子・議兵》：「是故得地而權彌輕，兼人而國俞貧」。
而簡文中「邦彌小而鐘愈大」之大、小皆爲形容詞性質。

〔8〕2・君亓（其）意（圖）之

原考釋者李零隸定作「意」讀作「圖」〔註58〕。

廖名春以爲「簡文的『君其圖之』，《慎子》佚文作『君何不圖之』，語氣雖稍有
變化，但意思完全一致。『君其圖之』是祈使句，『其』爲副詞，表示祈使語氣。而
『君何不圖之』則是反詰句，『何』爲代詞，表示疑問語氣，『何不』相當於否定之
否定，也就是等於肯定。所以，『君其圖之』或『君何不圖之』，都是表示曹劌的強
烈要求，希望魯莊公重新考慮『鑄大鐘』之事。言外之意，就是希望魯莊公改弦更
張，爲珍惜國力而停止鑄造大鐘。」〔註59〕。

季旭昇師以爲「本句主旨承上『不民』，謂民將不服，君其圖之。曹沫用語含蓄，
未明白說出『民將不服』」〔註60〕。

袁國華師指出：「『意（圖）』字首見《郭店・緇衣》簡23」〔註61〕。

佑仁案：簡文字从心、者聲，「者」上古音爲端紐、魚部，「圖」上古音定紐、
魚部，二者聲母皆爲舌頭音，韻部則相同，可以通假。且《初學記》、《天中記》、《山
堂肆考》、《淵鑒類函》、《春秋戰國異辭》等收錄《曹沫之陣》佚文時皆作「君何不
圖之」，可見李零讀作「圖」正確可從。

「圖」字金文已見，字作🔘（散盤）、🔘（矢簋），《說文》作「🔘」，字承金文
形體而來而有訛變，从「囗」从「啚」，然楚文字「圖」寫法不承此形，最常見的寫
法是作「意」，从心、者聲，陳斯鵬先生以爲圖謀由心出，故字从心〔註62〕，可從。

〔註57〕何樂士：《古代漢語虛詞通釋》，（北京市：北京出版社，1985年），頁367。

〔註58〕馬承源主編：《上海博物館藏戰國楚竹書（四）》，（上海：上海古籍出版社，2004年
12月），頁244。

〔註59〕廖名春：〈楚竹書《曹沫之陣》與《慎子》佚文〉，簡帛研究網，（2005年2月12日），
網址：http://www.jianbo.org/admin3/2005/liaominchun003.htm。

〔註60〕參季旭昇師主編、高佑仁執筆、朱賜麟協撰：《上海博物館藏戰國楚竹書（四）讀本・
曹沫之陣釋譯》，（臺北：萬卷樓圖書公司，2007年3月），頁162。

〔註61〕參季旭昇師主編、高佑仁執筆、朱賜麟協撰：《上海博物館藏戰國楚竹書（四）讀本・
曹沫之陣釋譯》，（臺北：萬卷樓圖書公司，2007年3月），頁162。

〔註62〕陳斯鵬：〈初讀上博簡〉，簡帛研究網，（2002年2月5日），網址：http://www.jianbo.org/
Wssf/2002/chensipeng01.htm。

本簡字作「」，即此型態，不過亦有从口、者聲寫法較爲特殊，如（上博二．魯邦大旱・1）。

「圖」乃思慮、謀劃之意，《說文・口部》：「圖，畫計難也。」，段玉裁注：「《左傳》曰：『咨難爲謀。』畫計難者，謀之而苦其難也。」〔註63〕，又《爾雅・釋詁一》：「圖，謀也」，《廣雅・釋詁四》：「圖，議也」。《詩・小雅・常棣》：「是究是圖，亶其然乎？」，毛傳：「圖，謀。」，孔穎達《疏》：「汝於是深思之，於是善謀之，信其然者否乎？」〔註64〕。「圖之」又見《上博（二）・魯邦大旱》【簡1】：「魯邦大旱，哀公謂孔子：『子不爲我圖之？』」，亦即「謀畫」、「謀略」之義。

〔9〕、3・昔㘴（堯）【1】之鄉（饗）坴（舜）【2】也

【1】堯

「堯」字簡文作。《說文》：「堯，高也。從垚在兀上，高遠也。，古文堯。」〔註65〕，簡文字與《說文》古文相近，是「堯」字無誤。但△字與楚簡中的「堯」字相比，△字右半的「土」旁少一橫筆，筆者尙未見古文字中「堯」字有相同的寫法，很自然我們會將之視爲「筆劃漏寫」。但是「土」旁寫作「上」在楚文字中也是可以成立，如〈唐虞之道〉簡23「舜」字作，字下從「土」，但同簡上的另一「舜」字作「」，其「土」旁即以「上」形態呈現，而這種形體的「舜」字反而是常態〔註66〕，可見將△字「上」旁視作「土」字也可成立。另外，劉釗先生以爲《金文編》附錄之等三例字形，實都應爲「堯」字〔註67〕，回查原拓片，《殷周金文集成》09518 有「才作壺」一器，其銘文作「」、「」，字形與△字右旁有相似之處，字形較特殊之處在「人」形寫得較爲僵硬，人軀體較爲直立而無弧度，但曶鼎「元」字作「」，亦是此種形態，劉釗釋「才」作「堯」的意見可從。

【2】舜

「舜」字簡文作，爲楚系「舜」字寫法無誤，季旭昇師曾進一步研究，將上

---

〔註63〕許愼撰、段玉裁注：《說文解字注》，經韵樓藏版，（臺北市：洪葉出版社，1999 年11 月），頁 279。

〔註64〕〔清〕阮元《校勘十三經註疏・詩經》，嘉慶廿年江西南昌府學開雕影印本，（臺北：藝文印書館，1993 年），頁 323。

〔註65〕許愼撰、段玉裁注：《說文解字注》，經韵樓藏版，（臺北市：洪葉出版社，1999 年11 月），頁 700。

〔註66〕參《說文新證（上冊）》「舜」字之字形表。季旭昇師：《說文新證（上冊）》，（臺北市：藝文印書館，2002 年10 月），頁 473。

〔註67〕劉釗：〈金文編附錄存疑字考釋十篇〉，收入《人文雜誌》1995 年第二期，頁 103。

從「厶」形之 ![字] （上博二・子羔・4），視爲「甲類」，將上從「勹」形之 ![字] （郭・唐虞之道・1），視爲「乙類」，並認爲「甲類」比較合理，「乙類」則爲「甲類」之訛變，而「甲類」字形的來源是「甲形（姑且隸定作『垚』）上部（姑且隸定作『奄』）從『允』，『允』上從『目』，下從『人』，『人』形重複則成『大』，同樣的變化如楚簡『虎』字在《包》2・149作『![字]』，在2・271作『![字]』；『大』形的下部又加飾筆，訛成『火』形，同樣的變化如『虡』字在春秋邵鐘中作『![字]』，下本從『獻』，『獻』字甲骨文作 ![字] ，從大形，象人雙手向上舉物之形；『虡』在戰國古璽中又作『![字]』，下部的『大』形很明顯地訛成『火』形。」，而「乙類」與「甲類」的差異，僅在「厶」形與「勹」形的不同，季旭昇師認爲「上部由『厶』形變成『勹』形，這在《郭店》中也有迹可尋，《郭店》有『悗』字作『![字]』（3・3），又作『![字]』（14・36）、『![字]』（14・37）；有『矣』字作『![字]』（1・1・11），又作『![字]』（7・18）、『![字]』（14・50）、『![字]』（15・62），上部也是由『厶』形變成『勹』形，這和『舜』字上部字形的變化，具有平行的關係。」〔註68〕，季師的說法正確可從，但除『『允』上從『目』，下從『人』，『人』形重複則成『大』』外，我們也可視作「人」、「大」乃偏旁替換的結果。

〔10〕、2・飯【1】於土輴（簋）【2】，欲於土型（鉶）【3】。

【1】飯

原考釋者李零隸定作「飯」，無說〔註69〕。

**佑仁案：**「飯」字在《曹沫之陣》出版前，是個頗有爭議的字。在《上博（二）・魯邦大旱》簡6曾經出現，字形作「![字]」（△1），其文例爲「公豈不△粱食肉哉」。由於《孔子詩論》、《子羔》、《孔子詩論》乃出於同一書手，筆者透過書手風格的比對，發現該書手「反」、「攴」從不混淆，因此可證此字即是「飯」字無誤〔註70〕。就筆者分析戰國「攴」、「反」二旁時，雖然此二偏旁絕大多數仍然有別，但戰國文字材料上，還是有不少「反」旁訛作「攴」的例證，如![字]（曾侯乙・73/反）、![字]（楚王畬章鐘/返）、![字]（鄂君啓舟節/返）、![字]（郭店・語叢二・45簡/返）等，這些「反」

---

〔註68〕 參季旭昇師：〈讀郭店、上博簡五題：舜、河浒、紳而易、牆有茨、宛丘〉，《中國文字》新廿七，頁114。亦見季旭昇師：《說文新證（上冊）》，（臺北市：藝文印書館，2002年10月），頁473～475。

〔註69〕 馬承源主編：《上海博物館藏戰國楚竹書（四）》，（上海：上海古籍出版社，2004年12月），頁244。

〔註70〕 拙文：〈論《魯邦大旱》、《曹沫之陣》之「飯」字〉，簡帛研究網，（2005年2月20日），網址：http://www.jianbo.org/admin3/2005/gaoyouren001.htm。

字的筆勢已與「攴」旁無異，而且此情形在《曹沫之陣》中更爲明顯。

筆者在發表〈論《魯邦大旱》、《曹沫之陣》之「飯」字〉一文後，又陸續見到學者的意見與更多的參考資料，補充於此。首先，《魯邦大旱》簡「」字袁國華師早有這樣的看法，袁國華師認爲字形上應釋作「飯」，不同點只是此字的「厂」旁豎筆較一般寫法略短，並推論可能是「受限於書寫空間不足之故」，並舉《荀子》、《大戴禮記》、《史記》等古籍，以證明文例上釋作「飯粱」較佳。〔註71〕，除此之外，尚有毛慶的不同意見。毛慶以爲△字「隸定爲『飯』無誤，然不當釋爲『飽』」，主張「筆者認爲此字爲『養』。……『養』，甲金文字與《說文》古文均爲『救』，由『救』變爲後來之『養』，其間必有一變化過程，楚簡文字中可能顯現了這一變化，《大旱》第六簡之『飯』與信陽一號墓遣策之『飯』，可能均爲『養』。」〔註72〕主張將字釋爲「養」。

首先，我們先來看古文字中的「飯」字。「飯」字金文已見，春秋晚期的〈公子土折壺〉作，《金文編》摹作〔註73〕，字從食、反聲。另外，《說文解字》有個「饙」字，「饙」字作（西周中・穆父作姜懿母鼎）、（西周中・穆父作姜懿母鼎），《說文》：「饙，脩飯也。從食賁聲。䰜或從賁，䰜或從奔。」〔註74〕，《金文大字典》以爲「古饙或與飯同意，爲古今字。」〔註75〕，《詩經・大雅・泂酌》：「可以䭇饎」，正義云：「《說文》云『饙，一蒸米也。』」〔註76〕，《說文通訓定聲・屯部》：「饙，滫飯也。如今北方蒸飯，先以米下水一滔漉出，再蒸勻熟之。下水滔之曰饙，再蒸之曰餾。」，總的來說「饙」就是蒸飯，「饙」、「飯」二字《說文》不混，並且「饙」是並紐、諄部，「飯」則是並紐、元部，諄、元二韻差異不小，二字

---

〔註71〕 筆者寫此文時，竟遺漏袁國華師發表於日本大阪大學之大作──〈上海博物館藏戰國楚竹書（二）字句考釋〉一文，是很嚴重的缺失，袁師此文已釋出此字爲「飯」字，早爲該字作出了正確的釋讀。見袁國華師：〈上海博物館藏戰國楚竹書（二）字句考釋〉，大阪大學《中國研究集刊》第36號，（大阪：大阪大學文學部中國哲學研究室，2004年），頁84～85。此資料與論文蒙鄔濬智提點與惠贈，在此特申謝忱。

〔註72〕 毛慶：〈《戰國楚竹書（二）・魯邦大旱》釋字釋句獻疑〉，《南通師範學院學報》（哲學社會科學版）2004年9月，頁155。

〔註73〕 容庚：《金文編》，（北京：中華書局，2004年8月），頁359。

〔註74〕 許慎撰、段玉裁注：《說文解字注》，經韵樓藏版，（臺北市：洪葉出版社，1999年11月），頁220。案：大徐本「脩」作「滫」，見許慎撰、徐鉉校定：《說文解字》，（北京：中華書局，2003年），頁107。

〔註75〕 戴家祥主編、馬承源副主編：《金文大字典》，（上海市：學林出版社，1995年），頁5266。

〔註76〕 〔清〕阮元《校勘十三經註疏・詩經》，嘉慶廿年江西南昌府學開雕影印本，（臺北：藝文印書館，1993年），頁622。

不能通假，因此「饙」、「飯」是否能即《金文大字典》所謂的「古今字」很有問題。

其次，字形的部分，有很多學者懷疑《魯邦大旱》【簡6】之「⬛」字應是「簋」，字從「食」從「攴」，其實就字形上看，《曹沫之陣》「⬛」字反更有理由被釋作從「攴」，但是結合古籍文例來看，釋作「飯」字無誤，並且更加證明「攴」、「反」之混確實存在〔註77〕。《曹沫之陣》一文，所從「攴」旁共44字，與一般戰國文字相同作⬛（簡21/攻）、⬛（簡20/敚）。而「反」、「飯」、「嘔」等應從「反」共三例，字作⬛（簡51/反）、⬛（簡2/飯）、⬛（簡43/嘔），簡51「反」字，字形一般戰國「反」字字形相同，而簡2之「飯」、簡43之「嘔」則「反」旁皆與「攴」形混同。「⬛」被釋作「飯」毫無疑問，從字形看雖然「反」旁已訛成「攴」，但從文例作「昔堯之饗舜也，△於土匡，欲於土銂，而撫有天下。」，可以與《墨子‧節用》：「飯於土塯，啜於土形」、《韓非子‧十過》：「臣聞昔者堯有天下，飯於土簋，飲於土銂」等古籍比對，釋作「飯」幾無可疑。因此，結合《魯邦大旱》與《曹沫之陣》的「飯」字可知，在戰國文字中，「反」、「攴」的區分性還是很大的，從《魯邦大旱》「反」、「攴」迥然有分可知，但是某些書手已將「反」字「厂」旁的豎筆，寫的超越其橫筆，導致整體字形與「攴」無別，這在《曹沫之陣》簡文中可以看的很清楚。

【2】輶

「輶」字作⬛。原考釋者李零云：「飯於土匡讀『飯於土輶』或『飯於土簋』。『簋』是見母幽部字『輶』或『塯』是來母幽部字，讀音相近。『塯』同『簋』，是食器。」〔註78〕，陳劍〔註79〕、李銳〔註80〕、白于藍〔註81〕釋作「簋」。

陳斯鵬作「輶」〔註82〕。

佑仁案：「輶」字作⬛，從車、留聲，原考釋者隸定正確，「輶」、「塯」音近可

〔註77〕 參拙文中的整理。拙文：〈論《魯邦大旱》、《曹沫之陣》之「飯」字〉，簡帛研究網，（2005年2月20日），網址：http://www.jianbo.org/admin3/2005/gaoyouren001.htm。

〔註78〕 馬承源主編：《上海博物館藏戰國楚竹書（四）》，（上海：上海古籍出版社，2004年12月），頁244。

〔註79〕 陳劍：〈上博竹書《曹沫之陳》新編釋文（稿）〉，簡帛研究網，（2005年2月12日），網址：http://www.jianbo.org/admin3/2005/chenjian001.htm。

〔註80〕 李銳：〈《曹劌之陣》釋文新編〉，簡帛研究網，（2005年2月25日），網址：http://www.jianbo.org/admin3/2005/lirui002.htm。李銳：〈《曹劌之陣》重編釋文〉，簡帛研究網，（2005年5月27日），網址：http://www.jianbo.org/admin3/2005/lirui003.htm。

〔註81〕 白于藍：〈上博簡《曹沫之陳》釋文新編〉，簡帛研究網，（2005年4月10日），網址：http://www.jianbo.org/admin3/2005/baiyulan001.htm。

〔註82〕 陳斯鵬：〈上海博物館藏楚簡《曹沫之陣》釋文校理稿〉：簡帛研究網，（2005年2月20日），網址：http://www.jianbo.org/admin3/list.asp?id=1328。

以相通。「輻」字《說文》、《廣韻》皆無收，而《類篇》、《四聲篇海》、《康熙字典》中皆註明為「力九切」，「留」為「力求切」，「塯」《廣韻》「力救切」，中古音前者為來母，則上古音亦是「來」紐，韻部則皆同為「幽」部。由此可知「輻」、「塯」皆從「留」旁可以相通。「飯於土塯」古籍中見《墨子‧節用》、《韓非子‧十過》、《史記‧秦始皇本紀》等處。然而「塯」、「簋」相通古籍更亦有例證，《墨子‧節用》：「飯於土塯」，《韓非子‧十過》則作「飯於土簋」，《太平御覽》引《墨子》此段話時，「塯」引作「軌」。又《說文》「簋」古文作「匭」〔註83〕。《史記‧秦始皇本紀》：「飯土塯」，集解引徐廣之說云：「呂靜云：『飯器謂之簋』。」，索隱：「塯如字，一音鏤。一作『簋』。」〔註84〕，又《史記‧太史公自序》：「食土簋」，《集解》：「徐廣曰：『一作塯』」〔註85〕，可見「輻」、「簋」二字通假毫無問題。《史記‧太史公自序》云：「食土簋」，裴駰引服虔曰：「土簋，用土作此器」〔註86〕，象徵對於飲食的節儉、樸素。

「匭」字《玉篇》、《字彙》解釋成「車駐」，《集韻》、《類編》則解釋成「喪車飾也」，與食器無關。「塯」字《說文》無收，《玉篇》、《廣韻》都是解作「瓦飯器」，《集韻‧宥韻》：「塯，瓦器。堯舜飯土塯，通作溜」，《墨子‧節用》、《韓非子‧十過》、《史記‧秦始皇本紀》的字句。可知「塯」也是做飯的器皿之一，而簡文「輻」應即「塯」之假借，筆者此處讀作古籍常見的「飯於土簋」之「簋」。

另外，《說文解字》有「餾」字，段注本《說文》云：「餾，飯氣流也。從食留聲。」，大徐本「流」字作「蒸」〔註87〕，段注云「飯氣流者，謂氣液盛流也。」〔註88〕，字從「留」得聲，又與烹飪做飯有關，或可參考。

【3】欲於土型

原考釋者李零搜集古籍通假情況，指出《墨子‧節用中》「啜於土刑」，《漢書‧司馬遷傳》「啜」作「歠」；《韓非子‧十過》「飲於土鉶」，《史記‧秦始皇本紀》引「飲」作「啜」，「鉶」作「刑」。《李斯列傳》「飲」作「啜」，而得出結論以為『欲』字當是『歠』字之誤」〔註89〕。陳劍作「欲〈啜〉於土鉶」〔註90〕，李銳〈新編

〔註83〕許慎撰、段玉裁注：《說文解字注》，經韵樓藏版，（臺北市：洪葉出版社，1999年11月），頁196。

〔註84〕見瀧川龜太郎：《史記會注考證》，（臺北市：萬卷樓，1996年10初版二刷），頁130。

〔註85〕見瀧川龜太郎：《史記會注考證》，（臺北市：萬卷樓，1996年10初版二刷），頁1367。

〔註86〕見瀧川龜太郎：《史記會注考證》，（臺北市：萬卷樓，1996年10初版二刷），頁1367。

〔註87〕見許慎撰、徐鉉校定：《說文解字》，（北京：中華書局，2003年），頁107。

〔註88〕許慎撰、段玉裁注：《說文解字注》，經韵樓藏版，（臺北市：洪葉出版社，1999年11月），頁221。

〔註89〕馬承源主編：《上海博物館藏戰國楚竹書（四）》，（上海：上海古籍出版社，2004年12月），頁244。

〔註91〕、白於藍〔註92〕從之，邴尙白則釋作「歑」〔註93〕。

佑仁案：李零此處引《墨子・節用中》爲「啜於土刑」，但筆者考覈古籍發現應爲「啜於土形」〔註94〕，而李零以爲《史記・秦始皇本紀》將《韓非子・十過》之「銏」字引作「刑」，但筆者考覈《史記・秦始皇本紀》乃引作「形」而非「刑」〔註95〕。筆者將簡文與上述各本異文製成表格，如下：

**圖六：「欲於土型」古籍異文表**

| 出　　處 | 原　　文 | 備　　註 |
|---|---|---|
| 《曹沫之陣》簡2 | 飯於土塯，欲於土型 | |
| 《墨子・節用中》 | 飯於土塯，啜於土形 | |
| 《漢書卷・司馬遷傳》 | 飯土簋，歑土刑 | 前有「墨者亦上堯舜，言其德行曰」可見乃引《墨子》之言。 |
| 《韓非子・十過》 | 飯於土簋，飲於土銏 | |
| 《史記・秦始皇本紀》 | 飯土塯，啜土形 | 前有「吾聞之韓子曰」可見乃引《韓非子》之言。 |
| 《史記・李斯列傳》 | 飯土匭，啜土銏 | 前有「吾有私議而有所聞於韓子也」可見乃引《韓非子》之言。 |

就古籍中的「△於土刑（形、銏）」而言，△字共有「歑、飲、啜」等三種異文。李零主張「欲」乃「歑」之誤，其實已在異文中挑選了一個與△較接近的字（同從「欠」），但字形上還是差異太大，「歑」與「欲」的字形實在不似。陳劍、李銳、白于藍等以爲「欲」爲「啜」的訛字，字形的差異恐怕更大。筆者以爲「欲」乃「飲」之訛字，《說文》：「飮，歑也。從欠合聲。」〔註96〕，與《漢書卷・司馬遷傳》「飯土簋，歑

---

〔註90〕陳劍：〈上博竹書《曹沫之陳》新編釋文（稿）〉，簡帛研究網，（2005年2月12日），網址：http://www.jianbo.org/admin3/2005/chenjian001.htm。

〔註91〕李銳：〈《曹劌之陣》釋文新編〉，簡帛研究網，（2005年2月25日），網址：http://www.jianbo.org/admin3/2005/lirui002.htm。李銳：〈《曹劌之陣》重編釋文〉，簡帛研究網，（2005年5月27日），網址：http://www.jianbo.org/admin3/2005/lirui003.htm。

〔註92〕白於藍：〈上博簡《曹沫之陳》釋文新編〉，簡帛研究網，（2005年4月10日），網址：http://www.jianbo.org/admin3/2005/baiyulan001.htm。

〔註93〕邴尙白：〈上博楚竹書《曹沫之陣》注釋〉，收入臺灣大學《中國文學研究》第二十一期，2006年，頁19。

〔註94〕孫詒讓著、李笠校補：《校補定本墨子閒詁》，（臺北市：藝文），頁325。

〔註95〕瀧川龜太郎：《史記會注考證》，（臺北市：萬卷樓，1996年10初版二刷），頁130。又可參王叔岷：《史記斠證》，（臺北市：中央研究院，1983年），頁227。

〔註96〕許愼撰、段玉裁注：《說文解字注》，經韵樓藏版，（臺北市：洪葉出版社，1999年

土刑」之「歠」正合。字形上「合」字甲、金文中作（前7・36・1）、（召伯簋）、（陳侯因𪧪錞），楚文字「合」、「答」字同形，字作（包・166）、（郭・老甲・34），於「合」字下再添「甘」旁，但在偏旁中「合」並不添「曰」，如「拿」字作（曾・60）、（曾・70/郤）、（曾46/韓）。而上述「會」、「拿」所從的「合」旁都與簡文「欿」字作近似，也都較「歠」或「啜」來的與△接近。另外，敦煌寫卷S6032《王梵志詩》云：「平明欿稀粥，食手調羹臛」，「欿」字作〔註97〕，項楚在《王梵志詩校注》中誤隸作「欲」〔註98〕，可見縱使在敦煌寫卷中「欲」、「欿」二字依舊形近而易使人混訛，這個材料爲簡文多了一個旁證。

另外，武漢大學的蔡丹認爲「欿」即有「飲」、「服用」之義，將此意見補充於此。蔡丹不從訛字的觀點來解釋，他認爲「此字另見於沙市周家台《醫方》簡322：『男子酓（從欠）二七，女子欿七』，其中『欿』字也作此形，整理者認爲從簡文文意看『欿』應是『飲』之訛字。我們根據上下文可知『欿』在此應該表示『飲』、『服用』之意，而《曹沫之陣》中也使用『欿』來表達『飲』、『歠』、『啜』之類的意思。在戰國楚簡和秦簡中均出現了用『欿』來表示『飲』、『歠』、『啜』等意，故推測〈曹沫之陳〉和沙市周家台《醫方》簡文中『欿』字爲訛字的可能性較小。」〔註99〕，主張「欿」字據本字讀即可。

陳偉武先生認同蔡說，並進一步指出「結合楚簡和秦簡材料來看，表啜飲義之『欿』字當即『歠』之初文，因左邊聲符『合』形訛而易與欲望之欲混同。」〔註100〕

蔡丹及陳偉武的懷疑很有道理，周家台秦簡《醫書》簡322，其文例爲「男子欿（飲）二七，女子欿七」，原整理者以爲『『欿』，從簡文文意看應是『飲』之訛字。」〔註101〕，簡322的「欿」字與「飲」相對，簡323「男子七以飲之」，同樣動詞也

11月），頁417。

〔註97〕參中國社會科學院歷史研究所，中國敦煌吐魯番學會敦煌古文獻編輯委員會，英國國家圖書館，倫敦大學亞非學院合編：《英藏敦煌文獻》（漢文佛經以外部份）第十卷，（成都市：四川人民出版社，1990年），頁49。

〔註98〕〔唐〕王梵志著、項楚校注：《王梵志詩校注》，（上海市：上海古籍社出版，1991年），頁673。

〔註99〕蔡丹以〈曹沫之陣考釋一則〉爲名，發表於武漢大學簡帛網「簡帛論壇」之「簡帛研讀」一處，網址：http://www.bsm.org.cn/forum/viewtopic.php?t=262。其後正式發表於武漢大學之簡帛網，見蔡丹：〈上博四《曹沫之陳》試釋二則〉，簡帛網，（2006年1月3日），網址：http://www.bsm.org.cn/show_article.php?id=168。

〔註100〕參陳偉武：〈讀上博藏簡第四冊零札〉，《古文字研究》第二十六輯，（北京：中華書局），2006年11月，頁276～277。

〔註101〕湖北省荊州市周梁玉橋遺址博物館編：《關沮秦漢墓簡牘》，（北京市：中華出版社，2000年），頁129。

作「飲」，筆者也尚未見古籍中有以「欲」字作「啜飲」之動詞者，因此秦簡原整理
者也「訛字」角度思考。蔡丹提供了很重要的線索，此二處「欲」字是否能據本字
即可通讀，仍需日後材料證成。

〔11〕、3・而改（撫）【1】又（有）天【2】下

【1】撫

　　「改」字原考釋者李零讀作「撫」，無說〔註102〕。

　　**佑仁案**：《說文・第三篇下・攴部》：「改，撫也。從攴、亡聲，讀與撫同。」
〔註103〕，《說文》：「撫，安也。從手，無聲。一曰揗也。捈，古文撫從亡辵」〔註104〕，
「撫」字《說文》重文作「捈」，應爲「亡」、「無」聲符音近而替換，二字古籍假
借十分多，可參高亨《古文通假會典》，此不贅述〔註105〕。

　　而「撫」爲「據有、佔有」之義，如《廣雅・釋詁一》：「撫，有也」，又《禮記・
文王世子》：「西方有九國焉，君王其終撫諸。」，鄭玄注：「撫，猶有也」〔註106〕，
《潛夫論・論榮》：「處隸圉不足以爲恥，撫四海不足以爲榮」。而「撫有」一詞義常
見古籍，如《左傳・襄公十三年》「而君臨之，撫有蠻夷，奄征南海」〔註107〕，又
《左傳・昭公三年》「若惠顧敝邑，撫有晉國」〔註108〕。《說文》以爲「改」字「讀
與撫同」，可見二者音近，「撫」字滂紐、魚部，「改」字滂紐、陽部，聲母相同，韻
部屬陰陽對轉。

　　另外，《古文四聲韻・虞韻》「撫」字下收錄「􀀀」（說文）、「􀀀」（古尚書）等
字形，前者即《說文》之古文，後者字从「止」，國一姝以爲「􀀀」字「此形『止』
訛爲亡」，又「􀀀」字「此形左旁亡訛作止」〔註109〕，國一姝解釋「􀀀」的意見相

〔註102〕馬承源主編：《上海博物館藏戰國楚竹書（四）》，（上海：上海古籍出版社，2004
　　　　年12月），頁245。

〔註103〕許慎撰、段玉裁注：《說文解字注》，經韵樓藏版，（臺北市：洪葉出版社，1999年
　　　　11月），頁126。

〔註104〕許慎撰、段玉裁注：《說文解字注》，經韵樓藏版，（臺北市：洪葉出版社，1999年
　　　　11月），頁607。

〔註105〕高亨纂著、董治安整理：《古字通假會典》，（濟南：齊魯書社，1997年7月），頁
　　　　316、317。

〔註106〕〔清〕阮元《校勘十三經註疏・禮記》，嘉慶廿年江西南昌府學開雕影印本，（臺北：
　　　　藝文印書館，1993年），頁391。

〔註107〕〔清〕阮元《校勘十三經註疏・左傳》，嘉慶廿年江西南昌府學開雕影印本，（臺北：
　　　　藝文印書館，1993年），頁556。

〔註108〕〔清〕阮元《校勘十三經註疏・左傳》，嘉慶廿年江西南昌府學開雕影印本，（臺北：
　　　　藝文印書館，1993年），頁722。

〔註109〕參國一姝：《《古文四聲韻》異體字處理訛誤的考析》，北京語言文化大學碩士論文，

當正確，《說文》小篆即作「㞷」，但她解釋「㞷」字乃「止」訛爲「亡」則似無必要，字即从亡聲，非本从「止」。

在金文的銘文中則常見「匍有四方」之祝辭，如西周早〈大盂鼎〉「匍有四方」，又如春秋早〈秦公鐘〉「匍有四方」，與本簡的「㞷有四方」可通。

【2】天

「天」、「而」二字在甲骨、金文中判然有分，但時至戰國文字則常混淆，學者早有留意〔註110〕。包山簡「而」字作（包山・簡85），其文例爲「以其受∟缶人△1 逃」〔註111〕，又《上博二・民之父母》「天」字作「」（簡2），其文例爲「以皇於△2 下」，兩個字形下半部件皆訛變成「刀」，且二字字形完全一樣，但包山簡△1 是「而」字，上博簡△2 則是「天」字，則天、而二字之混可見一斑。但是對《曹沫之陣》書手而言，天、而二字乃判然有分，由簡3 此句即可看出，「而」字作（簡3），「天」字作（簡 3），「而」字下半部件左邊的筆畫向右勾曲，「天」字下半部件無此變化，袁國華師以爲：「『而』字字形最裡面兩筆的左一筆必作『乚』，作右上鈎之勢，無一例外；而『天』的這一筆向左下撇，作一『丿』之勢，這就是辨認『包山楚簡』『天』『而』的關鍵一筆」〔註112〕，《曹沫之陣》「天」、「而」的字形差異與袁師對包山簡的分析相符。《曹沫之陣》通篇「而」字出現 28 次〔註113〕，「天」字出現 7 次〔註114〕，二字在《曹沫之陣》中絕不相混，另外「而」字起筆常與下一筆相連作（簡 12）。

〔12〕、3・貧於【1】散（美）【2】而寠（富）於悳（德）與（歟）？

【1】於

「於」字本簡作「」，《曹沫之陣》書手的「於」字有兩種書寫風格，一即此簡之，二爲簡 63 作，二者的差異在左半部件，後者近楚文字「人」字寫法，前者則第一筆末端有回勾的筆勢。

【2】美

---

2002 年 6 月，頁 40。

〔註110〕參林清源師：《楚國文字構型演變研究》，東海大學博士論文，1997 年 12 月，頁 177～178。

〔註111〕釋文據劉信芳：《包山楚簡解詁》，（臺北市：藝文印書館，2003 年元月），頁 82。

〔註112〕見袁國華師：〈包山楚簡文字考釋〉，《第二屆國際中國古文字學研討會論文集：香港中文大學三十周年校慶》，（香港：香港中文大學中國語言及文學系，1993 年），頁 430。

〔註113〕見參「《曹沫之陣》文字索引」中之整理。

〔註114〕見參「《曹沫之陣》文字索引」中之整理。

「歔」原考釋者李零讀作「美」，無說〔註115〕。

廖名春以為「『美』指講究飲食，即美食。《說文·羊部》：『美，甘也。』段玉裁注：『甘者五味之一，而五味之美皆曰甘。』所以，『美』的本義是味道可口，是味美。引申為動詞則為追求味美，講究口味。『貧於美』，在美食上很差，不講究飲食。簡文所謂『饗』、『飯』、『歠』，都是飲食之事，所謂『土塯』、『土鉶』，都是飲食質量很差的表現。」〔註116〕將「美」字依《說文》的本義「甘也」來思考。

孟蓬生以為「美」應讀為「味」，與「德」字相對，以為「疑『歔』當讀『味』，指食味，即各種食物。古音『歔』（案：該文「歔」於「簡帛研究網」無法顯示，推敲作者原意應為「歔」字，據此而補。）和『味』皆為明紐微部，故可相通。……貧於味指在飲食方面儉嗇。」，以為將此句解釋作「這難道不是在飲食方面貧乏，而在德行方面富有嗎？」〔註117〕，將「味」解釋作飲食與廖名春作「美食」解的意見相近，但思路不同。周鳳五亦釋作「此不貧於味而富於德歟」〔註118〕。

**佑仁案**：簡文「美」字有兩個思考方向，一者是如廖名春、孟蓬生所言，將「美」釋讀為「美味」或飲食；另一方向，則可以釋作物質生活的精緻、華麗，而不局限於「食物」上言，但是若回歸到《曹沫之陣》的簡文來看，「美」將之釋作飲食之事較佳，因為曹沫勸諫之後，魯莊公之行為是「饗」、「飯」、「歠」，都是飲食之事，「土簋」、「土鉶」也一定程度地反映出物質生活的貧乏。

廖名春將「美」字據本字讀，而孟蓬生則將「美」當作「味」之假借。「美」字當「甘」使用的意義，除了《說文》有載之外，在古籍中亦有旁證，如《孟子·盡心下》：「膾炙與羊棗孰美。」〔註119〕，又段玉裁《說文解字·注》在「美」字下云：「甘者五味之一，而五味之美皆曰甘。」〔註120〕，「美」意即「美味」之意。

〔註115〕馬承源主編：《上海博物館藏戰國楚竹書（四）》，（上海：上海古籍出版社，2004年12月），頁245。

〔註116〕廖名春：〈讀楚竹書《曹沫之陳》箚記〉，簡帛研究網，（2005年2月12日），網址：http://www.jianbo.org/admin3/2005/liaominchun002.htm。

〔註117〕孟蓬生：〈上博竹書（四）閒詁（續）〉，簡帛研究網，（2005年3月6日），網址：http://www.jianbo.org/admin3/2005/mengpengsheng002.htm。

〔註118〕周鳳五：〈上博楚竹書〈曹沫之陳〉研究〉，95學年度行政院國家科學委員會專題研究計畫成果報告。

〔註119〕〔清〕阮元《校勘十三經註疏·詩經》，嘉慶廿年江西南昌府學開雕影印本，（臺北：藝文印書館，1993年），頁262上。

〔註120〕許慎撰、段玉裁注：《說文解字注》，經韵樓藏版，（臺北市：洪葉出版社，1999年11月），頁148。

而「味」字《說文‧第二篇上‧口部》云：「味，滋味也。」段注云：「滋言多也。」〔註121〕，結合簡文的「貧於味」，其實也是說明差飲食而言。若從簡文上看，廖說比較爲直接，若本字可通讀，實不必以通假爲之。

〔13〕、3‧昔周室□□□□□□□□□□□□□□□□□

「室」字殘泐甚嚴重，僅存最上一筆作「　」。原考釋者李零作「□」無隸定〔註122〕，陳劍作「室」，亦無解釋〔註123〕，同一時間廖名春亦釋作「室」，他以爲：

此字殘存的上部與簡一「室」字同，若補爲「室」字，「昔周室」之稱亦見簡一。又文獻「周室」常見，《國語‧吳語》、《慎子》佚文也有「昔周室」之說。因此，作爲「室」的殘文的可能性較大。〔註124〕

此字爲「室」正確可從。從《曹沫之陣》簡文來看，許多从「宀」的字如「室」（簡1/室）、「宜」（簡28/宜）、「實」（簡56/實），顯見「宀」旁往往起筆較第二筆略高，從字形上看△是「室」的能性不低。另外，從文例上看「昔周室」亦曾見於【簡1】，則結合字形與文例的推估，此處作「室」的可能性頗高。

對照其他簡文的字數，【簡3】下包括「室」字在內約殘15～16字，【簡41】上約殘2字，因此此處約殘17～18字左右，其內容應是周王室之所以稱霸天下之因。

〔14〕、41‧□□【1】競【2】必勀（勝）

【1】□□

原考釋者李零於「競」字前補「乎」字，但無說明理由〔註125〕。陳劍認爲本簡前端尚闕兩字，但不補「乎」〔註126〕，李銳從之〔註127〕。

〔註121〕許慎撰、段玉裁注：《說文解字注》，經韵樓藏版，（臺北市：洪葉出版社，1999年11月），頁56。

〔註122〕馬承源主編：《上海博物館藏戰國楚竹書（四）》，（上海：上海古籍出版社，2004年12月），頁245。

〔註123〕陳劍：〈上博竹書《曹沫之陳》新編釋文（稿）〉，簡帛研究網，（2005年2月12日），網址：http://www.jianbo.org/admin3/2005/chenjian001.htm。

〔註124〕廖名春：〈讀楚竹書《曹沫之陳》箚記〉，簡帛研究網，（2005年2月12日），網址：http://www.jianbo.org/admin3/2005/liaominchun002.htm。

〔註125〕馬承源主編：《上海博物館藏戰國楚竹書（四）》，（上海：上海古籍出版社，2004年12月），頁245。

〔註126〕陳劍：〈上博竹書《曹沫之陳》新編釋文（稿）〉，簡帛研究網，（2005年2月12日），網址：http://www.jianbo.org/admin3/2005/chenjian001.htm。

〔註127〕李銳：〈《曹劌之陳》釋文新編〉，簡帛研究網，（2005年2月25日），網址：http://www.jianbo.org/admin3/2005/lirui002.htm。李銳：〈《曹劌之陣》重編釋文〉，簡帛研究網，（2005年5月27日），網址：http://www.jianbo.org/admin3/2005/lirui003.htm

李零補「乎」字恐與【簡40】簡末「臣聞之三軍出」有關，但陳劍首先將【簡3】接【簡4】〔註128〕，這種接連方式使文意較為通順，則此【簡40】開頭不應有「乎」。【簡41】簡長20‧2釐米，最末端從字的最上部件處殘斷，殘字應為「日」。比對完整簡後會發現，上半殘留約莫兩個字的空間大小，陳劍說可從，增補何字，待考。

【2】競

原考釋者李零讀「競」為「境」〔註129〕，陳劍〔註130〕、白于藍〔註131〕從之。

陳斯鵬據本字讀〔註132〕。

原簡字作「競」，「競」與「竟」通假例證很多，可參《古字通假會典》此不贅述〔註133〕，「境」從「竟」聲，可知「競」、「境」通假可從。本簡「競」字上殘，如何釋讀待考。

「競」字《說文》云：「競，彊語也。一曰逐也。從誩，從二人。」，後代對於「競」字的說解莫衷一是，林義光以為「二人手上有言，象言語相競意。」，商承祚以為乃「二人相逐之形」，馬敘倫以為乃「二人並行」〔註134〕。「競」字甲骨文字形作𦥑（京津‧4188）、𦥑（前‧5‧41‧4）、𦥑（戩‧33‧12），金文作𦥑（競作父乙卣），形體與甲骨近似，或下所從的二「人」易作「大」如𦥑（仲競簋），或易作「兄」如𦥑（𣄰鐘），這是我們對於「競」字形體的理解，然其字義尚未有定論。最近吳振武從友人處得新出西周冉簋之銘文拓片，其中「競」字作「」〔註135〕，拓片作「」〔註136〕，文例為「其競餘一子」，吳振武據此以為『『競』字原從『誩』從二

〔註128〕陳劍：〈上博竹書《曹沫之陳》新編釋文（稿）〉，簡帛研究網，（2005 年 2 月 12 日），網址：http://www.jianbo.org/admin3/2005/chenjian001.htm。

〔註129〕馬承源主編：《上海博物館藏戰國楚竹書（四）》，（上海：上海古籍出版社，2004 年 12 月），頁 269。

〔註130〕陳劍：〈上博竹書《曹沫之陳》新編釋文（稿）〉，簡帛研究網，（2005 年 2 月 12 日），網址：http://www.jianbo.org/admin3/2005/chenjian001.htm。

〔註131〕白于藍：〈上博簡《曹沫之陳》釋文新編〉，簡帛研究網，（2005 年 4 月 10 日），網址：http://www.jianbo.org/admin3/2005/baiyulan001.htm。

〔註132〕陳斯鵬：〈上海博物館藏楚簡《曹沫之陣》釋文校理稿〉：簡帛研究網，（2005 年 2 月 20 日），網址：http://www.jianbo.org/admin3/list.asp?id=1328。

〔註133〕見高亨纂著、董治安整理：《古字通假會典》，（濟南：齊魯書社，1997 年 7 月），頁 291。

〔註134〕上述林義光、商承祚、馬敘倫之意見參自《古文字詁林》，第三冊，（上海市：上海教育出版社，2001 年 12 月），頁 132～136。

〔註135〕該照片擷取自吳振武之大作，參吳振武：〈新見西周冉簋銘文釋讀〉，武漢大學簡帛網，（2006 年 3 月 26 日），網址：http://www.bsm.org.cn/show_article.php?id=299#_ftnref12。

〔註136〕本拓片拍攝自〈新見西周冉簋銘文釋讀〉一文，吳振武：〈新見西周冉簋銘文釋讀〉，

『大』夾一『○』。二『大』夾一『○』者，象二人爭球形；『誩』亦兼有聲符的作用。1975 年陝西扶風白家村所出弌簋銘文中的『競』字寫法與本銘同（《集成》8・4322，特別是蓋銘），然過去學者在摹錄弌簋『競』字時，卻有將○形誤摹成『口』旁的。『競』的本義是相爭、爭勝。《說文》：『競，彊語也。一曰逐也。從誩，從二人。』段注：『競、彊疊韻，彊語謂相爭。』金文如班簋『亡克競厥烈』（《集成》8・4341）、歔鐘『朕猷有成亡競』（《集成》1・260）等『競』字皆用此義。又引申出強盛義。《爾雅・釋言》：『競，彊也。』《左傳・僖公七年》：『心則不競，何憚於病。』杜注：『競，強也。』孔疏：『言心則不能彊盛，則當須屈服於人，何得難於屈弱之病而不下齊。』本銘『競』字即用此義」〔註137〕，弌簋字形作🔲（蓋）、🔲（器），《金文編》摹作「🔲」，確實稍有失真，吳振武以為「競」字添「○」形義符，可是〈弌簋〉與〈爯簋〉都是西周銘文字形，在更早之前的甲骨都不從「○」形部件，另外「○」形部件解釋作球之義，在古文字中似缺乏旁證。除此之外，吳振武在訓讀方面的意見都非常正確。

〔15〕、41・可㠯（以）又（有）【1】忈（治）【2】邦

【1】可㠯（以）又（有）

　　原考釋者李零隸定作「可」，據本字讀〔註138〕。

　　周鳳五將「可」讀作「何」，並屬上讀，文句作「競必勝何？以有殆邦」〔註139〕。

　　單育辰將「可（何）」屬上讀，讀作「必勝可（何）？以有治邦」〔註140〕。

　　本簡「可」字可據本字讀或讀作「何」，但以據本字讀較佳。簡文「可以有」即「可以擁有」、「可以保有」之義。《史記・管蔡世家》：「楚因擊之，可以有功。」，又《國語・越語下》「必有以知天地之恒制，乃可以有天下之成利。」，可參。

【2】忈（治）邦

　　周鳳五讀作「殆邦」〔註141〕。

收《史學集刊》2006 年第 2 期，見扉頁。

〔註137〕參吳振武：〈新見西周爯簋銘文釋讀〉，武漢大學簡帛網，（2006 年 3 月 26 日），網址：http://www.bsm.org.cn/show_article.php?id=299#_ftnref12。

〔註138〕馬承源主編：《上海博物館藏戰國楚竹書（四）》，（上海：上海古籍出版社，2004年 12 月），頁 269。

〔註139〕周鳳五：〈上博楚竹書《曹沫之陳》研究〉，95 學年度行政院國家科學委員會專題研究計畫成果報告。

〔註140〕單育辰〈《曹沫之陳》新編聯及釋文〉，武漢大學簡帛網，（2007 年 6 月 3 日），網址：http://www.bsm.org.cn/show_article.php?id=574。

〔註141〕周鳳五：〈上博楚竹書《曹沫之陳》研究〉，95 學年度行政院國家科學委員會專題研究計畫成果報告。

本簡原作「🔲」，原考釋者李零「怠」讀作「治」〔註142〕，訓讀正確可從。但應隸定作「怠」字，字無从「口」旁，又見春秋晚鄒王義楚觶作「🔲」，然其「弖」、「厶」二偏旁尚未使用共筆形態。

本簡「怠」字讀作「治」，《韓非子・解老》：「治邦者行此節，則鄉之有德者益眾。」《越絕書・越絕計倪內經》：「故古之治邦者本之，貨物官市開而至。」，可參。

〔16〕、41・周等（志）【1】是薦（存）【2】

【1】周等

原考釋者李零隸定作「周等」，讀爲「周志」，以爲「《左傳・文公二年》引《周志》『勇則害上，不登於明堂』，據考，即《逸周書・大匡》文。湖北省荊沙鐵路考古隊《包山楚簡》（文物出版社，一九九一年）簡一三三、一三二反有類似用法的『等』字（前者作『等』，後者作『等』），疑亦讀爲『志』。」〔註143〕，以爲即《左傳》之「周志」。

陳劍讀爲「周典」，以爲「『等』字可與『典』通，如《周易・繫辭上》『而行其典禮』釋文：『典禮，京作等禮。』『周典』較《《周志》》範圍寬泛，簡文講成『周典是存』似更好。」〔註144〕，白於藍從之〔註145〕。

李銳讀爲「周志」，無說〔註146〕。

邴尙白以爲「釋讀的優劣，主要並不在於含義的廣狹。郭店（緇衣）簡四『爲下可賴而等也』，今本作『爲下可述而志也』，《新語・等齊》引作『爲下可類而志也』，『等』似亦應讀作『志』」〔註147〕。

朱賜麟以爲「楚簡對於『志』字之不同意思及用法，在字形上已經有意識的予以分別了。心志之志仍爲原形，載記之志多以『等』爲專用字。《郭店・緇衣》引『子

---

〔註142〕馬承源主編：《上海博物館藏戰國楚竹書（四）》，（上海：上海古籍出版社，2004年12月），頁269。

〔註143〕馬承源主編：《上海博物館藏戰國楚竹書（四）》，（上海：上海古籍出版社，2004年12月），頁269～270。

〔註144〕陳劍：〈上博竹書《曹沫之陳》新編釋文（稿）〉，簡帛研究網，（2005年2月12日），網址：http://www.jianbo.org/admin3/2005/chenjian001.htm。

〔註145〕白于藍：〈上博簡《曹沫之陳》釋文新編〉，簡帛研究網，（2005年4月10日），網址：http://www.jianbo.org/admin3/2005/baiyulan001.htm。

〔註146〕李銳：〈《曹劌之陣》釋文新編〉，簡帛研究網，（2005年2月25日），網址：http://www.jianbo.org/admin3/2005/lirui002.htm。李銳：〈《曹劌之陣》重編釋文〉，簡帛研究網，（2005年5月27日），網址：http://www.jianbo.org/admin3/2005/lirui003.htm。

〔註147〕邴尙白：〈上博楚竹書《曹沫之陣》注釋〉，收入臺灣大學《中國文學研究》第二十一期，2006年，頁14。

曰：爲上可望而知也，爲下可述而志也』16『志』字即用『等』形。古人對於典籍中『志』字的用法，解讀時往往誤判，如《禮記‧緇衣》『子曰：『爲上可望而知也，爲下可述而志也』』17 鄭注：『志猶知也。』即是誤以『載記之志』爲『心知之志』的例證。《論語》中則多用『識』字讀爲『志』，作『載記』、『銘記』之意。如《論語‧述而》：『子曰：『默而識之，學而不厭，誨人不倦，何有於我哉？』』18；『多聞，擇其善者而從之；多見而識之，知之次也。』19 以及《論語‧衛靈公》：『子曰：『賜也，女以予爲多學而識之者與？』』20 這裡所舉的『識』字，都是作『載記』、『銘記』之意。」〔註148〕。

佑仁案：李零以爲「周等」應讀作「周志」，並引《左傳‧文公二年》爲證。《左傳‧文公二年》「周志有之」下，杜預《注》云：「周志，周書也。」〔註149〕。楊伯峻《春秋左傳注》「周志」下注云：

古書多名爲志，《楚語上》云「教之《故志》，使知興廢者而戒懼焉。」章《注》云：「《故志》謂所記前世成敗之書。」，文六年及成十五年傳之《前志》，恐即《楚語》之《故志》。成四年《傳》之《史佚之志》，則史佚之書也。……太康十年汲令盧無忌《齊太公呂望碑》云：「太康二年，縣之西偏，有盜發塚，而得竹策之書。其《周志》曰」云云，則汲塚書中有《周志》。〔註150〕

指出「古書」多以「志」爲名。然而簡文前述「周室……競必勝，可以有治邦」，則「周」應爲朝代名，但「等」爲何義須先釐清。另外則是周志、周典孰較適合的問題。

簡文「志」通「誌」、「識」，《廣雅‧釋詁二》：「志，識也。」王念孫《疏證》：「鄭注云：志，古文識。識，記也。」《集韻‧志韻》：「識，記也。或作志。」，可見「志」字本有紀錄之意。且「志」常是史誌類書籍的一種稱呼，如《漢書‧藝文志》、《隋書‧經籍志》、《三國志》，又如《周禮‧春官‧小史》：「小史掌邦國之志。」，鄭玄《注》引鄭司農云：「志，謂記也。《春秋傳》所謂周志，《國語》所謂鄭書之屬是也。」，《左傳‧襄公二十五年》：「仲尼曰，志有之。」，杜預注：「志，古書」，李夢生以爲「周志」即「周書」〔註151〕。由此可見「志」是書名，可以確立。另外，

---

〔註148〕朱賜麟：《曹劌之陣思想研究——及其在春秋兵學思想史上的意義》，臺灣師範大學碩士論文，2006 年 6 月，頁 20～21。

〔註149〕〔清〕阮元《校勘十三經註疏‧左傳》，嘉慶廿年江西南昌府學開雕影印本，（臺北：藝文印書館，1993 年），頁 301。

〔註150〕楊伯峻編著：《春秋左傳注》第二冊，（北京市：中華書局，2005 年第七次印刷），頁 520。

〔註151〕見李夢生：《左傳譯注》，（上海市：上海古籍出版社，1998 年），頁 343。

「等」字端紐、蒸部，「志」字端紐、之部，聲母相同、韻部接近有通假的可能。

《左傳・文公二年》「周志」應爲「周書」之所以深受學者所確信，在於其引《周志》之原文「勇則害上，不登於明堂」，在《逸周書・大匡》作「勇如害上，則不登於明堂」。文句雖稍有異，但《左傳》引《周書》的證據卻強而有力。

另外，「典」字端紐、元部，其與「等」字古籍中確實存在通假的例證，陳劍所引《周易・繫辭上》一條，高亨《古文通假會典》亦採納〔註152〕。「周典」一語見《國與・周語》：「狄，豺狼之德也，鄭未失周典，王而蔑之，是不明賢也。」。

現在看來，就音韻的角度而言，「等」可以通假作「志」，亦可以通假作「典」，且「周志」、「周典」都見古籍，但是本簡此處又無足夠之上下文例，用以判斷是否爲《周書》之內容，僅能從文意推敲，但是主觀的成分還是很大，因此筆者暫從原考釋者讀作「周志」之意見。

另外，包山楚簡133、132反文例分別作「爲僕笑△」（簡133）、「以此△坒」（簡132反），李零以爲「前者作『簿』，後者作『等』」〔註153〕，何琳儀將二字置於「等」字下，以爲乃「訴訟之簡冊」〔註154〕。「笑△」二字劉信芳釋作「笑等」，以爲「『笑等』，據文意應是將訴狀『詰』轉錄爲官方文書。以移送陰之地方官。『笑等』之性質類似於秦漢『爰書』」〔註155〕，包山簡二處是否同應讀作「志」恐須進一步研究。另外，《郭店・緇衣》簡4「可類而簿也」一句「簿」原整理者據今本〈緇衣〉而讀作「志」，不過裘錫圭按語以爲不必依今本而改讀〔註156〕，可參。

【2】麿

「麿」字原簡作「<img>」，原考釋者李零釋作「麿」讀作「存」〔註157〕。

《郭店・語叢四》【簡9】有「竊鈎者誅，竊邦者爲諸侯。諸侯之門，義士之所麿。」一段話，裘錫圭注云：「『麿』字古有『薦』音（參看《窮達以時》注六），『薦』正是文部字。『薦』『存』古通，此『麿（薦）』字可依《莊子》讀爲『存』。」〔註158〕，

〔註152〕見高亨纂著、董治安整理：《古字通假會典》，（濟南：齊魯書社，1997年7月），頁133。

〔註153〕馬承源主編：《上海博物館藏戰國楚竹書（四）》，（上海：上海古籍出版社，2004年12月），頁269～270。

〔註154〕見何琳儀：《戰國古文字典》，（北京：中華書局，1998年），頁46。

〔註155〕劉信芳：《包山楚簡解詁》，（臺北市：藝文印書館，2003年元月），頁131。

〔註156〕原整理者及裘錫圭「按語」俱見《郭店楚墓竹簡》一書，荊門市博物館編：《郭店楚墓竹簡》，（北京市：文物出版社，1998年），頁132。

〔註157〕馬承源主編：《上海博物館藏戰國楚竹書（四）》，（上海：上海古籍出版社，2004年12月），頁269～270。

〔註158〕荊門市博物館編：《郭店楚墓竹簡》，（北京市：文物出版社，1998年），頁218。

《窮達以時》注 6 又說明「鷹」古有「薦」音的說法出於《朱德熙古文字論集》一書中〔註 159〕，朱德熙於〈關於侯馬盟書的幾點補釋〉一文中云：「卲王簋『薦』字作『盧』（《金文編》538 頁），應該是從皿鷹聲。可見『薦』字古有『鷹』音，『薦』本來是從艸鷹聲的形聲字。」〔註 160〕，《殷周金文集成》所收戰國〈卲王之諻殷〉之「盧」字作「」，《金文編》摹作「」置於「薦」字下〔註 161〕，其「鷹」旁與△正相同。

　　《曹沫之陣》「鷹」字作（簡 14），字形釋作「鷹」無誤，它與△字作、簡 42 作的字同爲「鷹」，但形體稍有不同，三字的下半偏旁上稍有差異。筆者以爲△字與（上博・緇衣・5）近似，但在左半的「尾巴」上訛變成「彡」形，（簡 42）訛變的幅度較少，只是於尾巴之右添增一飾筆。《語叢四》簡 3、4：「諸侯之門，義士之所鷹」，「鷹」即讀「存」，《曹沫之陣》【簡 14】「三代之陳皆鷹」，原考釋者李零「鷹」即讀「存」〔註 162〕，另外，劉釗也以爲『鷹』乃『薦』字所從，『薦』今作『薦』，在楚簡中『薦』多用爲『存』字〔註 163〕，可見本處讀「存」正確可從。

　　「鷹」字作〈商・亞鷹父丁觚〉，《金文編》置入「豸」下〔註 164〕，不確。其他出於偏旁者作（西周早・大盂鼎/纞）、（西周中・五祀衛鼎/慶）、（西周晚期・六年召伯虎簋/慶），扣除其他不屬於鷹字的部件，可知「鷹」字可分「頭」、「身」、「腳」三個部份，戰國楚系「鷹」字最標準的寫法爲「」（包・87/「慶」字所從），但是不少寫法常省略某個部件，如（上博・緇衣・5）省略身體的部份，又如（秦家嘴 13・8/「慶」字所從）、（包 2・136/「慶」所從）則省略尾巴的部分。

　　另外，再談一個有爭議的「鷹」字。《郭店・語叢四》【簡 9】有個「」，文例作「諸侯之門，義士之所▽。」，裘錫圭按語云：「『薦』『荐』古通，此『鷹（薦）』可依《莊子》讀爲『存』」〔註 165〕，今本《莊子・胠篋》云：「諸侯之門而仁義存焉」，字形與楚系一般「鷹」字作（郭・成・9）、（上博一・緇衣・5）不同。另外，

〔註 159〕荊門市博物館編：《郭店楚墓竹簡》，（北京市：文物出版社，1998 年），頁 146。

〔註 160〕朱德熙：〈關於侯馬盟書的幾點補釋〉，收入《朱德熙古文字論集》，（北京市：中華書局，1995 年），頁 55。

〔註 161〕見容庚：《金文編》，（北京：中華書局，2004 年 8 月），頁 679。

〔註 162〕馬承源主編：《上海博物館藏戰國楚竹書（四）》，（上海：上海古籍出版社，2004 年 12 月），頁 252。

〔註 163〕見劉釗：《郭店楚簡校釋》，（福州：福建人民出版社，2003 年 12 月），頁 138。

〔註 164〕見容庚：《金文編》，（北京：中華書局，2004 年 8 月），字頭「豸」1590 下，頁 669。

〔註 165〕荊門市博物館編：《郭店楚墓竹簡》，（北京市：文物出版社，1998 年），頁 218。

包山簡亦見🀄（265）字，文例作「二蠱（？）𪎊之鼎」，劉信芳以爲「『薦』爲進獻品物之鼎」，又提出淅川下寺二號墓有出土自名爲「薦鼎」者〔註166〕，張光裕、袁國華師〔註167〕、季旭昇師〔註168〕都以爲字是「薦」，因此對於郭店「🀄」字釋作「薦」幾乎沒有異議。但是問題在《上博（一）·孔子詩論》發表後有了變化，《孔子詩論》【簡23】有「鹿鳴」一詞，即《詩經·小雅·鹿鳴》，而「鹿」字作「🀄」，下半正从「彔」得聲。該字馬承源以爲「從鹿從彔，以鹿爲聲符」〔註169〕，未有學者懷疑此意見〔註170〕。楊澤生據「🀄」字對郭店、包山等作🀄形之「薦」字提出質疑，他指出「郭店簡《語叢四》9號簡的所謂『薦』字，我們在去年完成的《〈語叢四〉疏證》一文中指出，此字實際從『鹿』頭、『彔』腳，據文義和押韻應該讀作『祿』；現在知道《孔子詩論》23號簡《鹿鳴》的『鹿』字從『鹿』頭、『彔』聲，所以該字應該分析爲從『鹿』頭、『彔』省聲，是《孔子詩論》這種『鹿』字的簡體，而不是『薦』字。」〔註171〕。他不認同《郭店·語叢四》【簡9】「🀄」的字是「薦」，主張字應爲「從『鹿』頭、『彔』省聲」的結構。換言之，「🀄」（上博一·緇衣·5）字乃「薦」，但「🀄」則爲「鹿」字。

　　楊澤生這樣的懷疑看似合於情理，因爲楚文字「鹿」作🀄（包·179）、🀄（包·190），頭部確實與「🀄」相同，而「🀄」下半又與楚文字「彔」字常作的「🀄」（楚·曾侯乙·29）、🀄（包2·145）等字形的下半相近，此即何以楊澤生以爲△字「從『鹿』頭、『彔』省聲」之因。這個問題啓發筆者幾點思考，首先楚文字類化作「🀄」形部件是個很常見、且重要的現象〔註172〕，如「光」、「寡」、「備」、「參」、「翏」等字的下半都類化作此形，「彔」字只是其中一字而已，可知「🀄」沒有絕對非得視作从「录」得聲的必要，就如同我不會將「光」、「寡」、「備」、「參」等字理解成从「录」聲一樣。再來，「🀄」、「🀄」二字是否非得視作同一字，這又是一個問題。🀄

---

〔註166〕釋文據劉信芳：《包山楚簡解詁》，（臺北市：藝文印書館，2003年元月），頁285。

〔註167〕張光裕主編·袁國華師合著：《包山楚簡文字編》，（臺北市：藝文印書館，1992年，11月），頁654。

〔註168〕季旭昇師：《說文新證（下冊）》，（臺北市：藝文印書館，2004年11月），頁99。

〔註169〕馬承源主編：《上海博物館藏戰國楚竹書（一）·孔子詩論》，（上海：上海古籍，2001年），頁152。

〔註170〕參鄭玉姍：《〈上博（一）·孔子詩論〉研究》，臺灣師範大學碩士論文，2003年，頁245～248。

〔註171〕楊澤生：〈上海博物館所藏楚簡文字說叢〉，簡帛研究網，（2002年2月3日）：網址：http://www.jianbo.org/Wssf/2002/yangzesheng02.htm。案：楊澤生大作自注云：「楊澤生：《〈語叢四〉疏證》，張光裕主編《郭店楚簡研究·疏證編》，未刊。」，可知該文尚未正式發表。

〔註172〕參林清源師：《楚國文字構型演變研究》，東海大學博士論文，1997年12月，頁164。

字的下半類化作「外」，這是楚文字中的常見現象，字形上它與「麤」其實是有差距的，楚系「彔」作「彔」（楚‧曾侯乙‧29），可知「麤」字下半應是从「彔」聲，與「麤」字下半類化作「外」只是類化作「录」形的可能性比較高。「麤」應為形聲，「麤」則是類化作「外」的結果。另外，《郭店‧語叢四》的「麤」，今本《莊子‧胠篋》作「存」，可見字是「麃」應無問題。綜上所述，筆者以為二字非同字，「麃」是「麃」，「麤」是「鹿」，應無問題。

〔17〕、【41△】

原考釋者李零以為「簡文下半殘缺，但從文義看，第四十一、四十二簡間恐怕並無脫簡。其問答似分兩層，第一層是講出師的重要，第二層才是回答出師之忌。『莊公曰』下當是補問『出師之忌』，估計下面有半簡即可容納。」〔註173〕。

簡 41 應與簡 4 綴合這是陳劍的創見〔註174〕，簡 41 應承接前述周初封國之盛而來。

〔18〕、4‧今天下之君子既可智（知）已

季旭昇師以為「君子，當指當時各國的國君」〔註175〕。

簡文「已」字，表示「語氣詞」，置於句尾，表示肯定的語氣。如《書‧洛誥》：「公定，予往已。」，《戰國策‧秦策三》：「此亦淖齒、李兌之類已。」，《史記‧太史公自序》：「皆失其本已。」，司馬貞索隱：「已者，語終之辭也。」〔註176〕。簡文「今天下之君子既可知已」，有表示確定的語氣，表示各國的國君都已經確定，那麼誰才擁有一統江山、併兼他國的天命。

〔19〕、4、5‧管（孰）【1】能并（併）兼人【2】才（哉）？

【1】管

「孰」字原考釋者釋作「管」讀作「孰」〔註177〕。

《郭店‧老子‧甲》簡 35～36 云：「名與身管親？身與貨管多？」大徐本《說

---

〔註173〕馬承源主編：《上海博物館藏戰國楚竹書（四）》，（上海：上海古籍出版社，2004年 12 月），頁 270。

〔註174〕陳劍：〈上博竹書《曹沫之陳》新編釋文（稿）〉，簡帛研究網，（2005 年 2 月 12 日），網址：http://www.jianbo.org/admin3/2005/chenjian001.htm。

〔註175〕參季旭昇師主編、高佑仁執筆、朱賜麟協撰：《上海博物館藏戰國楚竹書（四）讀本‧曹沫之陳釋譯》，（臺北市：萬卷樓圖書公司，2007 年 3 月），頁 164。

〔註176〕見瀧川龜太郎：《史記會注考證》，（臺北市：萬卷樓，1996 年 10 初版二刷），頁 1371。

〔註177〕馬承源主編：《上海博物館藏戰國楚竹書（四）》，（上海：上海古籍出版社，2004年 12 月），頁 246。

文》云：「篤，厚也。從高竹聲。讀若篤」〔註178〕，段玉裁在「篤」字下注云「高、厚古今字，篤、篤亦古今字，篤與二部竺音義皆同。今字篤行，而篤、竺廢矣。」〔註179〕，竺、篤二字上古音皆端紐、覺部，篤字則為端紐、幽部，聲紐相同，韻部則甚近〔註180〕，有可能是古今字。

從文例上看，最後一字為疑問詞「哉」，且能夠兼併天下者必為人物，因此△字讀作「孰」，正確無誤。楚簡「孰」字常假「篤」字為之，如《郭店・老子甲》簡35、36云：「名與身△親？身與貨△多？得與亡△病？」〔註181〕，簡文中三次△都作「篤」，與今本《老子》第44章對照，很容易就發現△應讀作「孰」。但《郭店・老子甲》亦有用「竺」字代「孰」者，如簡9、10「△能濁以靜者，將徐清。△能庀以迬者，將徐生。」而簡文△字皆作「竺」。

【2】

「并兼人」原考釋者李零以為「指兼併敵國」〔註182〕。

**佑仁案**：李零之說正確可從。「并兼」一詞古籍多有，如《墨子・節葬下》：「是故昔者聖王既沒，天下失義，諸侯力征。南有楚、越之王，而北有齊、晉之君，此皆砥礪其卒伍，以攻伐并兼為政於天下。」，《莊子・刻意》：「此朝廷之士，尊主強國之人，致功并兼者之所好也。」，《商君書・錯法》：「同實而相并兼者，彊弱之謂也。」。「兼」、「并」二字都有「吞併」、「合併」之義，簡文此處之義亦即誰能統一天下。「并兼」亦出土文獻，如戰國〈商鞅量〉銘文作「皇帝盡并兼天下諸侯」，「併兼」之義與簡文同，又《馬王堆・黃帝四經》中的〈國次〉云：「兼人之國」又〈果童〉云：「黃帝問四輔曰：唯余一人，兼有天下。」，又〈前道〉小國得之以守其野，大國得之以并兼天下。」而簡文「并兼人」之「人」，很顯然就是前述的「天下之君子」，國君代表國家，并兼其他國君，其實也意味吞併其他國家。「并兼」又可作「並兼」，《管子・重令》：「若夫地雖大，而不並兼。」，《商君書・錯法》：「同實而相並兼者，強弱之謂也」，「並」並紐、耕部，「并」幫紐、耕部，聲紐都是唇音，韻部則相同。「并」、「並」古籍通假例證也很多，此不贅引〔註183〕。

---

〔註178〕見許慎撰、徐鉉校定：《說文解字》，（北京：中華書局，2003年），頁111。

〔註179〕許慎撰、段玉裁注：《說文解字注》，經韵樓藏版，（臺北市：洪葉出版社，1999年11月），頁232。

〔註180〕參陳新雄師：《古音研究》，（臺北市：五南書局，2000年11月），頁429～430。

〔註181〕參荊門市博物館編：《郭店楚墓竹簡》，（北京市：文物出版社，1998年），頁113。

〔註182〕馬承源主編：《上海博物館藏戰國楚竹書（四）》，（上海：上海古籍出版社，2004年12月），頁246。

〔註183〕高亨纂著、董治安整理：《古字通假會典》，（濟南：齊魯書社，1997年7月），頁71。

另外，商承祚《甲骨文字研究》（下編）以爲「並」字「與从幵同字同誼，許君分爲二部，非也。」〔註184〕，丁山也以爲「竝并本是一字，竝象兩人併立，并則象兩人側立形」〔註185〕，「並」、「并」二字字音確實接近，已如上述所述，但是從字形上看，「並」字作（甲·607）、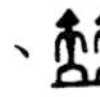（並爵），从二「大」立於地上，或省略最下之一橫筆作（摭續·85），而「并」字作（甲·774）、（乙3429），从二「人」，並於腳部添一或二橫筆，由二字寫法可知，「並」字是二人正立於地上，「并」則是於兩側身之人形上添加橫筆，以示「相從」之意，其造字都是从二人站立，雖然造字的概念相近，但甲骨中並不相混，可知並非同一字。

〔20〕、5·散（曹）蔓（沫）曰

簡文「沫」字此處作，字从土、萬聲，與簡文中「萬民」之「萬」寫法相同〔註186〕。「墲」字古音明紐、元部，與「沫」、「蔑」二字皆明紐、月部，韻部上只有入聲、陽聲的差異，因此可以通假。西周晚期，「萬」字作（商·萬鼎）、（商·萬觶），到西周早的〈仲簋〉字作，尾部添增飾筆「一」，或者是添加「内」，如西周早的〈甲盉〉作（《金文編》），劉釗以爲「古文字中有一些下部爲一豎畫的字，在發展演變中先後加上了『内』式飾筆。這個『内』偏旁就是之於裝飾的裝飾筆劃，是與字音字義都無關係的不可解說的部份」，並以萬、禽、禹、禺、鞏字爲例，欲證明「是」字中的形構亦是「内式飾筆」，可見《說文》从「厹」之說並不正確〔註187〕。

另外，楚系金文「萬」字作，雙螯之形尤存，與甲金文相同，楚系簡帛中則作（馬帛甲·2·28·滕）、（天卜·禖），李守奎以爲「上部訛與臼形同」〔註188〕，可從。「臼」字的戰國楚系字形作（曹沫之陣·簡20/「本」字所從），從《曹沫之陣》簡文中，可以發現戰國時期許多文字的偏旁都「類化」作「」形，如（簡5）、（簡8）、（簡20）等。

〔21〕、5·君亓（其）毋員（慎）

【1】員

〔註184〕商承祚：《甲骨文字研究》（下編），據1932年北平聚魁堂裝訂講義書局北平影印本影印，（北京市：北京圖書館出版社，2000年），頁75。

〔註185〕丁山遺著、歷史研究編輯委員會編輯：《甲骨文所見氏族及其制度》，（北京：科學出版社，1956年），頁114。

〔註186〕「萬民」文例見簡12、61、63。

〔註187〕見劉釗：《古文字構形研究》，吉林大學博士論文，1991年，頁29。

〔註188〕李守奎：《楚文字編》，（上海：華東師範大學出版社，2003年12月），頁835。

「員」字原考釋者李零以爲「讀『慞』，《說文·心部》訓『憂』」〔註189〕。

陳劍〔註190〕、白於藍〔註191〕、李銳〔註192〕皆從李零所釋，但後面加「？」形符號，陳斯鵬讀作「損」，後面亦加「？」符號〔註193〕，表示尚存保留態度。

朱賜麟以爲「此字當釋讀爲『隕』或『殞』，作『廢墜、懈怠』解。《左傳·莊七》之《經》：『夏四月辛卯夜，恆星不見，夜中星隕如雨。』22《公羊傳》作：『夜中星霣如雨。』23；《左傳·宣十五》晉解揚對楚子：『有死無霣。』24 杜預註：『霣，廢墜也，殞也。』員爲隕、殞、霣所從之聲符，例可通假。曹劌此語係針對莊公所謂：『今天下之君子既可知已，孰能并兼人哉？』而發，請看莊公的語氣，何曾有所憂懼？莊公沒有憂懼，曹劌的『毋憂』又從何說起呢？另外，兵家思想特重戒、愼、備，簡文中常見，曹劌在本章中一再地提出警戒之語，又怎會教莊公『毋憂』呢？因此，筆者主張：與其釋讀爲『憂』，不如作『懈怠』解。」〔註194〕。

陳偉武以爲「『員』似可讀爲『云』……『員（云）』字意義及用法相類之虛辭『如』，簡文『君其毋員（云）』意謂『君王您不要如此』」〔註195〕，單育辰從之〔註196〕。

**佑仁案**：△字作𩓣，李零釋作「員」，讀作「慞」，可從。△字所從「貝」旁，實從「鼎」字簡省而來，段注本《說文·員部》：「員，物數也。從貝，口聲。……鼎，籀文從鼎。」〔註197〕，「員」字甲金文都从鼎、○聲（即「圓」之初文），楚文字亦

〔註189〕馬承源主編：《上海博物館藏戰國楚竹書（四）》，（上海：上海古籍出版社，2004年12月），頁246。

〔註190〕陳劍：〈上博竹書《曹沫之陳》新編釋文（稿）〉，簡帛研究網，（2005年2月12日），網址：http://www.jianbo.org/admin3/2005/chenjian001.htm。

〔註191〕白於藍：〈上博簡《曹沫之陳》釋文新編〉，簡帛研究網，（2005年4月10日），網址：http://www.jianbo.org/admin3/2005年baiyulan001.htm。

〔註192〕李銳：〈《曹劌之陣》釋文新編〉，簡帛研究網，（2005年2月25日），網址：http://www.jianbo.org/admin3/2005年lirui002.htm。李銳：〈《曹劌之陣》重編釋文〉，簡帛研究網，（2005年5月27日），網址：http://www.jianbo.org/admin3/2005年lirui003.htm。

〔註193〕陳斯鵬：〈上海博物館藏楚簡《曹沫之陣》釋文校理稿〉：簡帛研究網，（2005年2月20日），網站：http://www.jianbo.org/admin3/list.asp?id=1328。

〔註194〕朱賜麟：《曹劌之陣思想研究——及其在春秋兵學思想史上的意義》，臺灣師範大學碩士論文，2006年6月，頁21。

〔註195〕參陳偉武：〈讀上博藏簡第四冊零札〉，《古文字研究》第二十六輯，（北京：中華書局），2006年11月，頁277。

〔註196〕單育辰《曹沫之陳》新編聯及釋文〉，武漢大學簡帛網，（2007年6月3日），網址：http://www.bsm.org.cn/show_article.php?id=574。

〔註197〕許慎撰、段玉裁注：《說文解字注》，經韵樓藏版，（臺北市：洪葉出版社，1999年11月），頁281。

從「鼎」然字體已有所訛變。

　　《說文》云：「慍，憂貌。從心員聲。」〔註198〕，李零之說可從。簡 5 最初一字爲疑問辭「才」（哉），後接「曹沫曰『君其勿△』」，原整理者李零將【簡 4】接【簡 5】，而【簡 4】末爲「天下之君子孰能并兼人」，與【簡 5】頭一字的疑問辭「才」正能順利接續，並且通讀成完整句義。因此由文句來看，「毋△」是曹沫對莊公「孰能并兼人」的問題所做的回應。在語氣上李零讀作「慍」，是非常合理的，「慍」從「員」得聲，通假沒有問題。陳斯鵬讀作「損」，但放入文句中似不適切，《說文》：「損，減也。」〔註199〕，《字彙・手部》：「損，失也」，「損」乃「減損」、「損失」之義與文意較不相應。

　　文句中曹沫之語應是對莊公的鼓舞、勉勵，如《晏子春秋・仲尼相魯景公患之晏子對以勿憂》云：「仲尼相魯，景公患之，對晏子曰：『鄰國有聖人，敵國之憂也。今孔子相魯若何？』晏子對曰：『君其勿憂。君不如陰重孔子，設以相齊，孔子彊諫而不聽，必驕魯而有齊，君勿納也。夫絕於魯，無主於齊，孔子困矣。』」〔註200〕，晏子先安撫國君情緒，欲國君勿憂慮，之後再提出因應孔子相魯之策，讓孔子困於陳蔡。又《韓非子・外儲說》：「鄭簡公謂子產曰：『國小，迫於荊、晉之間。今城郭不完，兵甲不備，不可以待不虞。』子產曰：『臣閉其外也已遠矣，而守其內也已固矣，雖國小猶不危之也。君其勿憂。』」子產先說明國小而不危乃「內以固」之因，欲國君勿憂。上述二條例證皆與《曹沫之陣》有類似之處，簡文曹沫先以「君其勿慍（訓作「憂」）」一語安撫莊公對於「孰能并兼人」的焦慮，之後再說明修政善民的重要性。

〔22〕、5・惢（鄰）邦之君明

　　「惢」字原簡作🦋，原考釋者李零隸定作「惢」，讀作「鄰」〔註201〕。

　　「惢」從心、哭聲，實即「憐」之異體，假借作「鄰」。〈中山王🦋鼎〉有「哭」字作🦋，其文例爲「△邦難親」，《殷周金文集成》所收張守中摹本作🦋，「哭」讀爲「鄰」。又今本《老子》十五章：「猶兮若畏四鄰」，馬王堆帛書乙本作「哭」。

〔註198〕許慎撰、段玉裁注：《說文解字注》，經韵樓藏版，（臺北市：洪葉出版社，1999 年 11 月），頁 56。

〔註199〕許慎撰、段玉裁注：《說文解字注》，經韵樓藏版，（臺北市：洪葉出版社，1999 年 11 月），頁 610。

〔註200〕參王更生《晏子春秋今注今譯》，（臺北市：臺灣商務印書館，1987 年），頁 377。

〔註201〕馬承源主編：《上海博物館藏戰國楚竹書（四）》，（上海：上海古籍出版社，2004 年 12 月），頁 246。

〔23〕、5・不攸（修）政而善於民

「攸」字原考釋者李零隸定作「攸」讀作「修」〔註202〕，可從。

「攸」讀「修」楚簡中很多，如《上博（一）・性情論》簡25云：「聞道反己，攸身者也」、「攸身近至仁」，《性情論》原考釋者云：「攸，通『修』」〔註203〕。而《郭店・性自命出》，簡帛書法選編輯組亦將「攸」通作「修」〔註204〕。

「善」原簡字作<img>，原考釋者李零釋作「善」〔註205〕，可從。字形稍殘泐，但簡5、6、47、56、56、57皆有「善」字出現，與一般戰國楚系「善」字作<img>（郭・語一・17）、<img>（郭・五・32）、<img>（郭・尊・35）無異。

〔24〕、5・不肰（然）恁〈恧〉（恐）亡安（焉）

「恁」字原考釋者李零隸定作「恁」讀作「任亡」，以爲「指聽任敵國來滅亡自己」〔註206〕。

陳劍以爲「『恁』即《說文》『恐』字古文，原誤釋爲從心『壬』聲讀爲『任』。」〔註207〕，其後學者多依陳劍之說讀作「恐」。

陳斯鵬舊說以爲「恁」讀爲「浸」〔註208〕，於博士論文中則指出「字原作<img>，上顯從『壬』而不從『工』，《李釋》隸定正確，陳文改釋『恐』，李文從之，非是。《李釋》讀『任』，謂『任亡』指聽任敵國來消滅自己，可從。舊稿讀作『浸』，作『漸』解，亦可通，但不若讀『任』直接，茲不取。」，則採用原考釋者李零之說〔註209〕。

邴尚白以爲：「『任』字訓爲聽憑是後起義。原簡字形雖確爲從『壬』從『心』，

〔註202〕馬承源主編：《上海博物館藏戰國楚竹書（四）》，（上海：上海古籍出版社，2004年12月），頁246。

〔註203〕馬承源主編：《上海博物館藏戰國楚竹書（一）》，（上海：上海古籍出版社，2001年11月），頁256。

〔註204〕見《簡帛書法選》編輯組：《郭店楚墓竹簡：性自命出》，（北京市：文物出版社，2002年12月），頁56～57。

〔註205〕馬承源主編：《上海博物館藏戰國楚竹書（一）》，（上海：上海古籍出版社，2001年11月），頁247。

〔註206〕馬承源主編：《上海博物館藏戰國楚竹書（四）》，（上海：上海古籍出版社，2004年12月），頁246。

〔註207〕陳劍：〈上博竹書《曹沫之陳》新編釋文（稿）〉，簡帛研究網，（2005年2月12日），網址：http://www.jianbo.org/admin3/2005/chenjian001.htm。

〔註208〕陳斯鵬：〈上海博物館藏楚簡《曹沫之陣》釋文校理稿〉：簡帛研究網，（2005年2月20日），網址：http://www.jianbo.org/admin3/list.asp?id=1328。

〔註209〕參陳斯鵬《戰國簡帛文學文獻考論》之第四節「戰國簡帛散文文本校理舉例之二——《曹蔑之陣》校理」，中山大學博士學位論文，2005年6月。

但所從的『壬』應爲『工』之訛，『忎』字又見於九店六二一號墓簡十三、上博〈中弓〉簡二十六、〈彭祖〉簡八、葛陵簡甲三 15、60 等。『恐亡焉』，即恐怕會滅亡。」〔註210〕。

張新俊以爲包山簡 221、222 有個「」字，它應从「工」、「廾」得聲，認爲字即是「」（包山・130）之異體，簡文中讀作姓氏之「龔」，而由「」字可知「工」旁中間有以橫筆爲飾筆的可能〔註211〕。

**佑仁案**：簡文此字是個仍需進一步解決的疑難字，此處的問題在於字形上从「壬」从「心」，但就原文句義讀作「恐」最順暢的解釋〔註212〕，然而「恐」應从「工」而不从「壬」，因而造成字形與字義相衝突的矛盾。李零讀成「任」與陳斯鵬釋作「恁」讀爲「浸」，可以順利解釋字形，但就上下句義而言，文義都不夠恰當，也沒有釋作「恐」來的好。陳斯鵬讀作「浸」，「浸亡」一詞雖曾見於古籍，《說苑・敬慎》：「衰滅之過，在於得意而怠，浸蹇浸亡，晉文公是其效也。」，但是「壬」上古乃泥紐、侵部，「浸」上古乃精紐、侵部，韻雖同爲侵部，但聲符差異頗大，恐不能通。

簡文字工字作「」，「工」旁因竹簡擠壓導致且文字漫漶，但「工」形豎筆上的橫筆「一」依舊清楚可辨。《說文》「恐」字古文字作「」〔註213〕，中山王𗣼鼎作，字與△近似，則△字釋作「忎」較佳，但是必須面臨一個問題，即是△字上半所从的「」，究竟是「工」的添增飾筆，還是純粹爲「壬」的訛字。

關於「壬」、「工」二字，其實文字學者很早就指出「壬」、「工」同字，吳其昌以爲〈穆公鼎〉（《集成》作〈禹鼎〉）「作命冊工」之「工」字作「」，與其他銘文「父壬」之「壬」字作「」字除了少一橫畫外，其餘皆相同，而且金文中有些明顯「壬」字形體與「工」無別，他認爲這些都是「工」、「壬」一字之明證〔註214〕。

〔註210〕郎尚白：〈上博楚竹書《曹沫之陣》注釋〉，收入臺灣大學《中國文學研究》第二十一期，2006 年，頁 14〜15。

〔註211〕張清俊：《上博楚簡文字研究》，吉林大學博士論文，2005 年 6 月，頁 66。

〔註212〕2005 年 12 月 2 日於政大「出土簡帛文獻與古代學術國際研討會」，筆者幸能當面請教陳劍老師關於此字的問題，蒙陳劍老師告知，〈上博竹書《曹沫之陳》新編釋文（稿）〉一文中將△字釋作「恐」，乃推估簡文上下文義後所得來的結論，但字形上△字與「壬」較爲接近，至於字从「壬」何以能讀作「恐」，究竟是訛字，還是有其他可能，是此字未來努力的方向。筆者在此感謝陳劍老師的指點。

〔註213〕許慎撰、段玉裁注：《說文解字注》，經韵樓藏版，（臺北市：洪葉出版社，1999 年11 月），頁 519 上。

〔註214〕轉引自《古文字詁林》第十冊，（上海：上海教育出版社，2004 年 10 月），頁 1051〜1052。

李孝定不認同此說，以爲工、壬雖有同作▉者，但「工」字亦作▉，「壬」則不見作此形，可見二者不同字〔註215〕。何金松以爲「周金文中，《宅簋》的壬字與甲文形同。同時，周代『工』字不再使用甲骨文中象築牆杵的形體，而用本爲壬字的『▉』這一筆劃簡單的字取代。爲了使字形區別字意，就將豎畫的中部增粗成圓形或橢圓形實體。」〔註216〕，季旭昇師以爲「以形而言，壬與工最近，偏旁中幾不可分（工或作▉，▉當即避免與壬雷同）。其聲韻關係，工上古音在東部，壬在侵部，東侵相諧，周代文獻不乏其例，……然則卜辭壬叚工爲之，或然也。」〔註217〕，正如季旭昇師的意見，「工」、「壬」二字音近，因此在甲骨文中部分字形有相混的情況。

另外，「▉」是否爲從工而中間添飾筆，這亦是一個可能。「工」字常見於豎筆上添飾筆，如《說文・第五篇上・工部》云：「▉，古文工從彡。」〔註218〕，又魏石經《尚書・無逸》「工」字亦作▉，又《古文四聲韻・江韻》「江」字下列有▉（道德經），又《古文四聲韻・腫韻》「恐」字有▉（古老子），又《上博（三）・周易》簡16作▉，《上博（三）・彭祖》簡5「工」字作▉〔註219〕，上述諸「工」字，都於豎筆添加飾筆，其中字形最接近者爲《古文四聲韻》「恐」字之「▉」，只是與△作「▉」仍有距離，一時恐難爲此問題驟下斷語。另外，石鼓文車攻「工」字作「▉」，豎筆上似有一橫筆，是否爲偏旁，還是殘泐的筆劃，尚待考證。

而《曹沫之陣》從「工」之字如▉（簡56/攻）、▉（簡57/攻）等共7例〔註220〕，其「工」旁皆未有作「▉」者，豎筆皆無飾筆。

另外，再談古文字中的「壬」，金文中的「壬」字乃於「工」形之豎筆上呈肥筆型態或添加飾點，如▉（西周晚・虘莟妊簋/妊）、▉（西周晚・湯叔盤/壬），到了戰國時期晉系亦保留添飾點的特色，▉（璽彙2291），但楚系文字多半作▉（包山・163）、▉（包山・164）、▉（包・167）、▉（包山・29）、▉（望山M1・

---

〔註215〕李孝定：《甲骨文字集釋》第十四，（臺北市：中央研究院歷史語言研究所專刊之五十，1965年），頁4301～4302。

〔註216〕何金松：〈漢字形義考源〉，《華中師範大學學報》（哲學社會科學版），1994年，第四期，頁118。

〔註217〕季旭昇師：《甲骨文字根研究（修訂本）》，（臺北：國立編譯館主編、文史哲出版社印行，2002年），頁573。

〔註218〕許慎撰、段玉裁注：《說文解字注》，經韵樓藏版，（臺北市：洪葉出版社，1999年11月），頁203上。

〔註219〕原考釋者李零釋作「工」，陳斯鵬主張應爲「互」，舉《汗簡》互字作▉爲證，以爲應讀爲「肆」，恐非。見陳斯鵬：〈上海博物館藏戰簡《彭祖》新釋〉，《華學》第七輯，（廣州市：中山大學出版社，2004年12月），頁160。

〔註220〕除「忎」字外，從「工」之「攻」（簡21、36、56、56、57、60）、「社」（簡37）共7例。

69），飾筆以短橫筆型態呈現，與簡文「![字]」接近，但簡文字形較爲扁長。

綜上所述，可知「壬」、「工」古文字的關係密切，但戰國楚系「壬」字作![字]（包L・29）、![字]（包L・162），「工」作![字]（郭・忠・7）、![字]（郭・成・23），「壬」、「工」有別是不爭的事實。綜上所述，筆者以爲△字有兩種解釋方式，第一種爲多數學者的看法，即將△字隸定作从「壬」，而「壬」乃「工」字「形近而誤」，字从心、工聲即「恐」字，第二種說法是，從季旭昇師對於「壬」、「工」通假的關係來看，再甲骨文時期二字確實可以通假，則在楚簡中或許二字還是保有著音近關係，因此「壬」聲可與「工」聲通假並讀作「恐」，但在目前戰國文字似尚未見「壬」、「工」通假的例證時，第一種說法將會比較謹愼。

〔25〕、6・哭（鄰）邦

前簡「鄰邦」之「鄰」作「![字]」，較△字多「心」旁。

〔26〕、6・昔沱（施）胉（伯）

原考釋者李零隸定作「池舶」〔註221〕，以爲「《國語・齊語》提到『施伯，魯君之謀臣也』，即此人。韋昭注：『施伯，魯大夫，惠公之孫，施父之子。』」〔註222〕。

陳劍釋作「胉」〔註223〕，陳斯鵬〔註224〕、白於藍〔註225〕等人從之。

李銳直接釋作「伯」〔註226〕。

陳斯鵬以爲「『沱』字《李釋》隸定爲『池』，不夠準確；『胉』字原作![字]，《李釋》隸定爲『舶』，以爲從『舟』，其實應從『肉』，比較同簡『狀』字所從『肉』可知。」〔註227〕。

〔註221〕馬承源主編：《上海博物館藏戰國楚竹書（四）》，（上海：上海古籍出版社，2004年12月），頁97。

〔註222〕馬承源主編：《上海博物館藏戰國楚竹書（四）》，（上海：上海古籍出版社，2004年12月），頁247。

〔註223〕陳劍：〈上博竹書《曹沫之陳》新編釋文（稿）〉，簡帛研究網，（2005年2月12日），網址：http://www.jianbo.org/admin3/2005/chenjian001.htm。

〔註224〕陳斯鵬：〈上海博物館藏楚簡《曹沫之陣》釋文校理稿〉：簡帛研究網，（2005年2月20日），網址：http://www.jianbo.org/admin3/list.asp?id=1328。

〔註225〕白於藍：〈上博簡《曹沫之陳》釋文新編〉，簡帛研究網，（2005年4月10日），網址：http://www.jianbo.org/admin3/2005/baiyulan001.htm。

〔註226〕李銳：〈《曹劌之陣》釋文新編〉，簡帛研究網，（2005年2月25日），網址：http://www.jianbo.org/admin3/2005/lirui002.htm。李銳：〈《曹劌之陣》重編釋文〉，簡帛研究網，（2005年5月27日），網址：http://www.jianbo.org/admin3/2005/lirui003.htm。

〔註227〕參陳斯鵬《戰國簡帛文學文獻考論》之第四節「戰國簡帛散文文本校理舉例之二——《曹蔑之陣》校理」，中山大學博士學位論文，2005年6月。

　　佑仁案：「沱」字隸作「池」亦通，但嚴式隸定以「沱」爲佳，「沱」字最早見西周之靜簋及遹簋，二器字形分別作 ![字形]、![字形]，文例皆爲「大沱」，大沱即「大池」。「胉」字原簡作 ![字形]，無論从「肉」的「胉」或是从「舟」的「舶」《說文》均未收，筆者於楚系文字中也未見。李零釋作「胉」，「胉」字見《五經文字》、《龍龕手鏡》（高麗本）、《玉篇》、《廣韻》、《字彙》、《正字通》，各家解釋皆爲「脅也」。《經典文字辨證書》以爲「迫」正「胉」俗。「舶」字亦見《龍龕手鏡》（高麗本）、《玉篇》、《廣韻》、《類篇》等字書。《廣韻・入聲・陌韻》：「舶，海中大船。」。《曹沫之陣》簡文中「肉」旁作「![字形]」（簡 6/然）、「![字形]」（簡 8/然），从「舟」旁者僅見「盤」字，舟旁作「![字形]」（簡 50），若單從《曹沫之陣》△與从「肉」、「舟」偏旁比對後會發現，从「肉」作「胉」較佳，不過，戰國文字中「肉」、「舟」兩偏旁常有相混的現象，是個頗爲複雜的問題，筆者此處僅據《曹沫之陣》書手對於「肉」、「舟」字形的差異，暫時將△字釋作从「肉」。

　　簡文「沱胉」即「施伯」，《史記・魯周公世家》：「魯人施伯」下《正義》注云：「施伯，魯惠公孫。」，《管子・小匡》載齊桓公之語云：「施伯，魯之謀臣也」，可參。

〔27〕、7上・君子旻（得）之遊（失）之，天命。

　　原考釋者李零隸定作「遊」，讀作「失」，以爲「『命』字下有句讀。此句是說君子無論得失皆出天命」〔註228〕。

　　佑仁案：此字形楚簡中多見，《楚系簡帛文字編》釋作「達」字〔註229〕，張光裕、袁國華師已隸定作「遊」，讀作「失」〔註230〕，陳嘉凌指出李家浩於師大演講時曾謂字乃「失之初文」〔註231〕，從出土楚簡的用字情況來看，「遊」字大多讀作「失」字使用，《郭店・老子乙》簡6「得之若驚，▽之若驚」，▽即作「遊」，對照今本《老子》第十三章「得之若驚，失之若驚」，可知▽字地位與「失」字相同。本簡△字作 ![字形]，「羊」形上半从「止」形，與一般从「![字形]」形作「![字形]」（郭・老乙・6）稍有異，不過此種寫法亦見 ![字形]（包・80）、![字形]（郭・老丙・11）。本簡△字的文例作「得之失之」也文通義順，可見字義上並沒有問題，眞的疑難處是關於字形來源以

〔註228〕馬承源主編：《上海博物館藏戰國楚竹書（四）》，（上海：上海古籍出版社，2004年12月），頁248。

〔註229〕滕壬生編著：《楚系簡帛文字編》，（武漢市：湖北教育出版社，1995年），頁143。

〔註230〕見張光裕主編、袁國華師合著：《郭店楚簡研究》，（臺北市：藝文印書館，1999年，元月），字頭編號第1256，頁397。

〔註231〕參陳嘉凌：《楚系簡帛字根研究》，臺灣師範大學碩士論文，2002年6月，頁392，注1062。

及此字與後世的「失」字究竟是什麼關係。

　　首先，關於字形來源的問題。李家浩指出「失」之初文「羊」的訛變，因此認爲字應釋作「迭」〔註232〕。趙平安不從此說，他指出「所謂的遊，實際上應隸定作『達』，它由辵和羍兩部分組合成。羍是由甲骨文羍演變而來的。」，認爲「止」旁的演變方式與「前」字「止」旁的近似，又「羍在例中省作羊，而羊有時可寫作羊（如吳光鑑羞字所從），因此羍演變爲羍從形體上看是完全可能的。」，並以爲可能就是「逸」的本字，而「逸」、「失」古音很近，常相通用〔註233〕。劉樂賢支持趙平安的看法，並認爲「從郭店楚墓竹簡等新材料看，他應該是一個與『失』讀音十分接近並且常相通假的字。」〔註234〕。另外，何琳儀、程燕則另闢蹊徑，以爲「『遊』明確從『羊』聲。羊，喻紐四等，古讀定紐，失，審紐，古讀透紐。定與透均屬舌音，自可通假。郭店簡以『遊』爲『失』乃假借，與形體似無涉。」〔註235〕，所謂「與形體無涉」也就說「羊」字在此字中純粹當作「聲符」的地位，而不像李家浩、趙平安從「羊」字字形上找尋演變脈絡。不過考察聲韻，「遊」字透紐、質部，「失」字定紐、陽部，質、陽二部似稍遠。李家浩與趙平安的說法，都結合甲骨文的字形，但何琳儀從形聲結構的角度切入，似無法說明字義的來源，即从「羊」何以有「失」義，其次「羊」、「失」聲韻上的關聯也須進一步的證成。

　　我們進一步看李家浩的意見，「失」字秦漢文字作羊（詛楚文）、夫（睡20·19）、失（武威·服傳·31），它與甲骨羊（存·2225）、羊（後·1·19·6）在字形上確實有相近之處，我們可以肯定秦漢文字的夫（睡20·19）即是「失」字，因爲此字已與小篆之「失」字作「夫」相當接近，但現階段若要認定楚系達（包·80）字即是「失」之本字，這恐怕必須爲其演變脈絡作更仔細的舉證。戰國文字假借頻繁，比照古籍文獻「達」字雖多讀作「失」，但卻不保證其即爲「失」字。也有可能如趙平安所推測，這些「達」字其實都是「逸」字，楚系假借作「失」，而秦系保留原本「失」字來源。

　　趙平安以爲「遊」即「逸」之本字，確實有可能，「逸」字定紐、質部，「失」

〔註232〕參李家浩：〈讀郭店〈楚簡竹簡〉瑣議〉，見《中國哲學》第 20 輯，遼寧教育出版社，頁 344～346。

〔註233〕參趙平安：〈戰國文字的「遊」與甲骨文「羍」爲一字說〉，收入《古文字研究》第二十二輯，（北京：中華書局，2000 年 7 月），頁 275～277。

〔註234〕參劉樂賢：〈讀包山楚簡箚記〉，《第四屆國際中國古文字學研討會論文集》，（香港中文大學，2003 年 10 月），頁 213。

〔註235〕何琳儀：〈郭店竹簡選釋〉，《文物研究》，總第 12 輯，1999 年 12 月，頁 196。又見何琳儀、程燕：〈郭店簡《老子》校記（甲篇）〉，《簡帛研究二○○二、二○○三》，（桂林：廣西師範大學出版社，2005 年 6 月），頁 37。

字透紐、質部，定州簡《論語・堯曰》文例作「興滅國，繼絕世，舉泆民。」今本《論語》作「興滅國，繼絕世，舉逸民。」。另外，「逸」之異文「劮」也从「失」得聲，《尚書・無逸》漢石經作「無劮」。《字彙・補》「劮，即逸字。」，可知「逸」、「失」的密切關係。

綜上所述，可知△字的來源尚有爭議，就現階段而言，李家浩及趙平安的意見恐怕無法指出孰優孰略，但是可以確知的是，△字顯然已不能隸定作「遊」，因爲其與「㫃」、「羊」都無關係，但是在該字來源尚未明朗，若使用其他的隸定方式反而可能使問題更複雜，因此筆者本論文「失」字仍沿襲學者們的隸定方式。

### 〔28〕、7上・今異於而（爾）言

原考釋者李零隸定作「而」讀爲「爾」，無說〔註236〕。

白于藍隸定作「而」據本字讀〔註237〕。

**佑仁案**：古漢語中「而」字已經可使用作第二人稱代詞使用，《小爾雅・廣詁》：「而，汝也。」，《書・洪範》：「而康而色。」。孔傳：「汝當安汝顏色，以謙下人。」，《詩・大雅・桑柔》：「嗟爾朋友，予豈不知而作！」，鄭玄箋：「而，猶女也。」，《左傳・昭公二十年》：「余知而無罪也。」，杜預注：「而，女也。」，因此可知「而」字據本字讀即可，實不必再假借作「爾」，而簡文確切的意涵應指「你的」，《左傳・襄公二十八年》云：「必使而君棄而封守」，《史記・越王句踐世家》云：「我令而父霸，我又立若。」，此皆用例。

曹沫接著莊公的問句回答云「亡以異於臣之言」（簡 8），從文例上看，可知莊公所稱的「而」，即是曹沫口中的「臣」，也就是「曹沫」本人，則釋讀成「而」正確。

此處莊公告訴曹沫「今異於而言」，意指曹沫之說與施伯之語不同，曹沫的回答以「亡以異於臣之言」一語起頭，意指施伯的話與曹沫所聞未有不同，僅是莊公未能盡得語中之義，兩人各用「異語」一詞，一問一答，前後呼應，值得玩味，也更可證明【簡7上】、【簡8下】綴合無疑是正確〔註238〕。

---

〔註236〕馬承源主編：《上海博物館藏戰國楚竹書（四）》，（上海：上海古籍出版社，2004年12月），頁247。

〔註237〕白於藍：〈上博簡《曹沫之陳》釋文新編〉，簡帛研究網，（2005年4月10日），網址：http://www.jianbo.org/admin3/2005/baiyulan001.htm。

〔註238〕【簡7上】與【簡8下】的綴合，這是李銳的創見。參李銳：〈《曹劌之陣》釋文新編〉，簡帛研究網，（2005年2段25日），網址：http://www.jianbo.org/admin3/2005/lirui002.htm。

〔29〕、8下・⬚曰（以）異於【1】臣之言，君弗【2】聿（盡）【3】。

【1】亡以異於

　　原考釋者李零以爲「字殘，從殘存筆畫和文義看，應是『亡』字」。〔註239〕

　　范常喜引述不少古籍中的「無以異於」的文例以釋，以爲乃「君王之言與臣之言沒有大的不同」之意〔註240〕，正確可從。「亡」字讀「無」，「亡以異於」如同「無以異於」，「無以異」的文例古籍很多，如《荀子・榮辱》：「其言議談說已無以異於墨子矣，然而明不能別。」，《孟子・梁惠王上》：「孟子對曰：『殺人以挺與刃，有以異乎？』曰：『無以異也。』『以刃與政，有以異乎？』曰：『無以異也。』」〔註241〕。又《莊子・齊物論》：「其與是不類乎？類與不類，相與爲類，則與彼無以異矣。」，又《史記・張儀列傳》：「且夫爲從者，無以異於驅群羊而攻猛虎，虎之與羊不格明矣。」，《荀子・榮辱》：「不知其與己無以異也。」，除此之外作「亡以異」的文例亦見古籍《漢書・賈誼傳》：「天下之情與器亡以異，在天子之所置之。」，「亡以異」即「無差異」、「無異」，等同於「無不同」、「沒有什麼不一樣」。則本簡「亡以異於臣之言」而不應解釋爲「君上您的話與臣下我的話不要有不同」，而應爲「（君上聽到的）與我所說的沒有什麼不一樣」。

【3】弗

　　本簡字作「𢎒」，《曹沫之陣》簡「弗」字共出現七例〔註242〕，僅本簡有添加飾筆。

【4】盡

　　原考釋者李零釋作「聿」讀爲「盡」〔註243〕。

　　廖名春以爲△字應釋作「聿」正確，但不應讀作「盡」，而應讀作「肆」。其云：

　　　　疑「聿」當讀爲「肆」，訓爲放、恣。《玉篇・長部》：「肆，放也，恣也。」「君弗肆」，君上您不要任性。「肆」與上文「驕泰」也義近。「君言無以異於臣之言」與「君弗肆」當爲一個複句。「君言無以異於臣之言」

〔註239〕馬承源主編：《上海博物館藏戰國楚竹書（四）》，（上海：上海古籍出版社，2004年12月），頁248。

〔註240〕范常喜：〈《曹沫之陳》「君言無以異於臣之言君弗聿」臆解〉，簡帛研究網，（2005年2月20日），網址：http://www.jianbo.org/admin3/2005/fanchangxi001.htm。

〔註241〕〔清〕阮元：《校勘十三經註疏・禮記》，嘉慶廿年江西南昌府學開雕影印本，（臺北：藝文印書館，1993年），頁13。

〔註242〕分別見簡8、簡9、簡10、簡45（兩例）、簡60、簡63等共七例。

〔註243〕馬承源主編：《上海博物館藏戰國楚竹書（四）》，（上海：上海古籍出版社，2004年12月），頁248。

是正說，「君弗肆」是反說。猶言君上您要聽我的，君上您不要任意聽別
人的〔註244〕。

范常喜以爲不當讀作「肆」，他從聲韻的角度進行分析，認爲雖然「聿」與「肆」「讀
音上存在相通的條件」，但楚簡的古文字材料中並不見「聿」讀作「肆」的情況。另
外又從字形上分析，認爲楚文字的肆字作「遾」，與「聿」有一定的距離。其云：

> 據我們所測查的楚簡材料「聿」字共見24例。字形作：𦘔、𦘔、𦘔、
> 𦘔。其中包山簡11例以及上博二3例皆用作「盡」；郭店簡10，其中4例
> 用作「進」，6例用作「盡」，未見一處用作「肆」。……傳世文獻中也較
> 爲希見，楚文字中另有「遾、希」用作『肆』。可見將「聿」讀爲「肆」，
> 無論從字形還是從相關假借材料來看都稍覺牽強。〔註245〕

劉洪濤以爲「聿」應讀爲「進」，他指出「『進』的本義是位置向前（或上）移動。《說
文》辵部：『進，登也。』《左傳》成公二年張侯曰：『師之耳目，在吾旗鼓，進退從
之。』郭店楚墓竹簡《五行》45、46號：『心曰唯，莫敢不唯；諾，莫敢不諾；進，
莫敢不進；後，莫敢不後；深，莫敢不深；淺，莫敢不淺。』引申爲進步、提高。……
《五行》47、48號簡：『目而知之，謂之進之。喻而知之，謂之進之。譬而知之，
謂之進之。幾而知之，天也。』又42號簡：『能進之爲君子，弗能進也，各止於其
裏。』《孟子·梁惠王上》：『王曰：『吾惛，不能進於是矣。』』能進步、提高，說『能
進之』；不能進步、提高，說『弗（不）能進』。弗（不）能進，如果是對某種知識、
道理而言，就是『不明白、不理解、不領會』的意思。」〔註246〕

**佑仁案**：首先經原整理者李零以爲所綴合的【簡8】，文例作「君言亡以異於臣
之言，君弗盡」，「言」、「亡」字二字分別是上半枚殘簡的最末一個字，與下半枚殘
簡的最開頭的一個字，而李零、廖名春、范常喜三人是在這個認知上進行考釋，然
而簡8日後經學者證明不當綴合，但是並不妨礙學者們對於「亡以異」之考釋之正
確性。李銳首先指出簡8不應綴合，改將簡8下與簡7上綴合〔註247〕，也就是此句
的「君言」二字，不應屬於「亡以異於臣之言」一句中，這一修正對於此句的釋讀

---

〔註244〕廖名春：〈讀楚竹書《曹沫之陳》箚記〉，簡帛研究網，（2005年2月12日），網址：
　　　http://www.jianbo.org/admin3/2005/liaominchun002.htm。
〔註245〕范常喜：〈《曹沫之陳》「君言無以異於臣之言君弗聿」臆解〉，簡帛研究網，（2005
　　　年2月20日），網址：http://www.jianbo.org/admin3/2005/fanchangxi001.htm。
〔註246〕劉洪濤：〈讀《上海博物館藏戰國竹書（四）》箚記〉，武漢大學簡帛網，（2006年
　　　11月8日），網址：http://www.bsm.org.cn/show_article.php?id=457。
〔註247〕李銳：〈《曹劌之陣》釋文新編〉，簡帛研究網，（2005年2月25日），網址：http://www.
　　　jianbo.org/admin3/2005/lirui002.htm。

有重要的影響。

「聿」字原簡字作█，李零、廖名春二人都隸定作「聿」，字形上值得注意的是，「聿」字並非僅見此簡，簡32、56亦見此字，【簡56】字形作█，字形與本簡作█（簡8）略有差異，前者「又」旁與「█」形略有距離，後者「又」、「█」偏旁十分密合，然都同為「聿」一字，包山簡有作█（包2‧204），也有作█（包2‧197）、█（包2‧199），郭店簡有作█（郭店‧語三‧62），也有作█（郭‧語四‧15）。但釋讀方面，李零讀作「盡」，廖名春則讀作「肆」。在楚簡中有許多「聿」讀作「盡」之例，《郭店‧緇衣》簡12～13云：「百姓以仁道，豈必△仁」，今本《禮記‧緇衣》作「百姓以仁遂焉，豈必盡仁」，原整理者已讀「盡」〔註248〕。又《郭店‧性自命出》簡43：「用力之聿者，利為甚。」，原整理者已讀「盡」〔註249〕。《戰國古文字典》「聿」字「楚系」下云：「楚簡聿，讀盡。」〔註250〕可見，李零的釋讀符合一般楚簡的讀法。然而，廖名春將「聿」從聲韻的關係上通假成「肆」，「聿」字從紐、真部，「肆」字心紐、沒部，聲母皆為精系，韻部十分接近，正如范常喜所言「讀音上存在相通的條件」，如此一來廖名春的主張也能自圓其說，楚簡未見「聿」讀作「肆」的例證，不代表即無此可能，而且既是聲韻通假，則「聿」、「肆」的字形是否相近，已不是最重要的部份。

真正判斷△字應讀為「盡」還是「肆」的關鍵，其實還是簡文文義。首先，廖名春以為「肆」與上文的「驕泰」義近，但是李銳在排序時，發現李零所綴合的簡7、簡8都是有問題的，他將簡7上、簡8下直接綴合成一簡〔註251〕，文例上變成「曹沫曰：『亡以異於臣之言』」此為突破性之創見。由是觀之，此處與「驕泰」並無切身關係。其次廖名春以為「君言無以異於臣之言」與「君弗肆」是一個複句，將「君言無以異於臣之言」翻譯作「君上您的話與臣下我的話不要有不同」，范常喜以為用「君弗肆」的口吻與莊公對答，似乎不是個臣下應有的態度〔註252〕，這是很有道理的。《曹沫之陣》「論政」部分的簡文，曹沫是扮演一個勸諫者的腳色，但無論是「君弗肆」或「君言無以異於臣之言」，都已經超越君臣的口吻。而《曹沫之陣》

〔註248〕參荊門市博物館編：《郭店楚墓竹簡》，（北京市：文物出版社，1998年），頁129。
〔註249〕參荊門市博物館編：《郭店楚墓竹簡》，（北京市：文物出版社，1998年），頁180。
〔註250〕見何琳儀：《戰國古文字典》，（北京：中華書局，1998年），頁1154。
〔註251〕李銳：〈《曹劌之陣》釋文新編〉，簡帛研究網，（2005年2月25日），網址：http://www.jianbo.org/admin3/2005/lirui002.htm。李銳：〈《曹劌之陣》重編釋文〉，簡帛研究網，（2005年5月27日），網址：http://www.jianbo.org/admin3/2005/lirui003.htm
〔註252〕范常喜：〈《曹沫之陳》「君言無以異於臣之言君弗聿」臆解〉，簡帛研究網，（2005年2月20日），網址：http://www.jianbo.org/admin3/2005/fanchangxi001.htm。

簡 32、簡 56 亦都有「聿」字，文例分別作「將帥△傷」（簡 32）、「三者△用不皆」（簡 56），很顯然△字，應讀作「盡」無誤。

李零在簡 8 上下兩簡原本拼合在一起，並於殘斷處補一「言」字，但李銳以爲從簡的長度上來看，並不能補字，其云：「此處李零先生補一『言』字，由小圖版照片看，與完簡 9、10 比較，不補字此簡已過長，乃簡序有問題，殘字疑爲『亡』字。」，今簡 7 上與簡 8 下拼合中間已無補字的必要性。

〔30〕、9・君子㠯（以）臤（賢）爯（稱）

「爯」字甲骨作 （佚・537）、 （前・7・39・1），金文作 （衛盉）、 （仲稱簋），很明顯下半仍从「冓」之省，字形演變到楚文字中則作 （郭・魯・3）、 （郭・成・22）、 （包・244），而「𠂤」形楚文字中已類化作「夫」形，「夫」形部件是楚系常出現的類化形態，字近似楚文字之「矢」字，但音、義與「矢」毫無關係，並且字形下再添「又」旁，但從「爯」字及從「又」來看，「又」旁應爲義符。而楚系同从「冓」省的「再」字作 （郭・語二・49）、 （郭・窮・15），可見字形演變已稍有異。本簡△字作 ，即典型的「爯」字無誤。

〔31〕、9・戼（沒）身邎（就）𣨛（世）

筆者有專文討論此條訓讀〔註253〕，可參「附錄三」。

**佑仁案**：筆者該文發表後，見張新俊先生博士論文中已經指出「我認爲簡文中的『𣨛』字，本來應該寫作从『亡』从『死』，不過是抄寫者不愼將『死』字所从的『人』形，多加一筆，而變成了『力』。」〔註254〕，因爲時空因素，筆者在撰寫《曹沫之陣》簡「沒身就世」釋讀〉時未見此意見，因而漏收，筆者在此致歉。張新俊先生以爲人多添一筆而成「力」，筆者則以爲「力」旁可能是「千」旁之橫筆稍訛而成，《曹沫之陣》簡「死」字即从「千」。

〔32〕、9、10・害（曷）【1】又（有）【2】弗旻（得）

**【1】害**

原考釋者李零隸定作「害」讀作「曷」〔註255〕。

《說文・曰部》：「曷，何也。」〔註256〕，《書・盤庚上》：「汝曷弗告朕。」，孔

---

〔註253〕拙文：〈《曹沫之陣》簡「沒身就世」釋讀〉，逢甲大學第十七屆中國文字學研討會，2006 年 4 月 20 日，頁 65～81，參附錄三。

〔註254〕張新俊：《上博楚簡文字研究》，吉林大學博士論文，2005 年 6 月，頁 42。

〔註255〕馬承源主編：《上海博物館藏戰國楚竹書（四）》，（上海：上海古籍出版社，2004 年 12 月），頁 250。

傳：「曷，何也。」，孔穎達疏：「曷何同音，故曷爲何也。」〔註257〕。「害」字的本義以及其本形的來源還要再進一步的考察，但在楚簡中常讀作「曷」，表示疑問，郭店《成之聞之》【簡 29】「《君奭》曰『襄我二人，毋有合才音』害？」，「害」即讀作「曷」。「害」、「曷」二字都是匣紐、月部，故可通假。

　　九店楚簡 56 號墓【簡 32】「⬚」字李家浩以爲「按本簡『害』字原文作⬚，與《古文四聲韻》卷四泰韻『害』字引《古孝經》作⬚者相似。類似這種寫法的『害』字還見於戰國文字偏旁：A⬚、⬚（《楚系簡帛文字編》六五頁），B⬚（《古璽文編》三九・三〇八七）、⬚、⬚（《古陶文字徵》二三七頁，後一字是反文）。A 應當釋爲『薷』。《方言》卷三『蘇、芥，草也。』『沅湘之南或謂之薷』，郭璞注：『今長沙人呼野蘇爲薷。』A 的『薷』在天星觀楚墓竹簡中用作占卜的工具，當是以野蘇之莖爲之。B 應當釋寫作上引秦簡《日書》乙種楚除的『遣』字，舊釋爲『這』，非是。」〔註258〕，字釋作「害」可從，對戰國文字的「害」字而言，字形可大分兩系〔註259〕，一系是從「害」作⬚（郭・成・22）、⬚（郭・成・30）、⬚（天策/筹），它們形體與「害」字的早期金文如「⬚」（西周晚・師害簋）、「⬚」（西周晚・伯家父簋）都還看的到明顯相似之處，另外一系字形則已從「𧊒」，如⬚（郭・語四・21）、⬚（包・256），二字字形上半已從「五」，它來源自「𧊒」字如⬚（甲編・181）、⬚（前 1・47・3），但是「⬚」字中間部分還保留「害」字的形態，而不從「虫」、「禹」等形，「害」是傷害之害的「本字」，但其本義卻非用做傷害使用，「𧊒」裘錫圭已經指出即傷害之害的本字〔註260〕，後代演變成「辇」字。曾侯乙墓簡 10 有個「轄」字作⬚，字從車、𧊒聲，可知「害」、「𧊒」二字古音甚近，又《競建內之》簡 7「天不見▽，第不生孽」，季旭昇師以爲『『禹』疑爲『萬』（災害的『害』的本字）省」〔註261〕。

---

〔註256〕許慎撰、段玉裁注：《說文解字注》，經韵樓藏版，（臺北市：洪葉出版社，1999 年 11 月），頁 204。

〔註257〕〔清〕阮元《校勘十三經註疏・周易》，嘉慶廿年江西南昌府學開雕影印本，（臺北：藝文印書館，1993 年），頁 129。

〔註258〕湖北省文物考古研究所、北京大學中文系編：《九店楚簡》，（北京市：中華書局，2000 年），頁 91～92。

〔註259〕二系說法季旭昇師《說文新證（上）》中已有區分，參季旭昇師：《說文新證（上冊）》，（臺北市：藝文印書館，2002 年 10 月），頁 603。

〔註260〕參裘錫圭：〈釋「𧊒」〉，收入《古文字論集》，（北京：中華書局，1992 年 8 月第一版），頁 11～16。

〔註261〕季旭昇師：〈上博五芻議（上）〉，武漢大學簡帛網，（2006 年 2 月 18 日），網址：http://www.bsm.org.cn/show_article.php?id=195。

　　由於從上述「害」字兩系形體來看，「![字]」字中間及下半部份保留著「害」字的形態，但上半部份則已演變作从「虫」之「五」，有此可知戰國時期「害」、「虫」二字以具有若干程度的融合。

　　另外，筆者於此處討論有關《上海博物館藏戰國楚竹書（五）·競建內之》的兩處「害」字。

　　一、《上博五·競建內之》簡7有個「![字]」字，文例作「天不見△，地不生孽」，原考釋者陳佩芬先生隸定作「禹」〔註262〕，季旭昇師隸定作「禹」，以爲「『禹』疑爲『萬』（災害的『害』的本字）省。」〔註263〕，陳劍先生〔註264〕、林志鵬先生〔註265〕、楊澤生先生〔註266〕等學者都將字隸定作「禹」。

　　**佑仁案**：筆者以爲△字即是「萬」字，不用從省形的角度解釋，嚴式隸作恐不能作「禹」，而應作「蚩」，上從「虫」下從「五」，是「虫」字的特殊寫法。

　　首先，楚文字「禹」字作![字]（上博一·緇衣·7/重）、![字]（上博二·子羔·10/重）、![字]（上博二·容成氏·25/重）、![字]（上博四·曹沫之陣·65/重），字形下半從「內」，其形體與△字所從不合，可知△字隸定作「禹」很有問題。

　　筆者以爲「![字]」字與![字]（郭店·五行·35）有很密切的關係，《五行》這個字郭店原整理者解釋作「夋」〔註267〕，裘錫圭先生指出「此字上部與『夋』字上部有別，疑是『萬』（害）之訛形（參看拙文《古文字論集·釋「虫」》），本書《尊德義》二六號簡『萬』字作![字]，可參照。故此字似當從帛書本讀爲『害』。」〔註268〕，由此可知《五行》字形實即「害」字。《五行》簡之「![字]」字，扣除「土」旁即爲「![字]」，裘錫圭先生解釋作「萬」，可從，但字形下半若直接隸定作「虫」似乎更好。筆者以爲《競建內之》簡7「![字]」實即「![字]」之上下偏旁位置掉換而已。裘錫圭先生很早就指出甲骨文「虫」是傷害之「害」的本字，「虫」字日後演變作「萬」，而腳趾頭「五」又常移到「禹」字下方而寫成「夒」，揉合「夒」、「萬」即是「夒」，「羣」則

---

〔註262〕參馬承源主編：《上海博物館藏戰國楚竹書（五）》，上海古籍出版社2005年12月，第173頁。

〔註263〕參季旭昇師：〈上博五芻議（上）〉，武漢大學簡帛網，2006年2月18日。

〔註264〕陳劍先生：〈談談《上博（五）》的竹簡分篇、拼合與編聯問題〉，武漢大學簡帛網，2006年2月19。

〔註265〕林志鵬：〈上博楚竹書《競建內之》重編新解〉，武漢大學簡帛網，2006年2月25日。

〔註266〕楊澤生：〈《上博五》箚記兩則〉，武漢大學簡帛網，2006年2月28日。

〔註267〕參荊門市博物館編：《郭店楚墓竹簡》，文物出版社1998年，第153頁。

〔註268〕參荊門市博物館編：《郭店楚墓竹簡》，文物出版社1998年，第153頁，注45裘錫圭先生按語。

是最後出的訛體〔註269〕，由此可知「虫」字形體較「禹」字更早，而「禹」字將腳趾頭往下移而作「愛」更是實際出現於 ![字] （睡虎地·日乙·48）。從字形看，《競建內之》的「![字]」字，它應該就是「![字]」（虫）字，所不同者僅是「![字]」字將腳趾頭「五」移至「虫」旁之下，「五」字形體作「![字]」，豎筆與「虫」旁共筆，該字告訴我們睡虎地簡「![字]」字腳趾頭下移的形態，早在楚文字中就已經產生，並且它保留「五」形還未進一步演變成「夊」的原始樣貌。

這個說法將面臨的問題是，何以證明△字「虫」旁下的「![字]」即是「五」。楚文字中「禹」字一般作「![字]」（曾侯乙·10/轄）、「![字]」（楚帛書·乙4），「五」形寫作「![字]」，但是我們看《上博一·孔子詩論》「害」字作![字]（簡7）、![字]（簡10），字形上半很明顯即從「![字]」，與△字從「![字]」形體甚相近。另外，當裘錫圭先生釋「![字]」為「禹」時，早就認定其上半所從為「五」，反觀若將△字「![字]」旁解釋作「內」而將字視作「禹」，則無法解釋「![字]」字「內」旁何以能置於「禹」旁之上。可見唯有將「![字]」視作「五」，並結合「禹」字指頭可下移的特色，我們才能對「![字]」、「![字]」二字提出合理的說明。

綜上所述，「![字]」文例作「天不見△」，嚴式隸定可作「蛊」，文例讀作「害」，「![字]」字乃「![字]」（虫）字的特殊寫法，它將「五」旁寫移至「虫」旁下，該字「五」旁下移的現象，裘錫圭先生很早就已發現，而我們透過楚文字「害」字的字形比對，可知「![字]」確實即「五」無誤，則△實即「虫」字而非「禹」。

二、《上博五·競建內之》簡1有個「害」字作「![字]」，字形下半從「九」，在楚文字「害」字寫法中頗為特殊，原考釋者陳佩芬先生直接隸定作「害」讀作「曷」〔註270〕，何有祖先生以為「上從『![字]』省，下部所從『九』，疑為郭店《尊德義》26號簡![字]之省體。字當隸作從害從![字]，讀作曷」〔註271〕，蘇建洲以為有兩種可能，一是從「九」得聲，二是筆劃演變成「九」〔註272〕。

佑仁案：戰國時期「害」、「禹」音義皆近，因此季旭昇師指出楚文字![字]（包·256）、![字]（郭店·語四·21）這類我們常解釋作「害」的字，它們究竟「是屬於『害』字一系、還是『虫』（禹）字一系也還很難說」〔註273〕，既然「害」、「禹」音義如

---

〔註269〕參裘錫圭先生：《古文字論集·釋「禹」》，中華書局1992年8月，頁11～16。
〔註270〕參馬承源主編：《上海博物館藏戰國楚竹書（五）》，上海古籍出版社2005年12月，第166頁。
〔註271〕何有祖先生：〈上博五楚竹書《競建內之》箚記五則〉，武漢大學簡帛網，2006年2月18日。
〔註272〕蘇建洲：〈上博（五）柬釋（一）〉，武漢大學簡帛網，2006年2月27日。
〔註273〕參季旭昇師：《說文新證（上）》，藝文印書館2002年，第603頁。

此密切相關，則「害」字形體偶从「萬」字偏旁，進而造成混同的現象，這是可以理解的。舉例而言，我們看「害」字作➊（包・256）、➋（包・256）、➌（郭店・語四・21）、➍（郭店・老甲・4/害），它們字形上半已訛變成「萬」字所从的腳趾頭，不同者僅是上述「害」偏旁从「夂」，而楚文字的「萬」从「五」作➎（曾侯乙・10/轄）、➏（天・策/轄）〔註274〕，楚文字「夂」旁作➐（包・273/韋）➑（包・140/各）、➒（包・185/各），可知上述「害」字从「夂」字形沒有問題。若不從「害」與「萬」音義的密切性來聯繫「害」字所从的「夂」旁，則難以說明「害」字的的字音、字義與腳趾頭「夂」有何關聯。

當我們了解「害」字若干偏旁會與「萬」字造成混同後，那麼《競建內之》簡1的「➓」字下半之所以从「九」，其實也是因爲「害」與「萬」音義的密切性，而造成「害」字字形結構竟从「萬」字才會有的偏旁部件〔註275〕，則「➓」字从「萬」字之「九」，與➋（包・256）字這類从「萬」字之「夂」，其實都不必從省形的觀點來解釋。

【2】又

原考釋者李零釋作「又」讀作「有」〔註276〕。陳劍以爲：「此及下文『曷又』之『又』原皆讀爲『有』，實不必。」〔註277〕，以爲「曷又弗得」與「曷又弗失」之「又」字，不必讀作「有」。佑仁案：簡文「又」字讀作「有」實較佳。

〔33〕、10・曼（趨/慢）才（哉）！虗（吾）誾（聞）此言

「曼」字原考釋者李零以爲「或爲『勛』字之誤寫」〔註278〕。

陳劍以爲「曼」非屬誤字，而應讀爲「晚」，其云「今本《老子》第四十一章『大器晚成』，郭店簡《老子》乙本簡12『晚』作『曼』，此『曼』可讀爲『晚』之證」〔註279〕，白于藍〔註280〕、李銳從之〔註281〕。廖名春以爲應讀爲「勉」，其云：「『曼』

---

〔註274〕「萬」字腳趾頭也可下移而作「夂」，參前述睡虎地之「➊」字。

〔註275〕「萬」字作➎（曾侯乙・10/轄）、➏（天・策/轄）本即从「内」，而「内」从「九」。

〔註276〕馬承源主編：《上海博物館藏戰國楚竹書（四）》，（上海：上海古籍出版社，2004年12月），頁249。

〔註277〕陳劍：〈上博竹書《曹沫之陳》新編釋文（稿）〉，簡帛研究網，（200年2月12日），網址：http://www.jianbo.org/admin3/2005/chenjian001.htm。

〔註278〕馬承源主編：《上海博物館藏戰國楚竹書（四）》，（上海：上海古籍出版社，2004年12月），頁250。

〔註279〕陳劍：〈上博竹書《曹沫之陳》新編釋文（稿）〉，簡帛研究網，（2005年2月12日），網址：http://www.jianbo.org/admin3/2005/chenjian001.htm。

〔註280〕白於藍：〈上博簡《曹沫之陳》釋文新編〉，簡帛研究網，（2005年4月10日），網址：http://www.jianbo.org/admin3/2005/baiyulan001.htm。

當讀爲「勉」。「曼」、「勉」古音同爲元部明母，故可互用」，並將「勉哉」譯作「盡力吧」，並援舉不少古籍爲證〔註282〕。

　　季旭昇師以爲「曼」應讀爲「慢」，訓作「遲」，意見如下：

　　　　此處改爲「勖」，與上文似亦不能連貫。疑「曼」讀爲「慢」，意爲「遲」，《毛詩・鄭風・大叔于田》「叔馬慢忌」，傳：「遲也。」本篇寫魯莊公爲大鐘，型既成，曹沫諫，魯莊公接納之後說：「曼哉，吾聞此言。」乃命毀鐘型而聽邦政。意思是：你怎麼不早說呢？讓我這麼遲才聽到你的高論，鐘的模型也已經做好了，只好毀了鐘型。〔註283〕

據毛傳對「叔馬慢忌」的解釋，將「曼」字讀作「慢」。

　　邴尙白則以爲「慢」字訓「遲」典籍罕見，因此贊成李零之說，意見如下：

　　　　陳奐《詩毛氏傳疏》：「古侮嫚作嫚，惰慢作慢，其義皆不訓遲，字當作趨。《說文》：『趨，行遲也。』」「趨」字義爲慢走，而「慢」字訓遲，先秦典籍罕見，應爲後起之引申義，季說不可從。古籍中的問答體、對話體篇章，特別是君臣間的問答，往往以提問者或受教者的贊歎之詞收尾，故讀「晚」較不妥。「勖」、「勉」都有勉勵之義，可指自勉，也可指勉人。因楚文字「勉」、「免」等字多寫作「孚」，如本篇簡二十三，故本文從李說。又「聞」應即指聽見，不必尋求別解。《禮記・哀公問》：「寡人既聞此言也，無如後罪何？」《莊子・讓王》：「善哉！教寡人者眾矣，未嘗得聞此言也。」「聞」字用法與簡文同。〔註284〕

以爲「慢」字訓遲之例先秦罕見，並從李零之說，主張字乃「勖」之訛。

　　周鳳五釋作「曼哉！吾聞此言！」〔註285〕。

　　陳斯鵬以爲「陳文讀爲『晚』。季旭昇先生讀『慢』，訓『遲』。按讀『晚』固然很通，但讀『慢』似乎更爲直接。『遲慢』義的『慢』，《說文》作『趨』，云：『行遲也。從走、曼聲。』後世通作『慢』。由動作的遲慢，引申之可指某種事情發生之遲

〔註281〕李銳：〈《曹劌之陣》釋文新編〉，簡帛研究網，（2005 年 2 月 25 日），網址：http://www.jianbo.org/admin3/2005/lirui002.htm。

〔註282〕廖名春：〈讀楚竹書《曹沫之陣》劄記〉，簡帛研究網，（2005 年 2 月 12 日），網址：http://www.jianbo.org/admin3/2005/liaominchun002.htm。

〔註283〕季旭昇師：〈上博四零拾〉，簡帛研究網，（2005 年 2 月 15 日），網址：http://www.jianbo.org/admin3/2005/jixusheng002.htm。

〔註284〕邴尙白：〈上博楚竹書《曹沫之陣》注釋〉，收入臺灣大學《中國文學研究》第二十一期，2006 年，頁 15～16。

〔註285〕周鳳五：〈上博楚竹書《曹沫之陳》研究〉，95 學年度行政院國家科學委員會專題研究計畫成果報告。

晚。在保留古語成分較多的潮州話中，『慢』仍保留這種用法。」〔註286〕。

**佑仁案**：首先，原簡字作 ，字即「曼」，《說文》：「曼，引也。从又，冒聲。」，〔註287〕字从又、冒聲〔註288〕。李零以爲乃「勗」之訛，邴尙白從之，廖名春則讀作「勉」。「勗」字於《說文》則爲从力、冒聲〔註289〕，「勗」、「曼」二字皆从「冒」，李零所主張「訛寫」，有其依據〔註290〕，但是此處字原是「曼」而非「勗」則毫無問題〔註291〕。《說文》：「勗，勉也，從力冒聲。周書曰：『勗哉夫子！』」〔註292〕，《廣韻‧獵韻》：「勉，勗也；勸也」。無論解釋作「勗」字的誤寫，還是直接釋作「勉」，在意義上都是指予以勉勵、鼓勵之義，正如廖名春所譯的「盡力吧」，但是在莊公云「△哉」之前，是一大段曹沫有關天命的論述，主要說明並非莊公與曹沫對於施伯的天命觀的理解有不同，而是莊公並未能完全了解施伯之意，曹沫並以「以賢稱曷有弗得，以無道稱曷有弗失」來激勵莊公，若此時被諫者（莊公）對勸諫者（曹沫）說「（你）盡力吧！（你）勉勵吧！」，這種可能性較低。我們看《史記‧五帝本紀》舜對禹說「禹，汝平水土，維是勉哉。」於是乎禹拜稽首，文義上明顯即舜對禹的期勉，又《史記‧周本紀》武王對四方諸侯「勉哉夫子，不可再，不可三！」，可知乃武王對諸侯之期勉。回歸本簡，若本簡爲莊公對曹沫之期勉，日後豈有莊公不晝寢、不飲酒之理，季旭昇師所謂「與上文似亦不能連貫」就是這個意思，若從訛字的角度釋「曼」作「勗」，卻又無法讓文義順暢，則此處有無必要如此曲折，似可商。

---

〔註286〕參陳斯鵬《戰國簡帛文學文獻考論》之第四節「戰國簡帛散文文本校理舉例之二——《曹蔑之陣》校理」，中山大學博士學位論文，2005 年 6 月。

〔註287〕許慎撰、段玉裁注：《說文解字注》，經韵樓藏版，（臺北市：洪葉出版社，1999 年 11 月），頁 116。

〔註288〕《說文解字》、《說文繫傳》、《說文句讀》、《說文義證》、《說文解字注》都以爲是从「冒」聲，說文注云「此以雙聲爲聲也」。許慎撰、段玉裁注：《說文解字注》，經韵樓藏版，（臺北市：洪葉出版社，1999 年 11 月），頁 116。不過亦有不認同《說文》意見者，如季旭昇師以爲「曼」、「冒」聲不近，參季旭昇師：《說文新證（上冊）》，（臺北市：藝文印書館，2002 年 10 月），頁 189～190。此處尚無定論，筆者暫以《說文》意見爲據。

〔註289〕許慎撰、段玉裁注：《說文解字注》，經韵樓藏版，（臺北市：洪葉出版社，1999 年 11 月），頁 706。

〔註290〕但是如果我們接受許慎「曼」从「冒」聲的意見，則「曼」、「勗」用「通假」的方式即可解釋，則不必解作書手寫錯字。

〔註291〕相關楚系「曼」字可見《楚文字編》。李守奎：《楚文字編》，（上海：華東師範大學出版社，2003 年 12 月），頁 179。

〔註292〕許慎撰、段玉裁注：《說文解字注》，經韵樓藏版，（臺北市：洪葉出版社，1999 年 11 月），頁 706。

再來，關於陳劍、李銳、白于藍以爲應讀爲「晚」，季旭昇師以爲讀爲「慢」的意見。《說文》：「晚，莫也。從日，免聲。」〔註293〕，上古音明紐元部，《廣雅‧釋詁四》：「晚，後也」，《說文》：「後，遲也。」〔註294〕，《廣雅‧釋詁三》：「遲，晚也」。又《說文》云：「慢，惰也。從心曼聲。」〔註295〕，古音亦明紐元部，《詩‧鄭風‧大叔于田》：「叔馬慢忌，叔發罕忌。」毛《傳》：「慢，遲。」，《廣雅‧釋詁二》：「慢，緩也」，可見二字意義類似，都有「遲」、「後」之意，而且在音韻上亦相通，「免」、「曼」於偏旁中的假借情形更多，《史記‧孔子家語》：「耶人輓父之母誨孔子父墓」，《禮記‧檀公》「輓」字作「曼」，又《集韻‧桓韻》：「悗，惑也。或從曼。」可見古籍中二偏旁經常通假。

但是△字應讀作「慢」還是「晚」，是個具爭議性的問題，早在《郭店‧老子丙》【簡 12】「大器▽成」中，就曾經引起學者們很大的爭論，首先我們先看郭店簡字形，▽字作「🦋」，字是「曼」字無誤，原整理者云：「曼，讀作『晚』」〔註296〕，裘錫圭按語云：「疑當讀作『𠏐（慢）』」〔註297〕，馬王堆帛書本《老子》乙本作「免」，已能與今本「大器晚成」之語順利通讀，但不少學者對「曼」讀作「慢」或「𠏐」的意見保留懷疑的態度，如蔣瑞認爲甲骨、金文、先秦幣文、楚文字、詩經都不見「晚」字，因此先將讀作「晚」的可能性排除，而蔣瑞懷疑《詩經‧大叔于田》：「叔馬慢忌」，毛傳「慢，遲也」的訓釋，如此一來「慢」字訓作「遲」義者「自古文獻並無實用例」〔註298〕。胡芬娜也不認同毛傳對《詩經》「叔馬慢忌」一語「慢」訓作「遲」的意見，並認爲先秦不見「慢」訓「遲」之例證，因此將「曼」讀爲「晚」〔註299〕。另外，邴尚白以爲本簡不應讀作「慢」，也是依據陳奐的意見。

《詩經‧鄭風‧大叔于田》：「叔馬慢忌」，毛傳云：「慢，遲也」，鄭箋：「田事

〔註293〕許慎撰、段玉裁注：《說文解字注》，經韵樓藏版，（臺北市：洪葉出版社，1999 年 11 月），頁 308。

〔註294〕許慎撰、段玉裁注：《說文解字注》，經韵樓藏版，（臺北市：洪葉出版社，1999 年 11 月），頁 77。

〔註295〕許慎撰、段玉裁注：《說文解字注》，經韵樓藏版，（臺北市：洪葉出版社，1999 年 11 月），頁 514。

〔註296〕荊門市博物館編：《郭店楚墓竹簡》，（北京市：文物出版社，1998 年），頁 119，注〔14〕。

〔註297〕荊門市博物館編：《郭店楚墓竹簡》，（北京市：文物出版社，1998 年），頁 119，注〔14〕。

〔註298〕蔣瑞：〈說郭店簡本《老子》「大器曼成」〉，《中國哲學史》2000 年第一期，頁 31～34。

〔註299〕胡芬娜：〈郭店楚墓竹簡《老子》「大器曼成」釋讀獻疑〉，收入《語文學刊》，南京大學中文系，2002 年第五期，頁 57、61。

且畢，則其馬行遲、發矢希」〔註300〕，朱熹《集傳》：「言其田事將畢，而從容整暇如此」。陳奐《詩毛氏傳疏》卷七討論「慢」字的全部內容爲：「慢，釋文作嫚，古侮嫚作嫚，惰慢作慢，其義皆不訓遲，慢、嫚皆『趨』之假借字，《說文》：『趨行遲也』，因之凡遲皆可謂之趨。」〔註301〕，可知陳奐的意思是先秦「嫚」、「慢」不訓遲，訓「遲」者乃《說文》訓作「行遲也」之「趨」字，易言之「叔馬慢忌」當作「叔馬趨忌」，而非否定此處不應訓「遲」，後世學者據此否認先秦典籍有「遲」義之「慢」，理解實有偏差，因爲「慢」、「嫚」、「趨」都从「曼」得聲，自能通假無礙。另外，我們再看其他家的說法，朱熹《詩集傳》云「慢，遲也」〔註302〕，與毛《傳》同，馬盈持以爲「叔馬慢忌：言田事將畢，故使馬慢行」〔註303〕，可知此處「慢」做「遲」義實可成立。

　　先秦古籍中確實「慢」字多訓爲惰慢、怠慢之義，但是工作「怠慢」，所以事情進行的速度「遲緩」、「緩慢」，因此「惰慢」與「緩慢」這兩個概念意義在文句之中，有時很難判別，「叔馬慢忌」之「慢」正說明這個現象。而陳奐以主張的「古侮嫚作嫚，惰慢作慢，其義皆不訓遲」以爲「慢」、「嫚」二字字亦有別，且咸非「遲」之義因此證毛傳對「叔馬慢忌」之釋爲誤，此說實有循環論證之病，也不符合事實，《淮南子・主術訓》：「是以器械不苦，而職事不嫚。」，漢高誘注云：「嫚，讀慢緩之慢。」，依高誘之見「嫚」即訓作「緩慢」之慢，我們得到兩個重點，第一是訓作「遲」意的「慢」字漢代早有，否則高誘不會如此訓讀，第二是陳奐「古侮嫚作嫚，惰慢作慢」之說有明顯的不足。而漢代師法家法的規範十分嚴格，其實毛傳「慢」訓「遲」必有其據，若再上推戰國時期早有「慢」意，並非過分的懷疑，若再結合楚簡「大器曼成」、「曼哉！吾聞此言」之文例，先秦已有訓「遲」之「慢」，應是合理的推論。

　　另外許多學者援引陳奐對〈大叔於田〉「叔馬慢忌」之意見反證戰國楚簡不應有義「遲」義之「慢」，其實是忽略了二處文獻的時間差異，〈大叔於田〉一詩作成的時代難以斷言，然《詩經》最早可到西周初，最晚作品爲〈株林〉，乃周定王之世〔註304〕，可知〈大叔於田〉與《曹沫之陣》所完成的時間已有相當的距離，

---

〔註300〕見〔清〕阮元校勘：《詩經》，《十三經注疏本》，（臺北：藝文印書館，1993 年 9 月十二刷），頁 164。

〔註301〕參陳奐：《詩毛氏傳疏》，收入《皇清經解續編》第十二冊，（臺北：復興書局，1972年），頁 9111。

〔註302〕參朱熹：《詩集傳》，（臺北：藝文印書館，1950 年），頁 199。

〔註303〕參馬盈持：《詩經今註今譯》，（臺北市：臺灣商務印書館，1982 年），頁 116。

〔註304〕參余培林師：《詩經正詁》，（臺北：三民書局，2005 年 2 月），頁 4～5。

　　假設《大叔于田》「叔馬慢忌」一詞寫定之際，「慢」非未見「遲」義，安知戰國中晚期之《曹沫之陣》仍尚未見「遲」義的「慢」未出，這道理是很顯明的。

　　另外，「趨」《說文》訓作「行遲也」，段注云：「今人通用慢字」〔註305〕。就《曹沫之陣》簡文的字形或文義來說，可以讀作「慢」或「趨」，而讀作「晚」在通假與意義上也都可通，但是若考慮到尊重書手、尊重原簡字形的話，讀「曼」作「慢」將是比較好的選擇，因爲簡文字即作「曼」，無須再通讀爲「免」聲的「晚」。「曼」讀作「慢」的例證，出土文獻很多，如定州簡《論語》簡 8·4「斯遠暴曼矣」，今本《論語》作「斯遠暴慢矣」，又銀雀山漢簡簡 579「觀於新，曼乎故」，今本《晏子春秋》作「歡乎新，慢乎故」。可知「曼」讀作「慢」實不算過分之推測。

　　其次，尚有學者將郭店簡《老子》「曼成」解釋作「无成」，如蔣瑞將簡文「大器曼成」之「曼」字讀作「免」，全句解釋作「大器無成」〔註306〕，董蓮池更是據馬王堆本「大器免成」以證今本「大器晚成」即「大器無成」之誤〔註307〕，筆者以爲將簡文改讀作「大器無成」似不必，也沒有較堅強的證據，郭店、《曹沫之陣》字既都作「曼」，實無必要再解釋成「无」。

　　其次，廖名春在「吾聞此言」一句的解釋上，將「聞」解爲「接受、聽從」，並舉《戰國策·秦策二》、《史記·絳侯周勃世家》文句以證。「聞」字意義從「聽」引申成「接受」是可以成立，《曹沫之陣》【簡 62】「無上獲而上聞命」，沈培認爲：「『上』似當讀爲『尚』，句意爲以聽命爲上而不以俘獲多少爲上」〔註308〕，簡文「聽」即「聽命」也就是爲「接受」命令，這是非常正確的，但這樣的例子在《曹沫之陣》僅見此處。而反觀與「吾聞此言」文例類似者，如「臣聞之」（出現於簡 5、8、13、14、18、28、40、42+43、64）、「吾有所聞之」（出現於簡 59）、「吾一欲聞」（出現於簡 64）等，我們整理歸納後會發現，凡「臣」字皆指「曹沫」，凡「吾」字皆指「莊公」，凡「聞」字其義都等同於「聽」，上述簡文，無一例外。平情而論，【簡 10】「慢哉！吾聞此言」與「臣聞之」、「吾有所聞之」、「吾一欲聞」之「聞」應當都解作「聽聞」、「知曉」爲佳，則讀「曼」爲「勉」，與讀「聞」爲「接受」，在此句中可商。

〔註305〕許慎撰、段玉裁注：《說文解字注》，經韵樓藏版，（臺北市：洪葉出版社，1999 年11 月），頁 66。

〔註306〕蔣瑞：〈說郭店簡本《老子》「大器曼成」〉，《中國哲學史》2000 年第一期，頁 31～34。

〔註307〕參董蓮池：〈《老子》「大器晚成」即「大器无成」說補證〉，《古籍整理研究學刊》，2000 年第 5 期，頁 19～22。

〔註308〕陳劍：〈上博竹書《曹沫之陳》新編釋文（稿）〉，簡帛研究網，（2005 年 2 月 12 日），網址：http://www.jianbo.org/admin3/2005/chenjian001.htm。

〔34〕、10‧皷（毀）

原簡字作「𣪘」，原考釋者逕隸定作「毀」〔註309〕，然字从「攴」而不从「殳」，應隸作「皷」較佳。

〔35〕、10、11‧不晝寤（寢）

原考釋者李零以爲「連下簡『寢』字讀，指白天睡覺。《論語‧公冶長》提到『宰予晝寢』，令孔子生氣，可見『晝寢』是古人認爲的不良習慣。」〔註310〕。「晝寢」指白天睡覺，《論語‧公冶長》「宰予晝寢」，皇侃疏云：「寢，眠也。宰予惰學而晝眠。」〔註311〕，實已爲確解，但是歷代學者在研究「晝寢」一詞竟有多達八種不同的意見〔註312〕，除指白天睡覺外，較主要的意見如李翱《論語筆解》以爲「晝」乃「畫」之訛，亦即繪畫寢室〔註313〕；另外又如《七經小傳》〔註314〕、趙科學〔註315〕以爲「晝寢」即白天男女行房事。

佑仁案：不晝寢：「晝」字原簡从聿从日，與甲骨、金文、說文籀文「晝」字同，簡文「不晝寢」足證「晝」非「畫」之訛，更與繪畫無關。「寤」字楚簡多見，原考釋者李零逕隸定作「寢」〔註316〕，可信，但是嚴式隸定仍以作「寤」字讀作「寢」爲佳，畢竟字不从「又」，不得釋作从「寽」。「晝寢」一詞出現於古籍，如《呂氏春秋‧審分覽》：「孔子窮乎陳、蔡之間，藜羹不斟，七日不嘗粒，晝寢。」，又《列子‧黃帝》談黃帝「三月不親政事。晝寢而夢遊於華胥氏之國。」，可見《論語筆解》、《七經小傳》等說恐非。「不晝寢」即比喻勵精圖治、磨礱砥礪的精神。

〔36〕、11‧不歓＝（飲酒）

「歓＝」原考釋者李零釋作「飲酒」之合文〔註317〕，正確可從。

〔註309〕馬承源主編：《上海博物館藏戰國楚竹書（四）》，（上海：上海古籍出版社，2004年12月），頁249。
〔註310〕馬承源主編：《上海博物館藏戰國楚竹書（四）》，（上海：上海古籍出版社，2004年12月），頁250。
〔註311〕參程樹德：《論語集釋》，（北京：中華書局，1997年10月），頁312。
〔註312〕此據邵丹的統計，參邵丹：〈「宰予晝寢」正詁〉，《孔子研究》2003年第2期，頁118～119。
〔註313〕轉引自邵丹：〈宰予晝寢正詁〉，《孔子研究》2003年第2期，頁118～121。
〔註314〕轉引自邵丹：〈宰予晝寢正詁〉，《孔子研究》2003年第2期，頁118～121。
〔註315〕見趙科學：〈「晝寢」探疑〉，文史雜誌，2005年第1期（總115期），頁19。
〔註316〕馬承源主編：《上海博物館藏戰國楚竹書（四）》，（上海：上海古籍出版社，2004年12月），頁250。
〔註317〕見馬承源主編：《上海博物館藏戰國楚竹書（四）》，（上海：上海古籍出版社，2004年12月），頁250。

「飮＝」亦曾見於《上博四・召王毀室》簡 1，原考釋者陳佩芬釋作「飮，飮」之合文〔註318〕，袁國華師從之，但以爲「飮既」不合語法，疑當爲「既飮」之倒文〔註319〕。魏宜輝以爲「『飮＝』亦見於《曹沫之陣》篇，應如李零讀作『飮酒』，將「＝」視爲重文〔註320〕。

袁國華師以爲應爲「既飮」之倒文很有道理，「既飮」一詞較通順，文例亦見古籍如《左傳・襄公三年》「子重歸，既飮至，三日，吳人伐楚，取駕。」，《國語・晉語五》「既飮，其妻曰：『諸大夫莫子若也。然而民不能戴其上久矣，難必及子乎！』」，可參。

### 〔37〕、11・不聖（聽）樂

不聽樂：「不聽樂」一詞古籍很多。如《禮記・祭統》：「訖其嗜欲，耳不聽樂」，《禮記・文王世子》：「素服居外，不聽樂，私喪之也」，《漢書卷五十一・賈鄒枚路傳》：「陛下（指孝文帝）即位，親自勉以厚天下，損食膳，不聽樂。」，簡文「不聽樂」即節約儉樸無有音樂享樂。又《洛陽伽藍記》云：「身素服，不聽樂。」，可參。

### 〔38〕、11・居不褻虞（文）

原考釋者李零云：「居不褻虞讀『居不設席』。『褻』讀『設』，『褻』是心母月部字，『設』是書母月部字，讀音相近。『虞』讀『席』，『虞』是精母魚部字，『席』是邪母魚部字，讀音亦相近」〔註321〕，將字隸定作「褻虞」讀作「設席」。

廖名春以爲「『居不褻席』即『居不重席』，而『褻』爲重衣，故知簡文『褻』當爲『褻』形近而誤。《莊子・人間世》：『執粗而不臧。』陸德明《經典釋文》：『執，簡文作熱。』《國語・楚語上》：『居寢有褻禦之箴。』《舊音》『褻』作『褺』。這些都是『執』、『熱』相混例。」〔註322〕，他認爲應「褻」字本應作「褺」，而「褺」本即「重衣」之意，故「居不褻席」即「居不重席」。

陳劍讀爲「居不褻曼（文）」，以爲「原釋讀爲『居不設席』，『曼』字誤釋爲『虞』」，

〔註318〕馬承源主編：《上海博物館藏戰國楚竹書（四）》，（上海：上海古籍出版社，2004年 12 月），頁 182。

〔註319〕見袁國華師：〈上博楚竹書（四）〈召王毀室〉新釋〉，《第三屆簡帛學術研討會——簡帛與歷史地理》論文集，2005 年 5 月 18、19，頁 4。

〔註320〕魏宜輝：〈讀上博楚簡（四）箚記〉，簡帛研究網，（2005 年 3 月 10 日），網址：http://www.jianbo.org/admin3/2005/weiyihui001.htm。

〔註321〕馬承源主編：《上海博物館藏戰國楚竹書（四）》，（上海：上海古籍出版社，2004年 12 月），頁 250。

〔註322〕廖名春：〈讀楚竹書《曹沫之陣》箚記〉，簡帛研究網，（2005 年 2 月 12 日），網址：http://www.jianbo.org/admin3/2005/liaominchun002.htm。

「褻」字僅從李零之隸定，不讀作「設」，但以爲字應釋作「疊」〔註 323〕，陳斯鵬〔註 324〕、魏宜輝〔註 325〕、白于藍〔註 326〕等學者均從之。

魏宜輝以爲李零讀作「席」恐有誤，其云：「陳劍先生認爲『褻』在此讀作『文』，可從。上博簡《容成氏》簡有：『居不褻美』。『居不褻美』是說居室裏不設置漂亮的裝飾，『美』作『裝飾、美飾』解。『居不褻文』和『居不褻美』所表達的意思相近。『文』亦可作『裝飾、美飾』解。《廣雅・釋詁》：『文，飾也。』」，並提供《容成氏》之例作爲證據〔註 327〕。

邴尚白以爲「李零將褻字似鹿頭的部分，隸定成虎頭而誤讀。此字楚文字屢見，可讀作『文』，陳說可從。《論語・鄉黨》：『君子不以紺緅飾。紅紫不以爲褻服。』簡文『褻』字用爲動詞，『居不褻文』，指平居在家不穿華麗的衣服。若此說可以成立，則上博《容成氏》簡二十一與本簡略同的『衣不褻美』，也不必如整理者李零將『褻』讀作『鮮』。」〔註 328〕。

周鳳五釋作「居不鮮楚」〔註 329〕。

朱賜麟以爲「此句應釋讀爲『居不褺（疊）席』。『褺』字見《說文》：『褺，重衣也。從衣、執聲。』34 段注：『凡古云：衣一襲者，皆一褺之假借。褺讀如重疊之疊。《文選・王命論》：『思有短褐之襲』，李注引《說文》：『襲，重衣也』。〈王命論〉本作褺，李注時不誤，淺人妄改《文選》耳。《漢書・敘傳》作『短褐之褺』，師古釋以『親身之衣』，不知爲褺字之誤也。』可見『褺』與『褻』字形相似，古人已見混淆；而『褺』字音爲『徒切切八部』與『疊』字同聲韻，古人常見通假。所以從形近而論，此字釋讀爲『褺』或『褻』皆有可能；若從文義與詞例來看，則以釋讀爲『褺』字，假借作『疊』字最爲允當。蓋古人居處之室皆設席，而席上又鋪

---

〔註 323〕陳劍：〈上博竹書《曹沫之陳》新編釋文（稿）〉，簡帛研究網，（2005 年 2 月 12 日），網址：http://www.jianbo.org/admin3/2005/chenjian001.htm。

〔註 324〕陳斯鵬：〈上海博物館藏楚簡《曹沫之陣》釋文校理稿〉：簡帛研究網，（2005 年 2 月 20 日），網址：http://www.jianbo.org/admin3/list.asp?id=1328。

〔註 325〕魏宜輝：〈讀上博楚簡（四）箚記〉，簡帛研究網，（2005 年 3 月 10 日），網址：http://www.jianbo.org/admin3/2005/weiyihui001.htm。

〔註 326〕白于藍：〈上博簡《曹沫之陳》釋文新編〉，簡帛研究網，（2005 年 4 月 10 日），網址：http://www.jianbo.org/admin3/2005/baiyulan001.htm。

〔註 327〕魏宜輝：〈讀上博楚簡（四）箚記〉，簡帛研究網，（2005 年 3 月 10 日），網址：http://www.jianbo.org/admin3/2005/weiyihui001.htm。

〔註 328〕邴尚白：〈上博楚竹書《曹沫之陣》注釋〉，收入臺灣大學《中國文學研究》第二十一期，2006 年，頁 16。

〔註 329〕周鳳五：〈上博楚竹書〈曹沫之陳〉研究〉，95 學年度行政院國家科學委員會專題研究計畫成果報告。

設細席，以供坐臥，主人身分有別，則席子的材質與紋飾不同。現今日本和室設置，仍可見其遺型，而我們在古文典籍中，也不難發現相關紀錄。譬如大家都知道：《禮記・檀弓》記載曾子易簣的故事 35，就是典型的例子。此處莊公撤褻席而居，以自惕屬也，與文意情境相當。……雖然『席』字在字形上不能無疑，但從文意考量，筆者決定釋讀爲『居不褻席』。另據《左傳・哀元年》楚大夫子西曾對闔廬有一段評論，可以作爲參考。他說：『昔闔廬食不二味，居不重席，室不崇壇，器不彤鏤，宮室不觀，舟車不飾；衣服財用，擇不取費。』36 文中『食不二味，居不重席』幾乎與此處文字完全相當，可以用作證明」〔註 330〕。

季旭昇師以爲「字當隸『居不褻曼』，褻從埶聲，『埶』可通『設』（參裘錫圭《古文字學論集》頁 7），『曼』讀『文』，用陳劍、魏宜輝先生說，全句可釋爲：居處不用漂亮的文飾。〈容成氏〉『衣不褻美』可釋爲：衣服不用美麗的文飾。」〔註 331〕。

佑仁案：先討論字形的部份，「褻」字作 ，從衣、埶聲，各家均隸定作「褻」，而無異詞，但廖名春以爲字乃《說文》訓作「重衣」之「褺」字的訛寫，「執」、「埶」相混的例證很多，如《龍龕手鑑・衣部》：「褻俗，褺正。私列反。衷衣也。」又如「熱」常訛作「熱」，如《彙音寶鑑・堅下入聲》云：「熱同熱。」，《重訂直音篇・火部》云：「熱，俗熱字。」，又「勢」常訛作「勢」，如《隸辨》「勢」字下又作「勢」。可知，廖名春的「褻」乃「褺」之訛懷疑有據，只是「褺」字《說文》云：「褺，重衣，從衣執聲」〔註 332〕，又王念孫《讀書雜志・漢書第十五・敘傳・短褐之褻》已云其音「讀若重疊之疊」〔註 333〕，則廖名春所謂「『居不褻席』即『居不重席』」，僅能從訓作「重衣」之「褺」引申而有「重」義來解釋，據《故訓匯纂》「褺」字第四條下載「褺」字有「疊積」之義，出處爲《小學搜佚・字書》〔註 334〕，此或可爲「褺」字有「重」義的佐證，只是，解釋的方式稍嫌曲折。

其他的學者都直接隸定作「褻」，但訓讀的方向不同。李零將「褻文」二字讀作「設席」，其於下一條考釋中引及《左傳・哀西元年》：「昔闔廬食不二味，居不重席。」

〔註 330〕朱賜麟：《曹劌之陣思想研究——及其在春秋兵學思想上的意義》，臺灣師範大學碩士論文，2006 年 6 月，頁 23～24。

〔註 331〕參季旭昇師主編、高佑仁執筆、朱賜麟協撰：《上海博物館藏戰國楚竹書（四）讀本・曹沫之陳釋譯》，（臺北：萬卷樓圖書公司，2007 年 3 月），頁 167。

〔註 332〕許慎撰、段玉裁注：《說文解字注》，經韵樓藏版，（臺北市：洪葉出版社，1999 年 11 月），頁 398。

〔註 333〕參宗福邦、陳世鐃、蕭海波主編：《故訓匯纂》，（北京：商務引書館，2004 年 3 月），頁 2074，「褺」字下，第 3 條解釋。

〔註 334〕參宗福邦、陳世鐃、蕭海波主編：《故訓匯纂》，（北京：商務引書館，2004 年 3 月），頁 2074，「褺」字下，第 4 條解釋。

〔註335〕，則原考釋者此處讀作「設席」恐與引文「居不重席」很有關。另外，魏宜輝指出《容成氏》簡有類似的例證，這是非常敏銳的〔註336〕。該字亦出現於《容成氏》【簡21】云：「衣不△美」，字作𧘱〔註337〕。《容成氏》簡原考釋者釋作「褻」，以爲：「即『褻』字，疑讀爲『鮮』（『鮮』是心母元部字，『褻』是心母月部字，讀音相近。）『鮮美』是色彩艷麗之義。」〔註338〕，邱德修從之〔註339〕。蘇建洲並不認同這樣的說法，以爲『『鮮美』一詞似未見先秦典籍，而且不用於形容衣服者」，主張將「褻」讀爲「製」，即「衣不製美」〔註340〕。

　　《容成氏》作「衣不褻美」，《曹沫之陣》作「居不褻文」，兩個「褻」字的地位非常接近，實應一同看待。《容成氏》簡原考釋者李零以爲應讀爲「鮮美」，邱德修也認爲「衣不鮮美」即「謂大禹穿上不具鮮美顏色的衣裳」，然而正如蘇建洲所稱，「鮮美」一詞「不用於形容衣服者」，雖然「鮮」有「鮮明、明麗」義，如《易·說卦傳》：「爲蕃鮮」，孔穎達《疏》云：「鮮，明也。取其春時草木蕃育而鮮明」，但這是在形容果實的鮮美〔註341〕。在先秦典籍中「鮮」常是用來形容食物，而非衣服，如《尚書》：「暨益奏庶鮮食」。又《儀禮·士昏禮》：「臘必用鮮。」，賈公彥《疏》：「臘用鮮者，義取夫婦日新之義」。則用「鮮美」來形容衣物不免使人合理的懷疑，。

　　筆者以爲，無論是《容成氏》的「衣不褻美」還是《曹沫之陣》的「居不褻文」，「褻」都是私服而言，「褻」字據本字讀即可。

　　《說文》：「褻，私服。從衣，埶聲」〔註342〕，《廣韻·薛韻》：「褻，衷衣。」，《說文·衣部》：「衷，裏褻衣。」，《論語·鄉黨》：「君子不以紺緅飾，紅紫不以爲

〔註335〕馬承源主編：《上海博物館藏戰國楚竹書（四）》，（上海：上海古籍出版社，2004年12月），頁250。

〔註336〕不過，魏宜輝文章中將《容成氏》簡的「衣不褻美」引成「居不褻美」，使得對該句的瞭解成爲「居室裏不設置漂亮的裝飾」，其實原簡是指「服飾」而非「居室」而言。

〔註337〕原簡字形殘泐頗嚴重，筆者此處字形乃據季旭昇師所摹，季旭昇師主編：《上海博物館藏戰國楚竹書（二）讀本》，（臺北：萬卷樓，2003年7月），頁226。

〔註338〕馬承源主編：《上海博物館藏戰國楚竹書（二）》，（上海：上海古籍出版社，2002年12月），頁266。

〔註339〕見邱德修：《上博楚簡容成氏注譯考證》，（臺北市：臺灣古籍，2003年），頁375、376。

〔註340〕蘇建洲：《上海博物館藏戰國楚竹書（二）校釋》，（臺北市：臺灣師範大學博士論文，2004年），頁226～227。

〔註341〕〔清〕阮元《校勘十三經註疏·周易》，嘉慶廿年江西南昌府學開雕影印本，（臺北：藝文印書館，1993年），頁185。

〔註342〕許慎撰、段玉裁注：《說文解字注》，經韻樓藏版，（臺北市：洪葉出版社，1999年11月），頁399。

褻服。」，何晏集解：「王肅曰：『褻服，私居服，非公會之服者也。』」，朱熹《四書章句集注》亦云：「褻服，私居服也。言此則不以爲朝祭之服可知。」又《荀子・禮論》：「說褻衣，襲三稱，縉紳而無鈎帶矣。」，楊倞注：「褻衣，親身之衣也。」，漢司馬相如《美人賦》：「女乃弛其上服，表其褻衣」。教育部《異體字字典》也將「褻」字解釋成「貼身的衣服。」〔註343〕，可知褻衣乃居家時穿的衣服，不是正式場合的服裝。而正是因爲貼身衣物，所以「褻」也有汙穢、骯髒之義，如《禮記・內則》：「不有敬事，不敢袒裼，不涉不撅，褻衣衾，不見裏。」鄭玄注：「爲其可穢」。《列女傳・周宣姜後》：「脫朝服，衣褻服。」《論語・鄉黨》：「紅紫不以爲褻服。」，《禮記・檀弓》：「季康子之母死，陳褻衣。」

　　「文」作𤔲，原考釋者李零釋作「虞」，陳劍以爲應釋作「夏」，相當正確。△字其實早在信陽簡中就有〔註344〕，包山簡此字出現不少，包山楚簡整理者將之隸定作「虞」〔註345〕，李天虹以爲字應釋作「虞」，主張字上半從「声」，中間則與「馬」的省體類似，因此他認爲「懷疑虞所從的𤔲可能是『麟』的象形字」，簡文應讀爲「文」〔註346〕。李學勤以爲△字上半是從「民」聲或「民」省聲〔註347〕。劉信芳釋作「虞」〔註348〕。李家浩以爲李天虹讀爲「文」是正確的，但對字形的解釋可商，其云：「這個字見於《古文四聲韻》、《汗簡》引石經，爲古文『閔』字」〔註349〕。陳劍認爲△字從民，下所從的「又」則是由「拇」字的表意初文演變來的，而「民」與「夏」都屬聲符性質〔註350〕。張光裕與袁國華師將郭店簡、包山簡190、望山簡2：47等諸△字皆釋作「虞」〔註351〕。以上眾說的差異在於對「且」旁上的偏旁認知有異。

〔註343〕李鍌師、陳新雄師、李殿魁等編：教育部《異體字字典》網路版，民國93年1月正式五版，網址：http://140.111.1.40/main.htm。

〔註344〕見信陽楚簡【簡2-28】，文例爲「一△竹筳」。

〔註345〕參包山【簡190】，湖北省荊沙鐵路考古隊編：《包山楚簡》，（北京市：文物出版社，1991年），頁31。

〔註346〕見李天虹：〈釋楚簡文字虞〉，《華學》第四輯，（北京：紫城出版社，2000年8月），頁85～88。李天虹於文中以爲包山整理者將△字隸定作虞，但檢覈原書乃隸定作虞，字形中間的偏旁從「目」不從「且」，見湖北省荊沙鐵路考古隊：《包山楚簡》，（北京：文物出版社，1991年10月），圖版156。

〔註347〕李學勤：《試解郭店簡讀「文」之字》，《孔子・儒學研究文叢（一）》，（齊魯書社，2001年），頁117～120。

〔註348〕劉信芳：《包山楚簡解詁》，（臺北市：藝文印書館，2003年元月），頁197。

〔註349〕見張富海：《北大中國古文獻研究中心「郭店楚簡研究」專案新動態》，簡帛研究網，（2003年6月2日），頁21～22。

〔註350〕陳劍：《甲骨金文舊釋「尤」之字及相關諸字新釋》，《北京大學中國古文獻研究中心集刊》第四輯，（北京：北京大學出版社，2004年），頁74～94。

〔註351〕見張光裕主編、袁國華師合著：《郭店楚簡研究》，（臺北市：藝文印書館，1999年，

「文」字原簡作🔣，字形上半部件早期學者釋作「虍」，李天紅改釋爲「严」，△字確實不从虎頭之「虍」，从「虍」者應是「虗」，很明顯此偏旁不似「虍」旁，楚簡中有从「虍」之「虗」作🔣（包·202）、🔣（天卜）、🔣（望一·152）、🔣（新蔡·甲三：233、190）、🔣（新蔡·甲三：269）與△差別甚大，楚簡用作「且」〔註352〕，經過字形比對，可見△並不从「虍」。李學勤以爲改釋作「民」省聲，也相當有見地，楚文字中「🔣」形的使用並非專在「鹿」旁上，楚文字的「民」常作🔣（郭·老甲·19）、🔣（郭·六·38），但還有另一種型態作🔣（九店 M56·47）、🔣（九店 M56·41），可見也有可能是「民」之省。

《曹沫之陣》「文」字陳劍據本字解，無說。然而文本意紋理、花紋之意，乃「紋」字的初文，《說文·文部》：「文，錯畫也。象交文。」〔註353〕，徐灝注箋：「文象分理交錯之形」，王筠《說文句讀》：「錯者，交錯也。錯而畫之，乃成文也。」，後引伸有華麗之義，如《論語·顏淵》：「君子質而已矣，何以文爲？」。而「藝文」這樣的詞例在古籍中筆者尚無法找到，但「衣文」則可見之，如《史記·孔子世家》：「於是選齊國中女子好者八十人，衣文衣而舞康樂」〔註354〕，又《墨子·貴義》：「馬食菽粟者數百匹，婦人衣文繡者數百人」，《墨子》藉此用以形容富家衣食日用之多，信陽楚簡【簡 2-28】有「一文竹簍」，「文」字正作△形，田何以爲「『虗』（文）於此當作紋飾講」又云「『一文竹簍』也就是說一副花紋精美的竹簍」〔註355〕，簡文「文」用法與曹沫之陣簡的「文」近似。可見簡文「居不藝文」正是儉樸的象徵，不在正常的物質生活外更增花費，與不飲酒、不聽樂、食不二味的概念意涵相近。

〔39〕、11·飤（食）不戠（貳）【1】盬（菜）【2】

【1】戠

「戠」字原考釋者李零先生隸定作「䏗」，讀作「二」。陳劍直接讀作「貳」〔註356〕，李銳〔註357〕、白于藍〔註358〕從之。

---

元月），字頭編號第 450，頁 173。張光裕主編、袁國華師合著：《包山楚簡文字編》，（臺北市：藝文印書館，1992 年，11 月），頁 850。張光裕編著、袁國華師合著：《望山楚簡校錄》，（臺北市：藝文印書館，2004 年，12 月），頁 216。

〔註352〕參河南省文物考古研究所：《新蔡葛陵楚墓》，（鄭州：大象出版社，2003 年 10 月）。

〔註353〕許慎撰、段玉裁注：《說文解字注》，經韵樓藏版，（臺北市：洪葉出版社，1999 年 11 月），頁 429。

〔註354〕見瀧川龜太郎：《史記會注考證》，（臺北市：萬卷樓，1996 年 10 初版二刷），頁 750。

〔註355〕田何：《信陽長台關楚簡遣冊集釋》，吉林大學碩士論文，2004 年 5 月，頁 128。

〔註356〕陳劍：〈上博竹書《曹沫之陳》新編釋文（稿）〉，簡帛研究網，（2005 年 2 月 12 日），

陳斯鵬隸定作「膩」讀作「貳」〔註359〕。

簡文字从「肉」、「弍」聲，亦見戰國晉系〈中山王響壺〉，字形作弍。字从肉、弍聲，張政烺先生以爲「響戈二月，从肉，弍聲，當是膩之異體，再此讀爲貳」〔註360〕，文例作「不△其心」即讀「膩」作「貳」。而《馬王堆・五行篇》【簡212】也有「膩」字，文例作「無上帝臨汝，毋膩爾心」，今本《毛詩・大雅・大明》作「上帝臨女，無貳爾心。」，「膩」即讀「貳」之用法。

【2】盬

原考釋者李零先生僅摹出原形作「盬」，並無隸定，但讀作「味」，其云：「第四字也可能是『顪』字的異寫，相當於『沬』字，這裡讀爲『食不二味』。《左傳・哀公元年》：『昔闔廬食不二味，居不重席。』」〔註361〕。

陳劍釋作「食不貳滋（？）」，括弧內添問號表示存疑，其云：

> 此字不能確識……按《上海博物館藏戰國楚竹書（二）・容成氏》簡21：「禹然後始行以儉：衣不褻美，食不重味，朝不車逆，舂不毇米，宰不折骨。」原所謂「宰」字與簡文此形當爲一字，兩字出現的文句類同，但所在位置有異。兩相對照，可以肯定此兩形上半中間當從「采」。頗疑此字以「采」爲基本聲符（《容成氏》原釋讀爲「宰」就是據此立論的），簡文此處可讀爲「滋味」之「滋」。《廣韻・之韻》：「滋，旨也。」《禮記・檀弓上》：「曾子曰：『喪有疾，食肉飲酒，必有草木之滋焉。』」鄭玄注：「增以香味，爲其疾不嗜食。」《說文・口部》：「味，滋味也。」王筠《說文句讀》引《檀弓》文及鄭注後云「是滋即味也」。「滋」、「味」同義，「滋味」一詞當是同義並列式的複合詞，簡文「食不貳滋」亦與古書多見之「食不二味」意同。〔註362〕

網址：http://www.jianbo.org/admin3/2005/chenjian001.htm。

〔註357〕李銳：〈《曹劌之陣》釋文新編〉，簡帛研究網，（2005年2月25日），網址：http://www.jianbo.org/admin3/2005/lirui002.htm。李銳：〈《曹劌之陣》重編釋文〉，簡帛研究網，（2005年5月27日），網址：http://www.jianbo.org/admin3/2005/lirui003.htm。

〔註358〕白于藍：〈上博簡《曹沫之陳》釋文新編〉，簡帛研究網，（2005年4月10日），網址：http://www.jianbo.org/admin3/2005/baiyulan001.htm。

〔註359〕陳斯鵬：〈上海博物館藏楚簡《曹沫之陣》釋文校理稿〉：簡帛研究網，（2005年2月20日），網站：http://www.jianbo.org/admin3/list.asp?id=1328。

〔註360〕參張政烺先生《中山王響壺及鼎銘考釋》，收入《古文字研究》第一輯，（北京：中華書局，1979年8月），頁214。

〔註361〕見馬承源主編：《上海博物館藏戰國楚竹書（四）》，（上海：上海古籍出版社，2004年12月），頁250。

〔註362〕陳劍：〈上博竹書《曹沫之陳》新編釋文（稿）〉，簡帛研究網，（2005年2月12日），

陳劍以爲△與《上博二·容成氏》簡21之「宰不折骨」的「宰」字相同，字从「采」聲，本簡文應讀作「滋」，並舉古籍爲證。

李銳首次的釋讀成果〈《曹劌之陣》釋文新編〉從陳劍此說〔註363〕。

褶健聰以爲此字除出現於《容成氏》簡21，亦曾見於金文，將《曹沫之陣》、《容成氏》與春秋早期〈郘王糧鼎〉、春秋中期〈庚兒鼎〉系聯起來，他以爲見於此四處之△乃同一字，字應釋作饗从彌从采，采亦声，並應讀作「莘」，以爲「饗」、「莘」二字爲異體字或古今字之關係。他贊成楊樹達「采者，莘也。……从采，示有莘也。」之說，並主張「此字應該是表示一個表示烹煮的動詞，而且與『莘』有關」，以爲「采」雖爲聲符，但「兼有表意作用」〔註364〕。李銳第二次的釋讀成果〈《曹劌之陣》重編釋文〉一文改從褶健聰此說〔註365〕。陳斯鵬認同褶健聰對字形分析的意見，但認爲「字似以讀作『莘』或『蔵』更爲順適。又考慮到讀『蔵』有很多文獻資料可作比證，而且雖說此等語不可執泥來看，但以君王之身而每餐用一素菜，也似乎太遠情理，所以讀『蔵』應該是最爲可取的。」〔註366〕

邴尚白先生以爲「『簋』，簡文原作『』，……周鳳五師認爲褶健聰對字形的分析可從。此字從「采」聲，簡文所寫稍有走樣。上博《周易》簡二十一有「菜」字，今本作「喜」。簡文此字應讀作「饎」，指菜餚，〈容成氏〉簡二十一此字亦當讀爲「饎」。周師之說可從，「采」、「饎」二字上古音分屬之部清母和之部昌母，可以相通。簡文「居不褻文，食不貳嬉」極言其儉。」〔註367〕。

周鳳五釋作「食不貳簋」〔註368〕。

**佑仁案**：陳劍先生、褶健聰先生將《曹沫之陣》△字與《容成氏》簡、春秋早期〈郘王糧鼎〉、春秋中期〈庚兒鼎〉等三處四字之△字連繫起來，眼光極爲敏銳。筆者先羅列此四處字形與文例如下：

網址：http://www.jianbo.org/admin3/2005/chenjian001.htm。

〔註363〕李銳：〈《曹劌之陣》釋文新編〉，簡帛研究網，（2005年2月25日），網址：http://www.jianbo.org/admin3/2005/lirui002.htm。

〔註364〕褶健聰：〈上博楚簡釋字三則〉，簡帛研究網，（2005年4月15日），網址：http://www.jianbo.org/admin3/2005/xuejiancong002.htm。

〔註365〕李銳：〈《曹劌之陣》重編釋文〉，簡帛研究網，（2005年5月27日），網址：http://www.jianbo.org/admin3/2005/lirui003.htm。

〔註366〕參陳斯鵬《戰國簡帛文學文獻考論》之第四節「戰國簡帛散文文本校理舉例之二——《曹蔵之陣》校理」，中山大學博士學位論文，2005年6月。

〔註367〕邴尚白先生：〈上博楚竹書《曹沫之陣》注釋〉，收入臺灣大學《中國文學研究》第二十一期，2006年，頁16。

〔註368〕周鳳五：〈上博楚竹書《曹沫之陳》研究〉，95學年度行政院國家科學委員會專題研究計畫成果報告。

| 編號 | 字形 | 出　處 | 時　代 | 文　例 | 備　註 |
|---|---|---|---|---|---|
| △1 | | 〈邾王糧鼎〉 | 春秋早期 | 用△1□□，用雝（雍）賓客 | □□字形殘泐甚嚴重，釋文暫據《集成》。 |
| △2 | | 庚兒鼎 | 春秋中期 | 用征用行，用龢用△2 | 《庚兒鼎》字形殘泐，摹本據《金文編》。 |
| △3 | | 《容成氏》簡21 | 戰國中晚 | △3不折骨 | 字形據季旭昇師《上博（二）讀本》之摹本。〔註369〕 |
| △4 | | 《曹沫之陣》簡11 | 戰國中晚 | 食不二△4 | |
| △5 | | 《三德》13 | 戰國中晚 | 惡△5與食 | |

首先，我們先來分析此四處來源字形的差異，除了△2兩例字形外，△1、△3、△4、△5等字形都明顯從「釆」，以字形的下半偏旁而言，△1、△2字形從「鬲」，△3、△4、△5等三字楚簡字形則從「皿」；另外，就「釆」字左右兩側的偏旁而論，△1、△3字從「卯」，「卯」即「卿」字所從之「夗」，△2、△4則從「弜」，△5則省略該偏旁。

郭沫若將△1隸定作「鬻」以爲當是「胹」之古文，其云：「當是胹之古文。《廣韻》胹作臑，又引籀文作鬺，從鬲而聲。此從古文鬲釆聲，釆聲與而聲同在之部。」〔註370〕但「釆」字清紐、之部，「而」字泥紐、之部，韻母雖如郭沫若所言同在「之」部，但是聲母差距較大，在高亨《古字通假會典》也沒有「釆」與「而」能通假的例證〔註371〕。

楊樹達在《積微居金文說》之〈邾王糧鼎跋〉一文中將△1隸定作「鬻」以爲「銘文從鬲省，從羔，從釆，其從鬲從羔，與《說文》鬻、鬻、鬻三文皆相合，余謂此亦羹字也。」以爲「論其全字，從羔，示羹有肉也；從釆，示羹有菜也；從鬲省，所以和羹也」〔註372〕。之後在〈邾王糧鼎再跋〉一文中，以爲「用鬻庶

<hr>

〔註369〕此字原簡殘泐甚重，筆者此處採用季旭昇師之摹本，參季旭昇師主編：《上海博物館藏戰國楚竹書（二）讀本》，（臺北：萬卷樓，2003年7月），頁226。

〔註370〕見郭沫若：《兩周金文辭大系圖錄考釋》，（上海市：上海書店出版社，1999年），159頁。禤健聰〈上博楚簡釋字三則〉一文引郭沫若此文以爲「《廣韻》胹作臑」，但回核郭沫若原文及《廣韻》「胹」字，實乃作「臑」。

〔註371〕高亨纂著、董治安整理：《古字通假會典》，（濟南市：齊魯書社，1989年）。

〔註372〕參楊樹達著、中國社會科學院考古研究所編輯：《積微居金文說（增訂本）》，（北京：中華書局，1997年），頁145～146。參楊樹達著、中國社會科學院考古研究所編輯：《積微居金文說（增訂本）》，（北京：中華書局，1997年），頁146。

臘，用離賓客，兩句以句中第二字鸞雖爲韻也」，藉由用韻的現象，證明前文釋「鸞」之正確。

字形△3 原考釋者李零以爲偏旁中間从「采」聲，讀作「宰」，指殺牲〔註373〕。陳劍釋作「饗（？）」，於饗字後添加問號，表示尚有疑異〔註374〕。

蘇建洲從陳劍之說，而將隸定作鹽，以爲「可分析爲從『采』，從『皿』，卯聲，讀作『饗』」，而『饗』應解作「享」，並舉古籍以證。〔註375〕

首先，我們要先來看該字的隸定問題，禤健聰以爲「其下無論從羔還是從皿，其功能與從鬲一樣，都是連上部兩側的筆劃構成一個整體」非常正確。金文△1、△2 字形下半作「𢆶」，顯然不能隸定作「羔」，雖與「羔」字金文作 𦍌（匍伯達簋）、𦍌（索諆爵）、𦍌（三年𤽈壺），或楚文字作 𦍌（曾・212）、𦍌（上博二・《子羔》）等形近似，但我們知道該△1、△2 之此「𢆶」應與上半之「卯」或「弜」一同釋讀，而不能逕釋作「羔」，因爲它們很可能都是「鬻」訛變後的結果。

金文中有「鬻」（西周中〈鬻作又母辛鬲〉）、鬻（〈彤作文父丁鼎〉）等字，其偏旁𢆶，郭沫若釋作「鬲」，以爲乃「鬲」之古文〔註376〕，《說文》有「鬻」字，許慎云：「鬻，歷也。古文亦鬲字，象孰飪五味气上出也」與「鬲」同一字，商承祚以爲「鬻乃古文鬲之別構。許君所以分爲二部者，因所隸之字各有不同」〔註377〕，高田忠周以爲「𢆶即鬲與他篆作𢆶同」〔註378〕，馬敘倫從小篆出發，他以爲鬻（鬻）字之「𢆶」，乃「指事而非象形，𢆶象炊時蒸气，又明爲烹調時之狀，或烹調已成熟物在鼎中熱气上出，所烹之物非一，故僅以𢆶爲標識耳〔註379〕」，王筠認爲小篆字形「當依玉篇作鬻」〔註380〕。季旭昇師以爲「鬻與鬲實爲同字，但鬻字象鬲烹煮食物之形……金文『𢆶』其實就是《說文》的『鬻』旁，而『鬻』字兩旁的『弜』並

〔註373〕見馬承源主編：《上海博物館藏戰國楚竹書（二）》，（上海：上海古籍出版社，2002年12月），頁266。

〔註374〕陳劍：〈上博簡《容成氏》的拼合與編連問題〉，簡帛研究網，（2003年1月9日），網址：http://www.jianbo.org/Wssf/2003/chenjian02.htm。

〔註375〕蘇建洲：《上海博物館藏戰國楚竹書（二）校釋》，（臺北市：臺灣師範大學博士論文，2004年），頁229～230。

〔註376〕郭沫若：〈賢簋〉，《兩周金文辭大系考釋》，（上海市：上海書店出版社，1999年），頁225。

〔註377〕商承祚：《說文中之古文考》，（臺北市：學海出版社，1979年），頁23。

〔註378〕見周法高等編：《金文詁林》，（香港：香港中文大學，1975年），字頭345「鬻」字下，頁462。

〔註379〕馬敘倫：《說文解字六書疏證》卷六，（臺北市：鼎文書局，1975年），頁760。

〔註380〕王筠：《說文句讀》，（上海：上海古籍書店，1983年），據清同治四年（西元1865年）王氏刻本影印，卷六，頁337。

不是象『象孰飪五味气上出也』，它其實只是『鬲』字兩邊的筆畫而已」〔註381〕，以季師說法爲佳，從古文字演變的脈絡看來，「﹜﹜」在金文中甚至是附於「鼑」上，二者連爲一體，與熱氣無關，王筠之改，似不必。

董妍希從字形比對的角度出發，以爲「鼑、鬲」二字「形體相異，恐非一字」，主要在於「鬲」往往窄口而無耳，「鼑」字則往往侈口而有耳，可見二字不同，而且以爲從『鼑』之字「作器名用者皆用爲『鼎』之別名，無作爲『鬲』名」，並從金文推敲「﹜﹜」爲鼑器之耳形。〔註382〕董妍希以爲「﹜﹜」爲鼑器之耳形，正確可從。

首先，我們確定了△1、△2所從應是「鼑」字，則合理推論《曹沫之陣》△4的字形是將下半煮食物之器皿，替換成「皿」，這可能是因義類相近而有的替換現象。確定《曹沫之陣》簡的字形後，陳劍先生、禤健聰先生都認爲其與《容成氏》簡△3 字形相同，可是就字形看他們確實相近，但在「釆」旁左右兩側的部件上確有著差異，這差異在於△3 從「卯」而△4 則從「弜」形，我們當然也可以對懷疑△3、△4 實非一字，而△3 所從是「卯」，與其他△2、△3 從「鼑」的來源不同。

字形△1、△2 從「羔」，我們以爲他即是「鬲」與「火」的訛變，「鬲」字金文作🔲（鄭羌伯鬲）、🔲（同姜鬲）、🔲（曾始鬲），字形下半都類化作「羊」形，而「羊」形下接「火」則與「羔」相近，「鬲」旁下常接「火」形於🔲（西周中〈𤔲作又母辛鬲〉）、🔲（〈弜作文父丁鼎〉）等字上都得到證實。

而「鬲」字金文作🔲（西周中·庚姬鬲）、🔲（西周晚·呂王鬲）、🔲（畢伯碩父鬲）。從微觀上看，「鬲」與金文的△1、2 確實有差，而「鼑」字目前所見皆使用於偏旁，尚未見單字「鼑」者，而字形上與「鬲」字確實存在董妍希所指出的差異，且在下半部件多加「火」旁，以加強其烹飪的動作，與單字「鬲」有異，一直到戰國楚系「煮」字作🔲（包·147），其「火」旁亦是必須存在的偏旁，可見其重要性。董妍希於文中特別強調「鬲」窄口無耳、「鼑」侈口有耳的差異，但是季師以爲「所以把鬲的兩邊寫的特別寬闊，以便在其中容納其他的偏旁」〔註383〕，由於「鼑」這個字目前僅見在偏旁使用，在容器中皆存在「聲旁」或「形旁」，自然僅能以侈口的方式呈現。

「䀠」字一直要到《上博（五）》出現後才讓我們確定該字的釋讀，原考釋者李

---

〔註381〕見季旭昇師：《說文新證（上冊）》，（臺北市：藝文印書館，2002 年 10 月），頁 178。

〔註382〕董妍希：《金文字根研究》，（臺北市：臺灣師範大學碩士論文，2001 年 6 月），頁 209。

〔註383〕見季旭昇師：《說文新證（上冊）》，（臺北市：藝文印書館，2002 年 10 月），頁 178。

零直接隸定作「盉」讀作「茉」〔註384〕，字形从「釆」得聲，可知褘健聰對曹沫之陣簡字形的分析是正確的。

另外，《曹沫之陣》的字，很清楚在皿旁之上尚有「釆」的偏旁作，「木」旁省其下半的筆畫。《上博（一）‧孔子詩論》簡17「茉」字作，「木」旁下半亦部份亦省略，「爪」旁附於「木」旁左上角，然而（包‧115）「木」旁下不省。何琳儀以為《孔子詩論》的「茉」字「上從『艸』，中從『爪』，下從『木』。其中『木』旁中間豎筆收縮，頗似從『土』旁。類似現象可參藝、樹等字所從的木旁。」〔註385〕，何琳儀以為此為「豎筆收縮」，乃以縮筆型態形容此現象，亦可。而此現象除「藝、樹」等字之外，楚簡中實不乏其例，如（包‧7/畚）、（包牘/桎）、（曾‧126/楚）、（包‧232/楚）、（包‧牘1/楚），「木」旁下半皆省略或較不突出。

〔40〕、12‧兼悉（愛）烟（萬）民【1】，而亡（無）又（有）厶（私）【2】也。

【1】兼悉萬民

「愛」字作，原考釋者李零以為「『悉』讀『愛』。墨子有『兼愛』之說」〔註386〕。

《說文》：「悉，惠也。從心、旡聲。，古文。」〔註387〕，《說文》已指出△字為從心、旡聲，楚文字「悉」字作（郭‧六‧17）、（郭‧五‧13）、（郭‧成‧20），但很清楚的「旡」旁所作的形態各異，季旭昇師亦云「楚系『旡』形變化多端」〔註388〕。有時又作（包‧207）、（包‧247），字從「既」與《說文》古文合，「既」與「愛」音近，故可為聲符。上博簡「悉」亦見不少，如《孔子詩論》作（簡11）、（簡15）、（簡15）、（簡17）、（簡17），《緇衣》作（簡13），「旡」旁的開口向右、向左無異。楚文字中「悉」、「槭」讀作「愛」已無問題，只是從「悉」、「懸」何以有「愛」義，僅是單純形聲結構，或是有所簡省訛變，是必須進一步追索的問題，如蘇建洲據《容成氏》簡1之「悉」主張「旡」旁應是從

〔註384〕見馬承源主編：《上海博物館藏戰國楚竹書（五）》，（上海：上海古籍出版社，2005年12月），頁297。

〔註385〕何琳儀：〈滬簡詩論選釋〉，簡帛研究網，（2002年2月17日），網址：http://www.jianbo.org/Wssf/2002/helinyi01.htm。

〔註386〕見馬承源主編：《上海博物館藏戰國楚竹書（四）》，（上海：上海古籍出版社，2004年12月），頁251。

〔註387〕許慎撰、段玉裁注：《解字注》，經韵樓藏版，（臺北市：洪葉出版社，1999年11月），頁510。

〔註388〕季旭昇師：《說文新證（下冊）》，（臺北市：藝文印書館，2004年11月），頁139。

「帛」字演變而來〔註389〕，可以參看。

兼愛雖爲墨子所提倡，但未必提及「兼愛」者，即須爲墨家。先秦古籍中非墨家而提及「兼愛」字眼者夥矣，如《莊子・外篇・天道》引孔子云：「中心物愷，兼愛無私，此仁義之情也」，黃帝四經〈君正〉：「兼愛無私，則民親上。」，又《管子・版法解》：「是故明君兼愛以親之，明教順以道之。」。

上述諸「兼愛」其實是指廣泛地愛人民，在脈絡上與《墨子》的思想差異甚遠，先秦很多學派都談兼愛，如《韓非子・五蠹》亦云「今儒、墨皆稱先王兼愛天下，則視民如父母」，可見儒家也談兼愛，然而雖「兼愛」的字眼相同，但墨家對於兼愛的概念是「視人之國若視其國，視人之家若視其家，視人之身若視其身」，就是著眼於戰國時期王綱解紐、百家爭鳴，著眼於兼併情形日益嚴重而提出「兼相愛、交相利」的學說，而「兼愛」的思想其實衍生於「非攻」，正因大國皆「以攻伐並兼爲政於天下」因此才「欲以禁止大國之攻小國也」，這樣子的「兼愛」思想很顯然與《莊子・外篇・天道》所引及孔子之「兼愛」概念差異很大，也與簡文「兼愛」的概念不同。

本質上，《曹沫之陣》是一篇古兵書，我們暫時不談它是出於何人之手這個極爲複雜的問題，《曹沫之陣》簡文云「鄰邦之君亡道，則亦不可以不修政而善於民，不然亡以取之」，又從魯莊公詢問曹沫天下局勢「孰能併兼人？」這個問題，可知「取之」、「併兼人」才是二人討論的重心，與墨子「視人之國若視其國」的兼愛概念，簡直大異其趣。進一步說，曹沫與魯莊公的想法正是墨子欲克治的對象。

另外，《管子・立政九敗解》有「人君唯毋聽兼愛」之說，說明國家若採「兼愛」思想則士卒不願戰，可知就軍事的立場來看，「兼愛」實不足取，其原文如下：

人君唯毋聽兼愛之說，則視天下之民如其民，視國如吾國，如是，則無並兼攘奪之心，無覆軍敗將之事。然則射禦勇力之士不厚祿，覆軍殺將之臣不貴爵，如是，則射禦勇力之士出在外矣，我能毋攻人可也，不能令人毋攻我，彼求地而予之，非吾所欲也，不予而與戰，必不勝也。彼以教士，我以毆眾，彼以良將，我以無能，其敗必覆軍殺將，故曰：「兼愛之說勝，則士卒不戰。」〔註390〕

「兼愛之說勝，則士卒不戰」已點出問題核心，我軍恪守「兼愛」而毋攻人，卻不能保證人毋攻我，因此《管子》才將「兼愛之說」視作立政九敗之第二位，由此來看《曹沫之陣》「兼愛」一詞的意義與墨家「兼愛」之說實不同〔註391〕。

---

〔註389〕蘇建洲：《上海博物館藏戰國楚竹書（二）校釋》，（臺北市：臺灣師範大學博士論文，2004年），頁45。

〔註390〕參陳麗桂師等校注：《管子》，（臺北市：國立編譯館，2002年），頁1316～1317。

〔註391〕邴尚白引述周鳳五之說云：「簡十二說『兼愛』，這是墨家學說的特殊詞彙，應有斷

關於能否以「兼愛」作爲本簡的斷代的標準，袁國華師在筆者碩論口考時認爲尚有斟酌的必要，袁師以爲正如同「亡私」一詞，戰國許多璽印中都可以看到「正行亡私」一類的文例，是璽印中普遍使用的成語，但這些它未必與《曹沫之陣》簡有直接關係，換言之，簡文的「兼愛」是否即同墨子「兼愛」的用法，甚至做爲斷代標準，都必須再斟酌。袁師的說法很正確，據朱疆的統計，光《古璽彙編》一書「正行無私」即出現過三十例〔註392〕，由這個地方可以知道，「兼愛」一詞是否能作爲《曹沫之陣》簡的斷代標準，可能要再商榷。

【2】厶

「厶」字作<img>，爲「私」之初文。戰國楚系「私」字作<img>（包·141）、<img>（包·190）、<img>（上博一·緇衣·21），小篆作「<img>」，很明顯地楚文字在運筆方式上乃順時鐘書寫，與小篆剛好相反。

「亡有私」即「無有私」，意指沒有有私心，《墨子·兼愛上》云：「譬之日月兼照天下之無有私也」。又《上博（四）·內禮》【簡6】亦有「亡私樂」，可參。

# 第二節　論「問陣、守邊城」章

## 壹、釋　文

還年而聞（問）於敔（曹）【12】敷（沫）〔41〕曰：「虗（吾）欲與齊戰，聞（問）戰（陣）䌛（奚）女（如）〔42〕？戰（守）鄝（邊）城䌛（奚）女

---

代的價值，本篇的抄寫，當在墨子之後。」，邴尚白又補充說：「〈曹沫之陳〉篇名不是取首句數字，似乎也顯示其年代較晚。當然，這裡所說的『墨子之後』、『年代較晚』，是指我們見到的這個抄本，未必代表此故事產生的年代或本篇的『成書年代』。」，可參。本篇簡文經科學分析而定時於戰國中晚葉，它必然爲「墨子之後」，而「兼愛」一辭毫無疑問絕對有斷代之價值，周鳳五之語正確。然而儒、墨都談兼愛，且都同爲魯國人（案：墨子之國別頗有爭議，筆者據高柏園之意見。參高柏園等著：《中國哲學史》，（臺北縣：空中大學印行，2000年出版三刷），頁176。《曹沫之陣》亦是魯人作品，其中必有其淵源，而《墨子》之前是否都無「兼愛」一語，就目前有限的材料，我們還不敢斷言，另外，這牽涉到《墨子》對「兼愛」一詞是創造（指前無「兼愛」一詞）還是發揚（指前有「兼愛」一詞，《墨子》只是推波助瀾），若屬前者，當然《曹沫之陣》所作較《墨子》晚，但是據目前有限的材料筆者尚不敢這麼肯定的說。並且，《曹沫之陣》簡中「兼愛」一辭，到底是哪個時期所增入，簡文渺邈，無法確考，恐須俟日後更多證據而定。參邴尚白：〈上博楚竹書《曹沫之陳》注釋〉，收入臺灣大學《中國文學研究》第二十一期，2006年，頁7～8。周鳳五之意見參見邴尚白之論文，筆者尚未見該大作單獨發表。

〔註392〕另外，「亡私」、「士正亡私」也在古璽材料中大量出現。參朱疆；《古璽文字量化研究及相關問題》，華東師範大學博士論文，2005年4月，頁18。

（如）？」

　　𦭞（曹）蔑（沬）倉（答）曰〔43〕：「臣餌（聞）之：『又（有）固悉（謀）而亡（無）固城，【13】又（有）克正（政）而亡（無）克戦（陣）〔44〕』。三弋（代）之戦（陣）皆廌（存）〔45〕，或吕（以）克，或吕（以）亡（無）〔46〕。且臣餌（聞）之：『少（小）邦尻（居）大邦之閒（間）〔47〕，啻（敵）邦【14】交陛（地）〔48〕，不可吕（以）先复（作）悄（怨）〔49〕，疆陛（地）母（毋）先而必取□安（焉）〔50〕，所吕（以）佢（拒）鄟（邊）𠄌〔51〕；母（毋）炁（愛）貨資、子女〔五十二〕，吕（以）事【17】亓（其）佼（便）遳（嬖）〔53〕，所吕（以）佢（拒）內〔54〕；城亭（郭）必攸（修），纏（繕）虖（甲）利（厲）兵〔55〕，必又（有）戳（戰）心吕（以）獸（守）〔56〕，所吕（以）爲倀（長）也〔57〕。叡（且）臣之餌（聞）之〔58〕：不和【18】於邦，不可吕（以）出豫（舍）〔59〕。不和於豫（舍），不可吕（以）出戦（陣）。不和於戦（陣），不可吕（以）戳（戰）。』是古（故）夫戦（陣）者，三叅（教）之【19】末〔60〕。君必不已，則繇（由）亓（其）杲（本）虖（乎）？〔61〕」【20】

## 貳、考　釋

〔41〕、12、13・還年【1】而餌（問）於散（曹）蔑（沬）【2】

【1】還年

　　原考釋者李零以爲「還年」見《左傳・莊公六年》楚文王伐申過鄧之事，楚王「還年，楚子伐鄧。」，杜預《注》以爲「還年」是「伐申還之年」即還師的那一年伐鄧。李零以爲若由簡文來看「還年」類似古籍中「期年」的概念，而《左傳》原文若從此解釋來看，則伐鄧應是伐申後一年，與「還師」無關〔註393〕。

　　陳斯鵬指出「實則『還年』猶言『明年』、『翌年』也。《說文・辵部》：『還，復也。』《爾雅・釋言》：『還，返也。』《逸周書・周祝解》：『故時之還也無私貌，日之出也無私照。』朱右曾云：『還音旋，謂周而復始也。』甚是。『還年』取義於年之終而復始，即明年之意。今潮州話稱明年曰『pa轉年』，『pa』是掉頭的意思，『pa轉』與『還』同意，正可相印證。」〔註394〕。

---

〔註393〕馬承源主編：《上海博物館藏戰國楚竹書（四）》，（上海：上海古籍出版社，2004年12月），頁251。

〔註394〕參陳斯鵬：《戰國簡帛文學文獻考論》之第四節「戰國簡帛散文文本校理舉例之二——《曹蔑之陣》校理」，中山大學博士學位論文，2005年6月。

　　季旭昇師以爲「舊說『還年』爲『還師之年』，於簡文不可通。李說很有啓發性。『還』通『環』，首尾相接爲『環』，因此『環年』猶如『滿一年』，數詞『一』常可省略。從這個意思出發，『還』有『復』解，見《荀子·王霸》楊注。還年，謂復一年；還四年，謂復四年。」〔註 395〕。

　　**佑仁案**：先討論字形的部份，「還」字原照片作 ，經筆者處理過後字作 ，字从辵、瞏聲，但其「○（即「圓」之初文）〔註 396〕」旁下似有一橫筆〔註 397〕，〈駒父盨蓋〉的「瞏」字，原拓作「」，《金文編》摹作 〔註 398〕，銘文與△字的形構相近，「○」形下都有一橫筆，不過在其他處簡帛文字中未見此形，加這一橫筆究竟是書手無意識的手誤或「飾筆」，還是具有某種特定意義，這恐怕都需要更多這類「瞏」字來證成。

　　「年」字簡文作 ，「禾」旁與「千」旁共筆，（齊侯匜·《集成》10242）、（齊侯匜·《集成》10272）、（陳公孫信父瓶），戰國楚系「年」字亦有這樣形態，如 （春秋早·楚嬴匜）、（包·128）、（包·126）、（郭·成·30），只是「千」旁斜筆的彎曲程度更加誇大。

　　《左傳·莊公六年》：「楚文王伐申，過鄧。鄧祁侯曰：『吾甥也。』止而享之。騅甥、聃甥、養甥請殺楚子。鄧侯弗許。三甥曰：『亡鄧國者，必此人也。若不早圖，後君噬齊。其及圖之乎！圖之，此爲時矣。』鄧侯曰：『人將不食吾餘。』對曰：『若不從三臣，抑社稷實不血食，而君焉取餘？』弗從。還年，楚子伐鄧。十六年，楚復伐鄧，滅之。」〔註 399〕，楊伯峻《春秋左傳注》以爲「還年」乃「伐申還國之年」〔註 400〕，若「還年」指伐「申」這年，則代表伐「申」與伐「鄧」同在莊公六年這一年，李零認爲《左傳》、《曹沫之陣》兩處的「還年」都應是「過了一年」，類似「期年」的概念。

　　古籍中常有「還某年」之說，如《公羊·僖公二年》「虞公不從其言，終假之道以取郭，還四年，反取虞。」，又《管子·山權數》有兩處「還四年，伐孤竹」文例，

---

〔註 395〕參季旭昇師主編、高佑仁執筆、朱賜麟協撰：《上海博物館藏戰國楚竹書（四）讀本·曹沫之陳釋譯》，（臺北：萬卷樓圖書公司，2007 年 3 月），頁 170。

〔註 396〕參林清源師：《楚國文字構形演變研究》，東海大學博士論文，1997 年 12 月，頁 44。

〔註 397〕該字的「○」形在筆勢上與「厶」相同，都是順時鐘方向作一圓圈之形，有關「厶」字寫法可參「亡有私」考釋。

〔註 398〕見容庚：《金文編》，（北京：中華書局，2004 年 8 月），頁 234。

〔註 399〕〔清〕阮元《校勘十三經註疏·左傳》，嘉慶廿年江西南昌府學開雕影印本，（臺北：藝文印書館，1993 年），頁 142。

〔註 400〕楊伯峻編著：《春秋左傳注》第一冊，（北京市：中華書局，1981 年），頁 170。

尹知章注云:「還四年,後四年。」,《春秋繁露‧王道》:「伍子苟諫吳王,以爲越不可不取,吳王不聽,至死伍子苟,還九年,越果大滅吳國。」,又《新書‧耳痺》:「子胥發鬱冒忿,輔闔閭而行大虐,還十五年,闔閭沒而夫差即位。」,可知「還」字時間副詞後接時間即如「再某年」、「又某年」、「復某年」之文例,《說文》:「還,復也。」,「還」字表示重複,有「再」、「又」之義合情合理,我們看古漢語中表示「又」過了三年,會作「又三年」(《莊子‧在宥》)〔註401〕,但是表示「又」過了一年,則從不作「又年」而作「又一年」,「年」字前必定添有數詞,例如《國語‧越語下》載哀公九年句踐召范蠡問興邦之事,「又一年」句踐召范蠡問謀吳之事,韋昭注云:「又一年,魯哀十年。」,接著,「又一年」句踐再次召范蠡問謀吳之事,韋昭注云:「又一年,魯哀十一年。」,接著,「又一年」句踐第三次召范蠡問謀吳之事,韋昭注云:「又一年,魯哀十二年。」,可知每隔一年稱「又一年」而非「又年」,則本簡「還年」理當「年」字之前應當要有數詞。

除此之外,《抱朴子》一書出現多次「還年」,如《抱朴子‧極言》:「而不知還年之要術」,又《抱朴子‧黃白》:「老者即還年如三十時」,此處「還年」應爲「還復年少」之義,與簡文的「還年」不同。《太平御覽》記載隋江總〈馬腦碗賦〉曰:「酒既醉而還年,碗稍酌而延壽。」,又《藝文類聚‧卷第八十六‧果部上》記載梁庾肩吾〈謝賚梨啓〉曰:「事同靈棗,有願還年」亦同,上述諸用例皆與本簡文義不合,可以先排除。

【2】戲

「戲」字作𢧵,字從攴、蔑聲,「蔑」字的「人」旁稍有訛變,「戈」旁則訛爲「攴」,「戈」旁替換改作「攴」旁之現象有兩個可思考的方向,一是「涉上而誤」所致,「敚」字亦從「攴」,有可能在寫「戲」字時還在思考著「敚」字,導致「戈」旁訛成「攴」。另一個可能性是「攴」、「戈」皆爲攻擊性武器,因此在偏旁上可以替換,「攴」、「戈」偏旁替換的例證很多。筆者以爲後一種思考較爲正確,因爲簡文曹沫之「蔑」字「戈」旁訛作「攴」旁出現於簡13兩處、簡20、簡22共4例,因此若說此四字例皆同時「涉上而誤」似乎不佳,因此以後說較佳。

〔42〕、13‧䎜(問)戦(陣)【1】釆(奚)女(如)?戰(守)鄸(邊)城【2】釆(奚)女(如)?

【1】戦

---

〔註401〕其文例爲《莊子‧在宥》:「又三年,東遊,過有宋之野而適遭鴻蒙。」

原考釋者李零以爲「讀『陳』。本篇中『營陳』之『陳』皆作『戝』」〔註402〕。

「陳」即「陣」，《韓非子・外儲說左上》云「則戰士怠於行陣」，《太平御覽》卷二百九十一引作「陣」。「陣」即「陣法」，乃部隊作戰時的戰鬥隊形。如《論語・衛靈公》：「衛靈公問陳於孔子」，何晏《集解》：「孔曰：軍陣行列之法」〔註403〕，又《尚書・武成》：「癸亥，陳于商郊，俟天休命。」，孔《傳》：「謂夜雨止畢陳。」，孔穎達《疏》：「王以二月癸亥夜陳，未畢而雨」〔註404〕。而古代兵書對「陣」的討論更是豐富，如《孫子・軍爭》：「無邀正正之旗，勿擊堂堂之陳，此治變者也。」，可參。

簡文「問陳奚如守邊城奚如」一句，筆者以爲應理解爲「問『陣』奚如？『守邊城』奚如？」，而不應作「『問陣』奚如？『守邊城』奚如？」，換言之即問「陣」與「守邊城」二事。如《吳子・圖國第一》載武侯問吳起「願聞陳必定、守必固、戰必勝之道。」，《論語・衛靈公》：「衛靈公問陳於孔子」，意即詢問戰鬥隊形的安排應如何。

【2】守邊城

《墨子・號令》：「數使人行勞賜守邊城關塞、備蠻夷之勞苦者，舉其守率之財用有餘，不足，地形之當守邊者，其器備常多者。」，《史記卷・李斯列傳》：「使臣將三十萬眾守邊」，可知「守邊」乃國家防衛上的重要之一環。

莊公欲與齊戰首先問的即是「城」與「陣」之事，可知此二事在戰爭中的重要性，《史記・貨殖列傳》亦云：「故壯士在軍，攻城先登，陷陣卻敵，斬將搴旗，前蒙矢石，不避湯火之難者，爲重賞使也。」，可知軍陣之事，首重攻城、陷陣。

〔43〕、13・敊（曹）薎（沫）會（答）曰

《曹沫之陣》「曹沫」二字篇題作「敊薎」，但是「敊」、「薎」在內文中的呈現有許多種方式，筆者整理成〈「曹」、「沫」二字異文表〉，如下：

〔註402〕馬承源主編：《上海博物館藏戰國楚竹書（四）》，（上海：上海古籍出版社，2004年12月），頁252。

〔註403〕〔清〕阮元《校勘十三經註疏・論語》，嘉慶廿年江西南昌府學開雕影印本，（臺北：藝文印書館，1993年），頁137。

〔註404〕〔清〕阮元《校勘十三經註疏・尚書》，嘉慶廿年江西南昌府學開雕影印本，（臺北：藝文印書館，1993年），頁162。

圖七：「曹」、「沫」二字異文表

| 簡　號 | 「曹」字之寫法 | 「沫」字之寫法 |
|---|---|---|
| 簡1 | 斠 | 薉 |
| 簡2反 | 斠 | 薉 |
| 簡5 | 斠 | 薹 |
| 簡7 | 斠 | 薉 |
| 簡12、13 | 斠 | 戲 |
| 簡13 | 斠 | 戲 |
| 簡20 | 斠 | 戲 |
| 簡22 | 斠 | 戲 |
| 簡64 |  | 薉 |
| 簡64 | 斠 | 薉 |

由上述一覽表可知，「斠」字有兩種寫法，除作「斠」外亦可加艸頭飾符，「薉」字的變化就更複雜，共有五種寫法，除作「薉」外亦可添艸頭飾符，或將「人」形訛作「禾」，或將「戈」旁替換成「攴」旁，「攴」、「戈」都是攻擊性武器，故可替換，亦頗符合「曹沫」的劫持齊桓公的形象。

〔44〕、13、14·又（有）固愳（謀）而亡（無）固城【1】，又（有）克正（政）而亡（無）克戟（陣）【2】。

【1】固城

「固城」即堅固的城牆，《荀子·君道》：「將內以固城，外以拒難。」，《管子·小問》：「管子對曰：「毀其備，散其積，奪之食，則無固城矣。」」，可參。

【2】有克正而亡克戟

原考釋者李零以爲「『正』讀『政』。『克政』是足以勝人之政，『克陳』是足以勝人之陳」〔註405〕。

「克」字金文作 、，《說文》：「克，肩也。象屋下刻木之形。![克]，古文克，![克]亦古文克。」〔註406〕，羅振玉以爲「象人戴冑形」

---

〔註405〕馬承源主編：《上海博物館藏戰國楚竹書（四）》，（上海：上海古籍出版社，2004年12月），頁252。

〔註406〕許慎撰、段玉裁注：《說文解字注》，經韵樓藏版，（臺北市：洪葉出版社，1999年11月），頁323。

〔註 407〕，李孝定以爲「象人躬身以兩手拊膝之形，从┨象所肩之物。」〔註 408〕，朱芳圃以爲字「上象冑形，下從皮省」〔註409〕，魯實先以爲「從卩由會意。由乃冑之初文，克之從由，猶兵之從斤，戎之從甲；從卩猶武之從止，卻之從卩，以示退敵，而以戰勝爲本事。」〔註410〕，季旭昇師以爲朱芳圃之說較佳。戰國楚系「克」字有兩種型態，一爲从「由」从「皮」省，作㞢（郭·緇·19）、㞢（曾·45），另亦有从「皮」不省作㞢（郭·老乙·2）、㞢（靈彙·3507）。戰國楚系「皮」字作㞢（包·33）、㞢（郭·緇·18）、㞢（郭·語四·6）其「又」旁已省略，很清楚看的出來「克」字「上部和『由』旁共用的『口』形繁化成『甘』形」〔註411〕。朱芳圃釋作从由从「皮」省確實較佳，但是我們看早期商代、西周的甲金文「克」字都从「皮」省，一直要到戰國楚系才見不省「皮」者。本簡「克」字作㞢，與一般楚系「克」字無異，釋作「克」正確無誤。

　　「克」即克敵制勝、戰勝之義，《吳子》：「戒者，雖克如始戰。」，又《左傳·莊公十年》：「彼竭我盈，故克之。」，可參。「有固謀而亡固城」意即人爲上有出百分百縝密的謀畫，卻無絕對堅固的城牆，謀劃可以因人力而完善，但戰爭型態日新月異，再怎樣堅固的城牆未必一定牢不可破。「有克政而亡克陣」，人爲上有絕對縝密人的政治，但卻無有能絕對勝人的陣式，因爲再完美的陣勢敵軍總有破解之道，因此不可能永遠都使用一種陣式。換言之，曹沫不認爲莊公所詢問的「城」與「陣」問題是戰爭的核心。

〔45〕、14·三弋（代）【1】之戠（陣）皆【2】䧹（存）【3】

【1】三代

　　「三代」指夏、商、周而言。《論語·衛靈公》：「斯民也，三代之所以直道而行也。」孔《疏》云：「三代，夏殷周也。」〔註412〕，《左傳·定公元年》載「仲幾曰：『三代各異物』」，杜預《注》云：「言居周世不得以夏殷爲舊」〔註413〕，三代指夏

〔註407〕羅振玉撰：《增訂殷虛書契考釋》，（臺北市：藝文，1958 年），頁 193。

〔註408〕李孝定：《甲骨文字集釋》第十四，（臺北市：中央研究院歷史語言研究所專刊之五十，1965 年），頁 2344。

〔註409〕朱芳圃：《殷周文字釋叢》卷中，（臺北市：臺灣學生書局，1972 年 8 月），頁 75。

〔註410〕魯實先著：《文字析義》，（臺北市：魯實先全集編輯委員會，1993 年），頁 1140。

〔註411〕季旭昇師：《說文新證（上冊）》，（臺北市：藝文印書館，2002 年 10 月），頁 571。

〔註412〕〔清〕阮元《校勘十三經註疏·論語》，嘉慶廿年江西南昌府學開雕影印本，（臺北：藝文印書館，1993 年），頁 140。

〔註413〕〔清〕阮元《校勘十三經註疏·左傳》，嘉慶廿年江西南昌府學開雕影印本，（臺北：藝文印書館，1993 年），頁 941。

商周三代。

【2】皆

《說文》：「俱詞，从比、从白。」〔註414〕，季旭昇師以爲戰國楚系文字「皆」字从「从」或从「并」，一直到睡虎地秦簡才把「从」形改成「比」形〔註415〕，正確可從。「皆」字原簡作 ，字从「从」，簡文其他「皆」字亦都作此形。

【3】薦

原考釋者李零讀「薦」爲「存」〔註416〕。「薦」讀作「存」可從。字形參「周等（志？）是薦（存）」考釋。

〔46〕、14・或曰（以）克，或曰（以）亡（無）

「亡」即「亡克」。「三代之陣皆存，或以克或以亡」即意味三代之陣法都保存於古籍中。曹沫檢視三代所留下來的陣法，有些足以勝敵，有些不足以勝敵，來呼應前文「有克政而無克陣」之說。

〔47〕、14・少（小）邦尻（居）【1】大邦之𨳿（間）【2】

【1】尻

「尻」字原簡作「」，原考釋者李零隸定作「仉」讀作「處」〔註417〕，研究者也都讀作「處」〔註418〕，尚未見其他說法。

佑仁案：△字隸定成从「尸」的「尻」較妥，而△字在楚簡中可讀作「處」或「居」，二字音義俱近，本簡讀「處」也可以，但若合古籍文獻的讀法，讀「居」會較佳。《左傳・文公十七年》：「居大國之間，而從於強令。」〔註419〕，《左傳・襄公》

〔註414〕許慎撰、段玉裁注：《說文解字・注》，經韵樓藏版，（臺北市：洪葉出版社，1999年11月），頁138。

〔註415〕見季旭昇師：《說文新證（上冊）》，（臺北市：藝文印書館，2002年10月），頁262。

〔註416〕馬承源主編：《上海博物館藏戰國楚竹書（四）》，（上海：上海古籍出版社，2004年12月），頁252。

〔註417〕馬承源主編：《上海博物館藏戰國楚竹書（三）》，（上海：上海古籍出版社，2003年12月），頁252。

〔註418〕參陳劍：〈上博竹書《曹沫之陳》新編釋文（稿）〉，簡帛研究網，2005年2月12日；陳斯鵬：〈上海博物館藏楚簡《曹沫之陣》釋文校理稿〉，簡帛研究網，2005年2月20日；李銳：〈《曹劌之陣》釋文新編〉，簡帛研究網，2005年2月25日；白于藍：〈上博簡《曹沫之陳》釋文新編〉，簡帛研究網，2005年4月10日；李銳：《曹劌之陣》重編釋文，簡帛研究網，2005年5月27日；邴尚白：〈上博楚竹書〈曹沫之陣〉注釋〉，臺灣大學《中國文學研究》第二十一期，2006年，頁10。

〔註419〕〔清〕阮元《校勘十三經註疏・左傳》，嘉慶廿年江西南昌府學開雕影印本，藝文印書館1993年，頁350。

載公子騑云：「天禍鄭國，使介居二大國之間。」〔註420〕，《左傳·昭公三十年》云：「以敝邑居大國之間」〔註421〕。依照魯莊公當時的地理情勢，「居大邦之間」所指的是魯國居於齊、楚二大國之間。〔註422〕

【2】閒

「間」字金文作𨳲（曾姬無卹壺），簡文△字作𨳫，「門」旁兩側豎筆呈縮筆形態，與𨳫（包·13）、𨳫（古璽彙編·5559）近似，戰國楚系甚至將「門」旁都省略而僅作「列」，如𪟶（包·179）。

《說文》云：「間，隙也。从門月。閒，古文閒。」〔註423〕（大徐本「隙」字作「𨻶」，「𨻶」為「隙」之俗字，見《龍龕手鑑·阜部》。且「从門、从月」與段注本稍異〔註424〕），大徐本引徐鍇云：「夫門夜閉，閉而見月光，是有閒隙也。」〔註425〕。

簡文「間」字為「兩者之中」之義，《左傳·文公十七年》：「居大國之間，而從於強令。」〔註426〕，《左傳·襄公》載公子騑云：「天禍鄭國，使介居二大國之間。」〔註427〕，《左傳·襄公三十一年》云：「以敝邑褊小，介於大國，誅求無時」，《注》云：「介，間也。」〔註428〕，《左傳·昭公三十年》云：「以敝邑居大國之間」〔註429〕，又《論語·先進》載子路之言云：「千乘之國，攝乎大國之間」，何晏《集解》云：「包曰：『攝，迫也。迫於大國之間。』」〔註430〕，又《列子》云：「衛侯曰：『吾弱國也，

---

〔註420〕〔清〕阮元《校勘十三經註疏·左傳》，嘉慶廿年江西南昌府學開雕影印本，藝文印書館1993年，頁528。

〔註421〕〔清〕阮元《校勘十三經註疏·左傳》，嘉慶廿年江西南昌府學開雕影印本，藝文印書館，1993年，頁927。

〔註422〕此條考釋筆者曾發表於武漢大學簡帛網。參拙文：〈讀《上博四》札記三則〉，武漢大學簡帛網，（2006年2月24），網址：http://www.bsm.org.cn/show_article.php?id=228。

〔註423〕許慎撰、段玉裁注：《說文解字·注》，經韻樓藏版，（臺北市：洪葉出版社，1999年11月），頁595。

〔註424〕見〔漢〕許慎撰、〔宋〕徐鉉校定：《說文解字》，（北京：中華書局，2003年），頁248。

〔註425〕見〔漢〕許慎撰、〔宋〕徐鉉校定：《說文解字》，（北京：中華書局，2003年），頁248。

〔註426〕〔清〕阮元《校勘十三經註疏·左傳》，嘉慶廿年江西南昌府學開雕影印本，（臺北：藝文印書館，1993年），頁350。

〔註427〕〔清〕阮元《校勘十三經註疏·左傳》，嘉慶廿年江西南昌府學開雕影印本，（臺北：藝文印書館，1993年），頁528。

〔註428〕〔清〕阮元《校勘十三經註疏·左傳》，嘉慶廿年江西南昌府學開雕影印本，（臺北：藝文印書館，1993年），頁686。

〔註429〕〔清〕阮元《校勘十三經註疏·左傳》，嘉慶廿年江西南昌府學開雕影印本，（臺北：藝文印書館，1993年），頁927。

〔註430〕〔清〕阮元《校勘十三經註疏·論語》，嘉慶廿年江西南昌府學開雕影印本，（臺北：

而攝乎大國之間。』」，又《周禮‧夏官司馬》：「使小國事大國，大國比小國。」，回歸本簡這裡指涉的大邦之間應是「楚」、「齊」。

〔48〕、14、17‧啻（敵）邦交墬（地）

原考釋者李零以爲「讀『交地』，兩國接壤之地。《孫子‧九地》：『我可以往，彼可以來者，爲交地』，『交地則無絕』，『交地吾將謹其守』。」〔註431〕。

陳劍在【簡17】「交地」下以爲「『交地』原釋爲『兩國接壤之地』，理解作偏正式的名詞性結構。改將14簡與17簡連讀爲『敵邦交地』之後，則『交地』當理解爲動賓結構，指土地接壤。」〔註432〕。

淺野裕一以爲「『交地』可能是指，歸屬國常變而兩國勢力交叉的土地。曹沫認爲，由於情勢不明，不能先發制人，以免埋下敵人的報復之心。《孫子》九地篇亦出現『交地』，而在此被論述爲：『我可以往，彼可以來者，爲交地』『交地則無絕』。可是，《孫子》預設經過幾塊第三國領土的長距離之進軍，所以與〈曹沫之陳〉的『交地』意思應該不同。」〔註433〕。

【簡15】上半部殘，因此李零在【簡14】的「釋文考釋」中云：「此下有脫簡」〔註434〕而也因脫簡之故，令人增添了【簡14】是否接【簡15】的疑慮，陳劍則進一步將【簡14】接【簡17】，讓「敵邦交地」連爲一句，這是相當大的突破。

首先字形的部份「地」字一般戰國地字作墬（包2‧219）、墬（包2‧202）、墬（郭‧太‧7）、墬（秦家嘴‧M99），早期甲骨、金文中「阜」旁常作 （西周晚‧散氏盤/降）、𨸏（西周晚‧井人女鐘/降）、 （春秋早‧叔姬鼎/陽），但也有戰國時期銘文作此型態如「阿」（戰國‧阿武戈），但數量已較少，大多都已演變作墬（戰國‧鄂君啓舟節）、墬（戰國‧曾姬無卹壺），而這樣的型態在簡帛文字中數量更少，因此林清源師更把楚系這種類化作「𠂤」形的現象解釋爲楚系的特徵文字〔註435〕，因此△字作墬，阜旁不作「𠂤」，是十分難得的一個字例，除此字

藝文印書館，1993年），頁100。

〔註431〕馬承源主編：《上海博物館藏戰國楚竹書（四）》，（上海：上海古籍出版社，2004年12月），頁254。

〔註432〕陳劍：〈上博竹書《曹沫之陳》新編釋文（稿）〉，簡帛研究網，（2005年2月12日），網址：http://www.jianbo.org/admin3/2005/chenjian001.htm。

〔註433〕淺野裕一：〈上博楚簡〈曹沫之陳〉的兵學思想〉，簡帛研究網，（2005年9月25日），網址：http://www.jianbo.org/admin3/2005/qianyeyuyi001.htm。

〔註434〕見馬承源主編：《上海博物館藏戰國楚竹書（四）》，（上海：上海古籍出版社，2004年12月），頁252。

〔註435〕參林清源師：《楚國文字構型演變研究》，東海大學博士論文，1997年12月，頁204

外亦見簡 17 之「彊陸」之「陸」、簡 43「行毆」之「毆」、簡 63「危陸」之「陸」，可見此非孤證，不過《曹沫之陣》簡「阜」旁也未必都作此型態，如「▨」（簡 43）。另外，在《上博（二）·子羔》簡 11 的「鄙」字作「▨」，「阜」旁亦作此形。

另外，新出《上博（五）·季庚子於孔子》簡 19 有個「▨」字，原考釋者濮茅左釋作「降」〔註436〕，季旭昇師以爲「原考釋所隸『降』字，左旁與楚系文字『阜』旁完全不同，疑爲『頤（左旁）』或『泉』旁。待考。」〔註437〕，陳劍釋作「降（？）」〔註438〕，對字形也保持懷疑，筆者以爲該字左旁似與△相近，然是否可釋作「降」，待考。

「交地」一詞於《孫子》共出現四次，皆出現於〈九地〉。分別是「孫子曰：用兵之法，有散地，有輕地，有爭地，有交地……我可以往，彼可以來者，爲交地。」又「交地則無絕」又「交地，吾將謹其守」，杜牧以爲「川廣地平，可來可往，足以交戰對壘。」〔註439〕，陳皞以爲「交錯是也，言其道路交橫，彼我可以來往。如此之地，則須兵士首尾不絕，切宜備之。」〔註440〕，杜佑：「交地，有數道往來，交通無可絕。」〔註441〕，李零《吳孫子發微》九地篇下云：「交地：兩國接壤之地」〔註442〕，《孫子兵法新釋》以爲「交地：指地勢平坦、道路縱橫、交通便利之地」〔註443〕，可見「交地」乃是敵邦與我邦之交界地帶，也是軍事衝突的場地。

〔49〕、17·不可以先夌（作）悁（怨）

原考釋者李零以爲「讀『先作怨』，指先動手發難。簡文「怨」多作「悁」，從心從肙字的異體。」〔註444〕。

佑仁案：筆者以爲李零以爲將「先作怨」解釋爲「先動手發難」並不妥當，因

～205。

〔註436〕見馬承源主編：《上海博物館藏戰國楚竹書（五）》，（上海：上海古籍出版社，2005年 12 月），頁 229。

〔註437〕參季旭昇師：〈上博五芻議（上）〉，武漢大學簡帛網，（2006 年 2 月 18 日），網址：http://www.bsm.org.cn/show_article.php?id=195。

〔註438〕陳劍：〈談談《上博（五）》的竹簡分篇、拼合與編聯問題〉，（2006 年 2 月 19 日），網址：http://www.bsm.org.cn/show_article.php?id=204。

〔註439〕見楊丙安校理：《十一家注孫子校理》，（北京：中華書局，2004 年重印），頁 236。

〔註440〕見楊丙安校理：《十一家注孫子校理》，（北京：中華書局，2004 年重印），頁 236。

〔註441〕見楊丙安校理：《十一家注孫子校理》，（北京：中華書局，2004 年重印），頁 236。

〔註442〕見李零：《吳孫子發微》，（北京：中華書局，1997 年 6 月），頁 109。

〔註443〕李興斌、楊玲：《孫子兵法新釋》，（濟南：齊魯書社，2002 年 3 月），頁 53。

〔註444〕見馬承源主編：《上海博物館藏戰國楚竹書（四）》，（上海：上海古籍出版社，2004年 12 月），頁 254。

為小邦處大邦之間、敵邦環伺之際，強調勿「先動手」並不符合小邦在險峻的國際形勢中應有的態度，此處所指應是小邦在大邦與大邦之間，舉措應當保持圓融，不得罪何任何一方，而兩面討好，左右逢源，不做出使任何一邦怨恨之事，而讓我邦遭受戰爭的危難，簡文「不可以先作怨」應是此義。

《說文》：「怨，恚也。从心夗聲。」〔註445〕，本義即怨恨、仇恨之意，《玉篇·心部》：「怨，恨望也。」，又《韓非子·難三》：「桓公能用管仲之功而忘射鉤之怨。」，《史記·秦本紀》：「繆公之怨此三人入於骨髓」。而「作怨」之文例在古籍很多，如《尚書·康誥》云：「王曰：『嗚呼！封，敬哉！無作怨。』」，《注》云：「言當修己以敬，無為可怨之事物。」〔註446〕，可證簡文「不可以先作怨」應指不做出使他邦怨恨吾國之事。△字亦見楚簡中如《上博（一）·孔子詩論》簡27作「𢘿」，原考釋者馬承源即讀作「怨」〔註447〕。

另外，《說文》有「悁」字，其云「悁、忿也。从心、𡉈聲。一曰憂也。」，「悁」即憤恨、忿怒之義，於簡文中亦可通〔註448〕，可備一說。

### 〔50〕、17·疆墬（地）母（毋）先而必取□安（焉）

原考釋者李零以為「『疆墬』，讀『疆地』，指兩國交界之地。第八字殘缺，祇有上部的殘筆。」〔註449〕。

淺野裕一以為「『疆地』是鄰國支配的邊境土地，所以還是不能發動先發制人之攻擊，而必須先討取居民的歡心。」又云「『疆地毋先必取□焉』的缺字可能是意味著居民的文字。」〔註450〕。

朱賜麟以為「此句在論守邊城，與第五十六簡『民有保：曰城、曰固、曰阻，三者盡用不棄，邦家以宏。』意思頗相類似。　　字雖殘缺不可識，但依文意推之，則當為一名詞，且與『距邊』的作為有很密切的關係。似應較近於第五十六簡之『阻』

---

〔註445〕許慎撰、段玉裁注：《說文解字注》，經韵樓藏版，（臺北市：洪葉出版社，1999年11月），頁516。

〔註446〕〔清〕阮元《校勘十三經註疏·尚書》，嘉慶廿年江西南昌府學開雕影印本，（臺北：藝文印書館，1993年），頁206。

〔註447〕見馬承源主編：《上海博物館藏戰國楚竹書（一）》，（上海：上海古籍出版社，2001年11月），頁157。

〔註448〕此說為筆者投稿本所《中國學術研究》時，匿名審查人給予的寶貴意見，再此特申謝忱。

〔註449〕見馬承源主編：《上海博物館藏戰國楚竹書（四）》，（上海：上海古籍出版社，2004年12月），頁254。

〔註450〕淺野裕一：〈上博楚簡〈曹沫之陳〉的兵學思想〉，簡帛研究網，（2005年9月25日），網址：http://www.jianbo.org/admin3/2005/qianyeyuyi001.htm。

字之意，指邊防險阻之地。」〔註451〕。

　　佑仁案：「母」字作 ，字形與其他母字稍有不同，《曹沫之陣》一般「母」字作 （簡 20）、 （簡 21），毋字作 （簡 37）、 （簡 62），很明顯地起筆與中間的斜筆皆作彎曲之形，而△這型態與【簡 5】「毋」字作 近似，另外，簡 60 下有個「如」字作「 」字上半的「女」旁作「 」，最下似有再添一橫筆的現象，可參。

　　李零釋作「毋」，其實應隸定作「母」讀爲「毋」。甲金文「母」字作「 」（甲·2316）、「 」（毛公旅鼎），季旭昇師以爲「中著兩點，表示乳形」〔註452〕，于省吾以爲「甲骨文和金文均借用母字以爲否定詞之毋。詛楚文的『葉萬子孫毋相爲不利』，毋字作 ，古鈢文作 ，秦權和詔版毋字習見。毋字的造字本義，係把母字的兩點變爲一個橫劃，作爲指事字的標志，以別于母，而仍因母字爲聲。」〔註453〕，正確可從，母、毋同源分化。

〔51〕、17·所呂（以）佢（拒）鄒（邊）

　　「佢」字原考釋者李零以爲「『佢』讀『距』，拒守。」〔註454〕。

　　淺野裕一以爲「竹簡中提到，之所以交地和疆地不能先發制人，是因爲『所以距遍』。『遍』是鄰接於魯國的齊國之邊陲地區，可能指曾經是魯國領土的土地。『距』是隔離、分割的意思，而『所以距遍』可能是指，將曾經是魯國領土而後來被齊國奪取的齊國邊陲地區，從齊國的支配中隔離、分割的政策。」〔註455〕。

　　「佢」字讀作「拒」或「距」皆可，都爲「拒守」、「抵禦」之意。《廣韻·語韻》：「拒，捍也。」，《孫子·九地》：「是故始如處女，敵人開戶；後如脫兔，敵不及拒。」，宋陳亮《酌古論一·先主》：「吳力不能兩拒，固將棄夷陵而與我和，以并力拒魏。」。

　　「距」亦有抗拒之義，《詩·大雅·皇矣》：「密人不恭，敢距大邦，侵阮徂共。」，孔穎達疏：「抗拒大國，侵其邑境，是不恭也。」，《墨子·公輸》：「公輸盤九設攻城之機變，子墨子九距之。」，《漢書·高帝紀上》：「沛公雖欲急入關，秦兵尙眾，距

〔註451〕朱賜麟：《曹劌之陣思想研究——及其在春秋兵學思想史上的意義》，臺灣師範大學碩士論文，2006 年 6 月，頁 26～27。

〔註452〕見季旭昇師：《說文新證（下冊）》，（臺北市：藝文印書館，2004 年 11 月），頁 188。

〔註453〕于省吾：〈釋古文字中附劃因聲指事字的一例〉，《甲骨文字釋林》，（北京市：中華書局，1979 年），頁 455。

〔註454〕見馬承源主編：《上海博物館藏戰國楚竹書（四）》，（上海：上海古籍出版社，2004 年 12 月），頁 254。

〔註455〕淺野裕一：〈上博楚簡〈曹沫之陳〉的兵學思想〉，簡帛研究網，（2005 年 9 月 25 日），網址：http://www.jianbo.org/admin3/2005/qianyeyuyi001.htm。

險。」顏師古注：「依險阻而自固以距敵。」，可參。

簡文「距邊」意即抵禦邊境、邊界之意，淺野裕一解作隔離、分割之義，似較不好理解。

〔52〕、17・母（毋）炁（愛）【1】貨資【2】、子女【3】

【1】炁

《上海博物館藏戰國楚竹書（四）・曹沫之陣》簡 17 有個「愛」（以下簡稱△）字〔註 456〕，考釋者李零隸定作「」，以爲「疑是『炁』字之誤，簡文讀爲『愛』，是吝惜之義」〔註 457〕。陳劍以爲「『愛』字本作『炁』，上所從『旡』形略有訛變。原釋爲上从『又』說爲『炁』字之誤，不必」〔註 458〕。李守奎以爲李零錯將「旡」字看成「又」〔註 459〕。

△字作，陳劍指出字不从「又」，相當正確，此偏旁與《曹沫之陣》之「又」字差異甚大。然陳劍主張其爲「旡」形之「訛變」，似也可以成立，但精確一點應是「旡」旁的「省形」。而且從甲骨、金文、戰國文字以至於三體石經的古文，皆存在著此種省形的形體。

△字與簡 12「炁」字作，二者的差異僅在於△字省略「旡」旁的豎筆而已。甲骨文中「既」作（前・7・18・1），然亦有作（乙・6664）者，省略其「旡」旁「口」形之豎筆，金文〈麓伯簋〉「既」字作〔註 460〕，〈西周晚・番生簋蓋〉「暨」字作（《金文編》摹作〔註 461〕），〈春秋早・曾伯從寵鼎〉「既」字作，戰國楚系長沙銅量「旡」字何琳儀摹作「」〔註 462〕，《新蔡葛陵簡》「既」字作（甲三：189）、（零：285），「旡」旁口形之豎筆皆不明顯〔註 463〕，《汗簡・卷四》「旡」字作「」，黃錫全以爲「三體石經《君奭》既字古文作，所從之旡與此形類同」〔註

〔註 456〕見馬承源主編：《上海博物館藏戰國楚竹書（四）》，（上海：上海古籍出版社，2004 年 12 月），頁 105。

〔註 457〕見馬承源主編：《上海博物館藏戰國楚竹書（四）》，（上海：上海古籍出版社，2004 年 12 月），頁 254。

〔註 458〕見陳劍：〈上博竹書《曹沫之陳》新編釋文（稿）〉，簡帛研究網，（2005 年 2 月 12 日），網址：http://www.jianbo.org/admin3/2005/chenjian001.htm。

〔註 459〕李守奎：〈《曹沫之陣》之隸定與古文字隸定方法初探〉，（北京：學苑出版社，2005 年 6 月），頁 494。

〔註 460〕見容庚：《金文編》，（北京：中華書局，2004 年 8 月），頁 354。

〔註 461〕見容庚：《金文編》，（北京：中華書局，2004 年 8 月），頁 712。

〔註 462〕何琳儀：《戰國古文字典》，（北京市：中華書局，1998 年），頁 1195。

〔註 463〕參河南省文物考古研究所：《新蔡葛陵楚墓》，（鄭州：大象出版社，2003 年 10 月）。

〔註 464〕見黃錫全：《汗簡注釋》，（武漢：武漢大學出版社，1990 年），頁 315。亦可見何琳

464），魏三體石經「既」字作𣢑。

綜上所述，可見「旡」字省略「口」旁的豎筆，在甲骨、金文、戰國文字乃至於三體石經的古文字材料中，依舊保留著此型態的「旡」字，筆者以爲從字形上來分析，以「訛變」來說明△字，似不如將之說成「省略」來的佳。

李零解「愛」作「吝惜」，正確可從。《字彙・心部》：「愛，吝也。」，《孟子・梁惠王上》：「百姓皆以王爲愛也。」，趙岐注：「愛，嗇也。」，《國語・魯語下》：「有貨以衛身也，出貨而可以免，子何愛焉？」，可參。

【2】貨資

原簡作「𧴪」，字從貝、次聲，「資」字精紐、脂部，「次」字清紐、脂部，《說文》：「貨，財也。從貝，化聲。」〔註465〕，《玉篇・貝部》：「貨，金玉曰貨。」《老子》第三章：「不貴難得之貨。」，《說文》：「資，貨也。從貝次聲。」〔註466〕，《易・旅》：「懷其資，得童僕，貞。」，王弼注：「資，貨。」可見二字意義接近，則「貨資」二字乃財物、貨物之義，即金錢珠玉布帛的之總稱。《韓非子・解老》：「今大姦作則俗之民唱，俗之民唱則小盜必和，故服文采，帶利劍，厭飲食，而貨資有餘者，是之謂盜竽矣。」可參。

【3】子女

「子女」本簡泛指美女之義。「子女」一詞在古籍中有三種種解釋，第一種指「兒女」，如《儀禮・少勞饋食禮》：「承致多福無疆于子女孝孫。」，又《墨子・天志下》：「抯格人之子女者乎？」，李漁叔譯作「抓人家的子女」〔註467〕，此皆將「子女」當「兒女」之義。第二種意思爲「人民」，如《墨子・非攻下》：「我非以金玉、子女、壤地爲不足也」，王煥鑣以爲「這裡指人民」〔註468〕，李漁叔譯作「人民」〔註469〕，李生龍解釋成「人民」〔註470〕，王冬珍、王讚源以爲「子女，人民」〔註471〕。第

儀《戰國古文字典》「旡」字下的討論，見何琳儀：《戰國古文字典》，（北京：中華書局，1998 年），頁 1195。

〔註465〕許慎撰、段玉裁注：《說文解字・注》，經韵樓藏版，（臺北市：洪葉出版社，1999年 11 月），頁 282。

〔註466〕許慎撰、段玉裁注：《說文解字・注》，經韵樓藏版，（臺北市：洪葉出版社，1999年 11 月），頁 282。

〔註467〕參李漁叔：《墨子今注今譯》，（臺北市：臺灣商務印書館，1974 年），頁 218。

〔註468〕王煥鑣著：《墨子校釋》，（杭州：浙江文藝出版社，1987 年），頁 162。

〔註469〕李漁叔註譯：《墨子今註今譯》，（臺北市：臺灣商務印書館，1988 年 4 月），頁 154～155。

〔註470〕李生龍注譯、李振興校閱：《新譯墨子讀本》，（臺北市：三民書局，1996 年），頁 134。

〔註471〕王冬珍、王讚源校注：《新編墨子》，（臺北市：國立編譯館，2001 年），頁 309～310。

三種解釋是「美女」,《韓非子・說疑》載燕君子噲「持戟數十萬,不安子女之樂,不聽鍾石之聲」,「子女」一詞,邵增樺以爲「猶言女子。國語越語:『願以金玉子女,賂君之辱』」〔註472〕,朱守亮亦同並云:「此解作美女」〔註473〕,張素貞以爲「不安女子之樂」爲「不耽溺於與美貌女仔尋歡作樂」〔註474〕,又《韓非子・八姦》亦有「人主樂美宮室臺池、好飾子女狗馬以娛其心」、「重賦歛以飾子女狗馬」其實亦是此義。《國語・晉語四》公子曰:「子若克復晉國,何以報我?」公子再拜稽首對曰:「子女玉帛,則君有之。」,《國語・越語上》:「願以金玉、子女賂君之辱,請句踐女女于王」,《國語・越語上》「夫差行成曰:『寡人之師徒,不足以辱君矣。請以金玉、子女賂君之辱。』」。簡文「勿愛貨資子女,以事其便嬖」,有兩種解釋方式,一是盼國君勿愛「美女」,以使美人成爲敵國的「便嬖」,第二種解釋是勿愛美女,將美人用以侍奉敵國之便嬖,二說以後者爲佳。必須指明的是,除國君身邊的寵臣可謂之「便嬖」外,但國君寵幸的女子臣子亦可稱「便嬖」,可知「便嬖」無性別之分,關於此點可參下一條考釋。

　　綜上所述,「毋愛貨資子女」,即表示勿愛財或物品,也勿沉溺於美色,而將財貨贈與敵方之「便嬖」,將金錢與美人贈與敵方的寵臣,一方面作內應外,一方面也讓敵國國君耽於女色,無心於國政,即「不修政而善於民」。另外,就斷句而言,既然「貨資」與「子女」爲不同之屬性,則應斷句作「貨資、子女」爲當。

〔53〕、17、18・■(以)事亓(其)俊(便)迡(嬖)

　　「俊迡」原考釋者李零以爲「迡」從「卑」聲,與「嬖」同爲幫母支部字,可通假。「便嬖」,受寵愛者。《說文,女部》:「嬖,便嬖,愛也。」〔註475〕,《孫子・用閒》:「相守數年,以爭一日之勝,而愛爵祿百金,不知敵之情者,不仁之至也。」這裡是指收買敵方的寵臣以爲內應。」〔註476〕。

　　陳斯鵬釋「迡」作「辟」,無說〔註477〕。

　　「俊」字原簡作■,字形經過筆者處理後作■,「夋」旁的上半部分殘泐

〔註472〕邵增樺註釋:《韓非子今註今譯》,(臺北市:臺灣商務印書館,1990年),頁261。

〔註473〕朱守亮:《韓非子釋評》第三冊,(臺北市:五南,1992年),頁1549。

〔註474〕張素貞校注:《新編韓非子》,(臺北市:國立編譯館,2001年),頁1225。

〔註475〕許慎撰、段玉裁注:《說文解字注》,經韵樓藏版,(臺北市:洪葉出版社,1999年11月),頁628。

〔註476〕馬承源主編:《上海博物館藏戰國楚竹書(四)》,(上海:上海古籍出版社,2004年12月),頁254。

〔註477〕陳斯鵬:〈上海博物館藏楚簡《曹沫之陣》釋文校理稿〉:簡帛研究網,(2005年2月20日),網址:http://www.jianbo.org/admin3/list.asp?id=1328。

的相當嚴重，李零迻釋作「便」，其實是寬式隸定，「爰」郭店簡作（郭店‧尊‧14）、（郭店‧成‧32），與△字所从之型態相同，又《曹沫之陣》【簡35】字作，將「爰」旁左半的橫筆寫的稍微向左，導致與「人」旁相連。

「爰」在郭店簡中已經出現，《老子》甲「絕聖棄爰（辯）」，原整理者已經隸定作「卞」〔註478〕，其實是「鞭」的初文，可見學者已知△字右上角是「卞」字，但是是否知道將原本有弧度的筆畫，變成一橫筆，並再其上添加飾筆，待考。

「逯」字作，字從辵、卑聲，又《郭店‧緇衣》簡23作，字作「卑」讀作「嬖」，其「卑」旁的形態與△同。

「便嬖」未必單指男性寵臣，美人亦可稱「便嬖」，《戰國策‧張儀之楚貧》云「（張儀云）『願王召所便習而觴之』王曰：『諾。』乃召南后、鄭袖而觴之。」，鮑彪云：「便，所安者。習，所昵者。補曰：便習，猶便嬖。」〔註479〕可見女性亦可為「便嬖」。

「便嬖」一詞古籍多見，如《荀子‧君道》「夫文王非無貴戚也，非無子弟也，非無便嬖也」，《荀子‧君道》「便嬖左右者，人主之所以窺遠、收眾之門戶牖嚮也，不可不早具也。」可見便嬖是國軍身邊非常親近之人，埋伏此類「間人」於國君身邊，積極面能竊知軍事機密與行動，再如南后、鄭袖之類的令國君寵幸的便嬖也能夠左右王的行動，可見「內間」之妙用。

〔54〕、18‧所以佢（距）內

淺野裕一以為「『所以距內』是對於齊國朝廷內部的離間策略，行賄齊國寵臣進而收買，使他做有利於自國的言論或行動之政策。因此，無論『遍』還是『內』，其起點皆在於齊國。」〔註480〕。

佑仁案：此處言「距內」，意即利用「便嬖」的內應，而抗守於敵國之內。收買敵國。

〔55〕、18‧纏（繕）麀（甲）利（厲）兵

「纏」字原考釋者李零隸定作「綖」，以為「從庶得聲，疑讀『繕』。『繕』是禪母元部字，『庶』同『庶』，是書母魚部字，讀音相近。」〔註481〕。

〔註478〕荊門市博物館編：《郭店楚墓竹簡》，（北京市：文物出版社，1998年），頁111。

〔註479〕《戰國策》，（上海：上海古籍出版社，1958年8月），頁541。

〔註480〕淺野裕一：〈上博楚簡〈曹沫之陳〉的兵學思想〉，簡帛研究網，（2005年9月25日），網址：http://www.jianbo.org/admin3/2005/qianyeyuyi001.htm。

〔註481〕馬承源主編：《上海博物館藏戰國楚竹書（四）》，（上海：上海古籍出版社，2004年12月），頁254。

陳劍釋作「纏」讀作「繕」，以爲「『纏』字原已釋讀爲『繕』，但說其字爲從『庶』得聲，恐不可信。」〔註482〕。

季旭昇師以爲「『庶』似可視爲聲符，庶（審鐸）、塵（澄元），聲母同屬舌頭，韻爲旁對轉（參陳師新雄《古音學發微》1088 頁）」〔註483〕。

**佑仁案**：△字作 ，筆者將幾個相關字形列成一表，以方便討論，如下：

| 編　　號 | 1 | 2 | 3 | 4 |
|---|---|---|---|---|
| 字　　形 | | | | |
| 出　　處 | 曹沫之陣・18 | 郭店・緇衣・36 | 上博一・緇衣・18 | 十鐘山房印舉・3之11 |
| 編　　號 | 5 | 6 | 7 | 8 |
| 字　　形 | | | | |
| 出　　處 | 十鐘山房印舉・3之21 | 上博四采風曲目・3 | 季庚子問孔子・4 | 睡虎地秦簡・131 |
| 編　　號 | 9 | 10 | 11 | |
| 字　　形 | | | | |
| 出　　處 | 江陵十號漢墓木牘五 | 漢印徵 | 漢印徵 | |

郭店簡△2 字形原考釋者釋作「壓」，以爲「壓，簡文從『厂』從『土』從『則』省，讀作『則』。」裘錫圭按語云：「簡文上『也』上一字似當釋『塵』，『塵』、『展』音近可通。」〔註484〕，廖名春也以爲△2 不當釋作「塵」，因爲與《說文》纏字「从广里八土」不合，他以爲乃從「則」省〔註485〕。李零懷疑此字乃是「塵」的誤寫，以爲字形上從貝下從土，與△3 字形相同〔註486〕，而主張「塵」字的寫法應是《郭店・唐虞之道》簡1 之「」字〔註487〕，他並以爲△2 與《容成氏》簡39 之「」

〔註482〕陳劍：〈上博竹書《曹沫之陳》新編釋文（稿）〉，簡帛研究網，（2005 年 2 月 12 日），網址：http://www.jianbo.org/admin3/2005/chenjian001.htm。

〔註483〕參季旭昇師主編、高佑仁執筆、朱賜麟協撰：《上海博物館藏戰國楚竹書（四）讀本・曹沫之陳釋譯》，（臺北：萬卷樓圖書公司，2007 年 3 月），頁 174。

〔註484〕荊門市博物館編：《郭店楚墓竹簡》，（北京市：文物出版社，1998 年），頁 135。

〔註485〕廖名春：《新出楚簡試論》，（臺北市：臺灣古籍出版，2001 年），頁 65。

〔註486〕見李零：《上博楚簡三篇校讀記》，（臺北：萬卷樓，2002 年 3 月），頁 58。又見李零：《郭店楚簡校讀記》，（北京：北京大學出版社，2002 年 3 月），頁 67。

〔註487〕見李零：《郭店楚簡校讀記》，（北京：北京大學出版社，2002 年 3 月），頁 96。

有關〔註488〕，但缺乏直接的證據或進一步的說明。平情而論，不同書手的△2、△3字二字皆是 之誤寫，是有可能，但恐須進一步的說明。廖名春主張從「則」省，這種說法卻無法在△1 上得到印証。

楊澤生以爲△2 字「上部爲『鼎』的變形，也是聲旁。古音『鼎』在端母耕部，『展』在端母元部，它們聲母相同，而韻母所屬的『耕』、『元』二部關係密切」〔註489〕。趙平安利用《十鐘山房印舉》中的「纏」字△4、△5，以爲與郭店△2 的寫法「只是少了一個广而已」〔註490〕。△3 原考釋者陳佩芬釋作「墨」，讀作「則」〔註491〕，今本《緇衣》讀爲「展」。鄒濬智以爲△3 中間的偏旁不當釋作「火」〔註492〕。

筆者以爲△1～3 等三字都是「纏」字，「纏」字甲、金文尚未出現，但從文字演變的脈絡來看，《曹沫之陣》△1 應是「纏」字較早的形體，△1 字從糸、從庶、從土，李零以爲釋作「緒」，以爲從「庶」聲，通作「繕」，陳劍直接釋作「纏」，以爲「庶」非聲符地位〔註493〕，陳劍說法較正確。△1 字形從「庶」正確，楚系「庶」字作 （上博（二）·昔者君老·1）、（九店·47）、（包·258），與△1 所從偏旁相同，但「繕」、「庶」的字音則並不接近，「繕」上古音爲定紐、元部，「庶」爲透紐、魚部，二韻差異不小，陳新雄師《古音研究》一書亦無「元、魚」通假之例〔註494〕，可見「庶」應爲形符非聲符。

《說文》釋「廛」爲「從广里八土」的說法並不合於目前所見古文字中的「廛」，筆者以爲「纏」字可能「從糸從庶從土」，而△2、△3 皆爲△1 之訛。從字形而言，鄒濬智從△2、△3 二字分析，以爲有從「則」省及從「廛」省兩種可能〔註495〕，從「從則省」的角度觀察，△1 字形與「則」並無關聯，若假設「纏」字乃從「則」省，而作△2 之形，進一步訛成△3 的從「日」形、「亦」形，或訛成△1 的「庶」

〔註488〕馬承源主編：《上海博物館藏戰國楚竹書（二）》，（上海：上海古籍出版社，2002年12月），頁281。

〔註489〕楊澤生：〈上海博物館藏楚簡文字雜說〉，《江漢考古》2002年第3期，頁79～80。

〔註490〕趙平安：〈上博藏緇衣簡字詁四篇〉，《上海博物館藏戰國楚竹書研究》，（上海：上海古籍出版社，2002年），頁65。

〔註491〕馬承源主編：《上海博物館藏戰國楚竹書（一）》，（上海：上海古籍出版社，2001年11月），頁194。

〔註492〕見鄒濬智：《上海博物館藏戰國楚竹書（一）·緇衣》研究，（臺北：臺灣師範大學碩士論文，2004年6月），頁166。

〔註493〕陳劍：〈上博竹書《曹沫之陣》新編釋文（稿）〉，簡帛研究網，（2005年2月12日），網址：http://www.jianbo.org/admin3/2005/chenjian001.htm。

〔註494〕參陳新雄師：《古音研究》，（臺北市：五南圖書，1999年），頁465～466。

〔註495〕見鄒濬智：《上海博物館藏戰國楚竹書（一）·緇衣研究》，（臺北：臺灣師範大學碩士論文，2004年6月），頁166。

旁，這樣的訛變較大。但反過來思考，從「从纏省」的角度看，若是本來就「纏」字即从「庶」如△1之形，則「口」稍訛即成△2之「貝」形，其「貝」形與下所從之「火」正是楚系「則」字的標準寫法，這樣的訛變方式屬於「聲化」；其次，△1「口」形稍訛又省「厂」旁，即成△3「日」形。

其次，△2、△3下半偏旁作少、火，皆爲△1「纏」字「火」旁所訛，戰國文字中「火」旁訛變作少，是有例證，如「然」字楚簡一般作燚（《天卜》），其「火」旁是標準的楚系寫法，但「然」字亦有作燚（郭店·太3）、燚（郭店·老乙15），省其「火」旁的橫筆與△2之「少」相同。其次「火」旁省作「亦」亦有其證，另外《天星》簡有柏字，釋作「灼」，又另見一相同文例之「灼」字作「柏」，其右半偏旁與楚系「亦」字相同，比對前字，應爲「火」字所訛，陳嘉凌《楚系簡帛字根研究》以爲二字文例相同，故後二字亦是「灼」，並對楚系「火」字之訛變情形有進一步的說明，可參〔註496〕，《楚文字編》〔註497〕、《楚系簡帛文字編》〔註498〕亦將柏字置於「灼」字下，這種型態的訛變正與△3之「火」相同。

而《十鐘山房印舉》的△5、△6兩例，火旁則進一步訛成「大」，趙平安以爲與《上博簡·緇衣》△3字形非常接近，並以爲「只是少了一個广而已」，觀點正確，但略有補充之處，因爲△2从「火」，△3从「亦」，二者這一層的差異是很明顯的。漢代文字△8～10承襲△5亦是从「日」，但省略「大」旁，△10「土」旁進一步訛成「壬」。

其次，從《說文》以後的字書所收的異体字去考察，也可以得到印證，如《碑別字新編》引〈魏女尚書馮女郎墓誌〉之纏字作「纒」，其「石」旁依舊保留〔註499〕。而字書中不少字形已訛成「里」，如《碑別字新編·二十一畫·纏字》引〈魏青州刺史元湛墓誌〉作纒，《廣韻·平聲·仙韻》作纏，但亦不少字形有保留「火」旁，如《龍龕手鑑》作纏，《重訂直音篇》作纏，這些保留「石」或「火」旁的字形，其實是古體殘留。

本簡「纏」字讀作「繕」沒有問題，但字形來源仍有待突破的空間。

〔56〕、18·戠（戰）心呂（以）獸（守）

「戰心」一詞爲古籍習語，如《管子·參患》「故一器成，往夫具，而天下無戰

〔註496〕見陳嘉凌：《楚系簡帛字根研究》，（臺北：臺灣師範大學碩士論文，2002年6月），頁317～323。

〔註497〕李守奎：《楚文字編》，（上海：華東師範大學出版社，2003年12月），頁584。

〔註498〕滕壬生：《楚系簡帛文字編》，（武漢：湖北教育出版社，1995年7月），頁1006。

〔註499〕秦公輯：《碑別字新編》，（北京市：文物出版社，1985年），頁453。

心。……所謂無戰心者，知戰必不勝，故曰無戰心。」，賈誼《新書・脩政語下》：「凡有戰心者，必脩之以政，而興之以義，然後能以勝也。」，〈前漢紀〉「漢王深入敵國。飲酒高會。士卒逸豫。戰心不固。楚以彊大之威。而喪其國都。」，又《尉繚子・攻權》亦云「分險者無戰心」。回歸本簡，所謂「必有戰心以守」即「防守時隨時都有即將應戰之心」。

〔57〕、18・所旨（以）爲倀（長）也

原考釋者李零以爲「『倀』字猶言『所以爲上也』」〔註500〕。

淺野裕一以爲「『所以爲長』指可能會被齊國侵害的國境地區之防備政策。『長』與（13）中所見的『毋長於父兄』是同樣的用法，具有凌駕的意思。亦即，它意味著整備城郭、裝甲、兵器等，維持旺盛的鬥志而防守是凌駕敵人攻擊的策略。」〔註501〕。

據筆者的理解，李零「所以爲上」乃「所以爲尚」之意，意即城郭必修、繕甲利兵、戰心以守乃是備戰之首要目標，這種說法可通，「長」即好、佳，也就是上述這些「拒邊」、「拒內」等作爲才是最好、最理想的方法。

但除此之外，筆者尚有一想法，此處「倀」字《曹沫之陣》除本處外，又見五處（分別爲 25、28（兩例）、35、36），其中簡 35 作「毋倀於父兄」，「倀」讀作「長」乃凌駕之義，與此處不合。另外三次作「有司率倀」（25）、「卒有倀」（28）、「使倀百人」（36），這些「長」都是只有實質地位的「卒長」，另外簡 28+27「是故倀民者」，「長民者」更是指「國君」而言。

筆者以爲可讀「倀」爲「長」，一般楚簡中的「倀」字大多通作「長」，《郭店・緇衣》簡 5～6「下難知則君△勞」，又簡 11「故△民者，章志以昭百姓」，又《郭店・五行》簡 9「不智，思不能△」，上述諸例△皆作「倀」，皆應通讀作「長」。又《上博一・緇衣》「長」字出現於簡 3、6、9、13 共四次，《郭店・緇衣》咸作「倀」，而「長」有君、領袖之義，《廣雅・釋詁一》：「長，君也」。《書・益稷》：「外薄四海，咸建五長。」，孔傳：「諸侯五國立賢者一人爲方伯，謂之五長。」《周禮・天官・大宰》：「二曰長，以貴得民。」鄭玄注：「長，諸侯也。」，《上博簡・緇衣》簡 13「長民者教之以德」，「長民者」一詞鄒濬智譯作「領導人民的上位者」〔註502〕。「此所

---

〔註500〕馬承源主編：《上海博物館藏戰國楚竹書（四）》，（上海：上海古籍出版社，2004年 12 月），頁 254。

〔註501〕淺野裕一：〈上博楚簡〈曹沫之陳〉的兵學思想〉，簡帛研究網，（2005 年 9 月 25日），網址：http://www.jianbo.org/admin3/2005/qianyeyuyi001.htm。

〔註502〕見鄒濬智：《上海博物館藏戰國楚竹書（一）・緇衣》研究，（臺北：臺灣師範大學

以爲長也」即「此所以爲領袖也」，意味在戰事來臨時，君主所應有的行動與準備。「距邊」代表邊境所應有的軍事行動，「距內」代表敵國諜人的內應，再加上修補城郭、繕甲厲兵及激發將士必死一戰的決心，此爲國君應有的作爲。

〔58〕、18・臣之聝（聞）之

**佑仁案**：本簡頗多「臣聞之」，然此處「臣之聞之」僅一見，文例稍特殊。然古籍中亦見「之聞之」的文例，可見首「之」字實非訛字，《韓非子・外儲說右下》「子之聞之，使人遺蘇代金百鎰，而聽其所使之」，又《管子・侈靡》：「夷吾之聞之也：『不欲強能，不服智而不牧。』」，可參。

〔59〕、19・不和於邦，不可以出豫（舍）

「豫」字原考釋者李零以爲：「從文義看，似與『陳』相似而有別：『陳』是臨戰狀態下的固定陣形，而『豫』則是趨戰過程中臨時採取的隊形。『豫』在『陳』前，還沒有形成『陣』。此字也有可能是讀爲『敘』，『敘』有列次之義。」〔註503〕，釋文中李零據本字讀，但注釋下以爲也可能讀成「敘」。

陳劍以爲：「『豫』字本篇多見，原注釋不確。楚簡文字已數見以『豫』爲『舍』，如今本《周易・頤》初九爻辭『舍尔靈龜』，《上海博物館藏戰國楚竹書（三）・周易》簡24『舍』作『豫』；《論語・子路》：『（孔子）曰：舉爾所知。爾所不知，人其舍諸？』《上海博物館藏戰國楚竹書（三）・仲弓》簡10『舍』作『豫』，等等。簡文之『豫』皆顯然亦當讀爲『舍』，意爲『軍隊駐扎』（動詞）或『軍隊駐扎之所』（名詞）。《吳子・圖國》：『吳子曰：『昔之圖國家者，必先教百姓而親萬民。有四不和：不和於國，不可以出軍；不和於軍，不可以出陳；不和於陳，不可以進戰；不和於戰，不可以決勝。……』『四不和』較此處簡文之『三不和』多出『不和於戰』一項，餘則與簡文相應，『軍』即簡文之『舍』。」〔註504〕。

朱賜麟以爲「以『和於豫』指的應是戰略層次的『豫』，是一種階段過程。……從組織制度、決策廟算、動員備戰的戰略制訂層次，到臨陣制敵、隨機變化的戰術調整層次，都有『豫』的計畫準備過程，這正說明了『豫』在軍事上是一個極爲重要的階段，而且幾乎貫穿了整個動員以至戰爭的過程。……《吳子・圖國》所言『和

碩士論文，2004年6月），頁128。

〔註503〕馬承源主編：《上海博物館藏戰國楚竹書（四）》，（上海：上海古籍出版社，2004年12月），頁255。

〔註504〕陳劍：〈上博竹書《曹沫之陣》新編釋文（稿）〉，簡帛研究網，（2005年2月12日），網址：http://www.jianbo.org/admin3/2005/chenjian001.htm。

於軍』的概念：一個『成軍備戰的階段』，才是最恰當的意涵，而不僅止於是『經營壘舍』或『入營休息』的狀態。」〔註505〕。

季旭昇師以爲「本簡的『豫』如僅釋爲『軍隊駐紮』（動詞）或『軍隊駐紮之所』，則似嫌太簡。莊公問『爲和於豫』，曹沫的回答從『三軍出，君自率』到將率軍長的安排，顯然不僅僅是『軍隊駐紮』（動詞）或『軍隊駐紮之所』。楚簡『豫』固然可以讀『舍』，但不必一定讀『舍』。此處依本字讀，似乎較爲合適，相當於《吳子》的『不和於軍』，是指介於『邦』與『陣』之間的軍事佈置階段；後文簡43散果之機階段、簡50復盤戰階段的『豫』則指實際作戰時的軍事佈置。同一詞在不同場域有不同的解釋。賜麟說可從。」〔註506〕。

李強認爲「如果『豫』作『舍（軍隊駐紮或是軍隊駐紮的地方）』解，那麼『爲和於豫』的舉動就必然是發生在軍隊集中之後的駐紮之地；但是根據文中『期會之不難，所以爲和於豫』一句，『爲和於豫』是『期會之不難』的先決條件，必然發生在『期會』之前，這樣就出現了一個問題：『爲和於豫』究竟是發生在『期會』之前還是之後呢？由此可知『豫』字解作『舍（軍隊駐紮或是軍隊駐紮的地方）』不妥。從文字學角度考慮，『豫』字古有『預備』之義，……從軍事、歷史角度考慮，無論古今，戰爭中正式開戰之前必須預先將戰鬥所需的人員、物資集中在預定地點簡而言之，即戰爭動員。而在春秋時期還不存在後世的大一統皇權，諸侯國的人力、物力的調動權是分散在國君和國君之下的各級領主手中的，且春秋時文武職不分，平時治民之官即戰時之將帥，倘若國君和下級領主不和，那麼就不可能充分動員國內的人力物力去進行戰爭，因此簡文中曹沫才會建議國君在率軍出征之前要『聚群有司而告之』，做好內部的團結工作，否則很容易導致戰爭失敗。所以筆者以爲『豫』字解作『預備』較妥。」〔註507〕。

佑仁案：李零以爲「『豫』則是趨戰過程中臨時採取的隊形」，筆者尙未能在古籍中找到「豫」字此一涵義的例證，可見「豫」字應往假借字思考。陳劍的釋讀很正確，就動詞而言，它可以當「軍隊駐紮」，軍隊駐紮住宿一夜即謂「舍」，在古籍中這種用法很多，如《左傳·莊公三年》：「凡師一宿爲舍，再宿爲信，過信爲次。」。其次又可當成名詞，作爲處所、住宅之義，如《玉篇·宀部》：「舍，處也。」，《周

---

〔註505〕朱賜麟：《曹劌之陣思想研究——及其在春秋兵學思想史上的意義》，臺灣師範大學碩士論文，2006年6月，頁29。

〔註506〕參季旭昇師主編、高佑仁執筆、朱賜麟協撰：《上海博物館藏戰國楚竹書（四）讀本·曹沫之陳釋譯》，（臺北：萬卷樓圖書公司，2007年3月），頁175～176。

〔註507〕李強：〈《曹沫之陳》箚記〉，（2007年3月14日），武漢大學簡帛網，網址：http://www.bsm.org.cn/show_article.php?id=534。

禮・天官・叙官》：「掌舍。」鄭玄注：「舍，行所解止之處。」，《漢書・高帝紀上》：「遂西入咸陽，欲止宮休舍。」，顏師古注：「舍，謂屋舍也。」，本簡「邦」、「陣」都是名詞，「舍」與之相對應，則應爲軍事駐紮、休息之處，《孫子・行軍篇》：「不返其舍者，窮寇也」，「舍」字即爲駐紮之所。但《曹沫之陣》簡「舍」也當駐紮（動詞）使用，如簡 43「三軍未成陣，未舍，行阪濟障」，《吳子・料敵》云：「八曰陳而未定，舍而未畢，行阪涉險，半隱半出，諸如此者擊之勿疑。」，此處「陣」、「舍」二詞則都動詞使用，與簡 43 文例相近。

〔60〕、19、20・夫戙（陣）【1】者，三爻（教）【2】之末。

【1】夫戙者

　　陳斯鵬釋文作「夫戰者」〔註508〕，恐爲手民之誤，二字雖都从「戈」，但左旁差異較大。

【2】三爻（教）

　　「三教」原考釋者李零以爲「指「三和」（「和於邦」、「和於豫」、「和於陳」）之教。作者以「三教」爲本，陣法爲末。」〔註509〕。

　　陳劍以爲：「銀雀山漢墓竹簡《孫臏兵法・五教法》：『孫子曰：善教者于本，不臨軍而變，故曰五教：處國之教一，行行之教一，處軍之教一，處陣之教一，隱而不相見利戰之教一。』簡文『三教』可仿此變稱爲『處邦之教』、『處豫（舍）之教』、『處陳之教』，分別即此之『處國之教』、『處軍之教』、『處陣之教』」〔註510〕。

　　「教」字从言、爻聲，字形亦見𤕝（郭・尊・14）。「三教」即「爲和於邦」、「爲和於豫」、「爲和於陣」，陣爲最末，李零之說可信，但「三教」之本應爲「爲和於邦」，而非「三教」，相關問題見下一條考釋。

〔61〕、20・君必不已【1】，則【2】繇（由）【3】亓（其）杲（本）【4】虖（乎）？

【1】不已

　　「不已」原考釋者李零解釋成「不滿足」〔註511〕。

〔註508〕陳斯鵬：〈上海博物館藏楚簡《曹沫之陣》釋文校理稿〉：簡帛研究網，（2005 年 2 月 20 日），網址：http://www.jianbo.org/admin3/list.asp?id=1328。

〔註509〕馬承源主編：《上海博物館藏戰國楚竹書（四）》，（上海：上海古籍出版社，2004 年 12 月），頁 255。

〔註510〕陳劍：〈上博竹書《曹沫之陳》新編釋文（稿）〉，簡帛研究網，（2005 年 2 月 12 日），網址：http://www.jianbo.org/admin3/2005/chenjian001.htm。

〔註511〕馬承源主編：《上海博物館藏戰國楚竹書（四）》，（上海：上海古籍出版社，2004 年 12 月），頁 256。

古籍中的「不已」大多解釋成「不停止」、「不斷」之義，《廣韻‧止韻》：「已，止也。」〔註512〕，如《詩‧鄭風‧風雨》：「風雨如晦，雞鳴不已。」鄭玄《箋》：「已，止也。」〔註513〕。《詩經‧小雅‧北山》：「或息偃在床，或不已于行。」鄭玄《箋》：「不已，由不止也」〔註514〕，余培林師《詩經正詁》云：「不已於行，謂奔馳於道路而不止也」〔註515〕。就簡文的語意來看，「不已」釋作「不停止地」較「不滿足」來得順暢。

【2】則

「則」相當於「而」字，此處應當「表示轉折語氣」。《楚辭‧天問》：「夜光何德，死則又育？」，聞一多《天問疏證》云：「則猶而也。（《藝文類聚》一，《初學記》一，《太平御覽》四，《事類賦注》一，《海錄碎事》一，《錦繡萬花谷後集》一引並作而）」〔註516〕。又李復孫《易經異文釋》卷六：「『仰而觀象於天』，後漢荀爽傳引作：『仰而觀象於天』」〔註517〕，可參。

【3】由

「繇」字原考釋者李零釋作「繇」，以為「『繇』，在這裡是用的意思」〔註518〕。

簡文「繇」字作𤰝，上從「月」，而非「爪」，李零釋作「繇」，可商。何琳儀以為「繇」乃「𦥷」繁文〔註519〕，朱芳圃以為「𦡣」乃「𦡝」之初文〔註520〕，季旭昇師以為「肉」旁乃頭部口形的聲化（「肉」日紐、覺部，「繇」喻紐、幽部）〔註521〕。《說文》：「繇，隨從也。从糸、𦥷聲。𤰔，或繇字。」〔註522〕，《說文》古文「𤰔」即「由」，筆者以為，「繇」讀作「由」即可，段《注》云：「古繇、由

〔註512〕〔宋〕陳彭年：《新校宋本廣韻》，（臺北市：洪葉文化，2001年9月），頁251。

〔註513〕參〔清〕阮元《校勘十三經註疏‧詩經》，嘉慶廿年江西南昌府學開雕影印本，（臺北：藝文印書館，1993年），頁179。

〔註514〕參〔清〕阮元《校勘十三經註疏‧詩經》，嘉慶廿年江西南昌府學開雕影印本，（臺北：藝文印書館，1993年），頁444。

〔註515〕余培林師：《詩經正詁》，（臺北：三民書局，2005年2月修定二版一刷），頁442。

〔註516〕聞一多：《天問疏證》，（北京：生活‧讀書‧新知三聯書店出版，1980年12月），頁10～1。

〔註517〕見宗福邦等主編：《故訓匯纂》，（北京：商務印書館，2004年3月），頁232則字解釋第67條所引。

〔註518〕馬承源主編：《上海博物館藏戰國楚竹書（四）》，（上海：上海古籍出版社，2004年12月），頁256。

〔註519〕參何琳儀：《戰國古文字典》，（北京市：中華書局，1998年），頁220。

〔註520〕見《古文字詁林》第九冊，（上海：上海教育出版社，2004年10月），頁1130。

〔註521〕見季旭昇師：《說文新證（下冊）》，（臺北市：藝文印書館，2004年11月），頁216。

〔註522〕許慎撰、段玉裁注：《說文解字‧注》，經韵樓藏版，（臺北市：洪葉出版社，1999年11月），頁649。

通用一字」〔註523〕，又《墨子‧耕柱》：「乙，又言兆之由。」孫詒讓《墨子閒詁》：「由、繇通」。「繇」即「䌛」，戰國齊系「䌛」字作 ，魏〈上尊號奏〉作「繇」，二字季旭昇師俱列「䌛」字下，以爲加「缶」乃有聲符的作用〔註524〕。

「由」字有從、遵照之意，《說文》即以「隨從」釋「䌛」，楚系「䌛」字曾作 （曾‧71），增添「走」旁來突顯這一層涵義。《詩‧大雅‧假樂》：「不愆不忘，率由舊章。」高亨《注》：「由，從也。」〔註525〕又《論語‧泰伯》：「民可使由之，不可使知之。」鄭玄注：「由，從也」。《說文》「䌛」字下，段《注》云：「韓詩：『橫由其畝』，傳曰：『東西曰橫，南北曰由』，《毛詩》『由』作『從』。」〔註526〕可見「由」、「從」關係之密切。雖然「由」也有「用」這個意義，但簡文「由」字釋「從」之意，較「用」的意義更清楚、通順。

簡文「由其本」這樣的文例並非孤證，《禮記‧祭統》：「夫祭之爲物大矣，其興物備矣。順以備者也，其教之本與？……是故君子之教也，必由其本，順之至也，祭其是與？」此處的「本」即前述所謂「祭」〔註527〕，而簡文的「本」即是指「邦」而言，下詳。

【4】枀

「枀」字原考釋者李零以爲「『枀』，疑是「本」字的異寫，《行氣銘》『本』作『杳』，除上下互倒，在木旁豎畫的下方標有表示樹根的原點，略同。」〔註528〕。

段注本《說文》：「本，木下曰本。从木从丅，一在其下。，古文。」〔註529〕，大徐本云：「从木，一在其下」，並引徐鍇之說曰：「一記其處也，與末同義，指事也」〔註530〕。《殷周金文集成》所收〈本鼎〉作 ，董妍希以爲「本鼎今見於《攗古錄》卷一之三，爲摹本」，並以爲銘文作人名使用，能否釋作「本」，有待商榷。

〔註523〕許慎撰、段玉裁注：《説文解字‧注》，經韵樓藏版，（臺北市：洪葉出版社，1999年11月），頁649。

〔註524〕見季旭昇師：《説文新證（下冊）》，（臺北市：藝文印書館，2004年11月），頁188。

〔註525〕高亨：《詩經今注》，（臺北市：里仁書局，1880年10月），頁413。

〔註526〕許慎撰、段玉裁注：《説文解字注》，經韵樓藏版，（臺北市：洪葉出版社，1999年11月），頁649。

〔註527〕〔清〕阮元《校勘十三經註疏‧禮記》，嘉慶廿年江西南昌府學開雕影印本，（臺北：藝文印書館，1993年），頁834。

〔註528〕馬承源主編：《上海博物館藏戰國楚竹書（四）》，（上海：上海古籍出版社，2004年12月），頁256。

〔註529〕許慎撰、段玉裁注：《説文解字‧注》，經韵樓藏版，（臺北市：洪葉出版社，1999年11月），頁251。

〔註530〕見〔漢〕許慎撰、〔宋〕徐鉉校定：《説文解字》，（北京：中華書局，2003年），頁118。

〔註531〕《金文編》摹作 ✲〔註532〕，季旭昇師《說文新證》列入「本」字下〔註533〕，高鴻縉以爲「本字，就木而以假象指其根處，故爲根本之本。」並以爲《說文》古文 ✲ 乃由金文 ✲ 之訛變〔註534〕，說法正確可從。

戰國齊系「本」字作 ✲、✲〔註535〕，秦系作 本（秦陶1189）、✲（睡虎地54・49），齊、秦二系字體與《說文》小篆同。晉系〈行氣玉銘〉作 ✲，字於「本」旁下添「✲」形。楚系簡帛中這兩種型態的字形皆存，《上博一・孔子詩論》簡5之「本」，季旭昇師摹作「✲」〔註536〕，原考釋者馬承源釋作「杏」以爲「《說文》所無，字與行氣銘本作『✲』相同。簡文用作本，疑是『本』的異體」〔註537〕。另外《孔子詩論》簡16又見一「本」字作 ✲，與齊、秦字體相同。

戰國楚系文字很多偏旁都會類化成「臼」形，是以加「臼」旁未必即有「臼」義，因此季旭昇師以爲「晉、楚文字加『臼』，或與『凵』同意，表示地下而已，木下則簡化成一點」〔註538〕，正確可從。但我們看李零將△字隸定作「枲」，但此字與「臼」實無關係，當从「臼」。

《曹沫之陣》△字作「✲」，「臼」形置於「木」上，與一般戰國楚系「本」字偏旁上下互換，但依然是「本」字無誤。此現象與「新」字近似，「新」字小篆作「✲」，「木」旁於「辛」旁之下，楚系有此種字形如：✲（包・183）、✲（包山・176），但亦有「木」旁置於「辛」旁之上，如 ✲ 曾侯乙鐘、✲（郭店・成之聞之31）、✲（天卜）、✲（曾侯乙鐘）、✲（《曹沫之陣》簡16），李守奎將此現象稱爲「調整偏旁方位」〔註539〕，此種寫法與小篆寫法不同，但皆爲「新」字無別。

簡文中莊公詢問曹沫「吾欲與齊戰，問陣奚如？守邊城奚如？」，曹沫以百四十六字回應莊公，篇幅橫跨六簡，可見其慎重。對於「陣」而言，曹沫告訴莊公「不

---

〔註531〕見董妍希：《金文字根研究》，（臺北市：臺灣師範大學碩士論文，2001年6月），頁143。

〔註532〕見容庚：《金文編》，（北京：中華書局，2004年8月），字頭「本」926下，頁393。

〔註533〕季旭昇師：《說文新證（上冊）》，（臺北市：藝文印書館，2002年10月），頁484。

〔註534〕高鴻縉：《中國字例》，（臺北市：三民書局，1992年10月九版），頁372。

〔註535〕上述二字形見張頷：《古幣文編》，（北京：中華書局，2004年，6月），頁67。

〔註536〕季旭昇師主編：《上海博物館藏戰國楚竹書（一）讀本》，（臺北：萬卷樓，2004年6月第二次印刷），頁269。

〔註537〕馬承源主編：《上海博物館藏戰國楚竹書（一）》，（上海：上海古籍出版社，2001年11月），頁256。

〔註538〕季旭昇師：《說文新證（上冊）》，（臺北市：藝文印書館，2002年10月），頁484。

〔註539〕李守奎：《〈曹沫之陣〉之隸定與古文字隸定方法初探》，（北京：學苑出版社，2005年6月），頁497。

和於邦，不可以出豫。不和於豫，不可以出陣。不和於陣，不可以戰。」〔註540〕
而導出「陣者，三教之末」的說法，若「邦」、「豫」未和，則遑論談「陣」，因此其
地位在「邦」、「豫」之下，以「末」來形容「陣」，也意味著莊公未能把握戰事的精
要處。關於簡文「本」字所指涉的對象，也是一個亟需要釐清的問題，原考釋者李
零在簡文「三教」下注云「作者以『三教』爲本，陣法爲末」〔註541〕，即以「三教」
爲「本」，但是簡文已明言「陣」爲「三教」之「末」，則「三教」不可能是「本」，
因爲本、末乃兩個不同的概念，若以「三教」爲本，而「末」又爲「本」之一，這
樣的講法並不佳。而且簡文「是故夫陣者，三教之末。君必不已，則由其本乎？」，
「本」、「末」對比而言，正如同《禮記・大學》「德者本也，財者末也，外本內末，
爭民施奪。」，德是「本」，財是「末」，德、財二者對舉而言，又如《管子・禁藏》
「民亦務本而去末」，本末亦是對舉。因此，筆者以爲「和於邦」、「和於豫」、「和於
陣」等三者乃「三教」的內涵，而「爲和於邦」才是三教之「本」，「爲和於陣」則
是三教之「末」，這也是何以當曹沫告知莊公「君必不已，則由其本乎」後，莊公立
即詢問「『爲和於邦』如之何？」的道理。簡文中曹沫所謂「君必不已，則由其本虖？」
意即「君王不是應當不止息地，而從根本處開始著手嗎？」。從根本處的著手，因此
莊公先詢問如何做到「和於邦」，其次才是「爲和於豫」與「爲和於陣」，而從莊公
問話的順序，正可以與簡文中「三教」的本末關係作呼應。

邴尚白以爲「『不已』即不止，指問之不止，也就是李零意譯的『不滿足』。『繇』
同『繇』，通『由』，訓爲自、從。《史記・孝文本紀》：『蓋聞天道禍自怨起，而福繇
德興。』《禮記・祭統》：『是故君子之教也，必由其本。』古書論軍事，有一些類似
的說法，如：《荀子・議兵》駁李斯『兵強』與『仁義』之論，結以：『今女不求之
於本而索之於末，此世之所以亂也。』《淮南子・兵略》言『兵有三詆』：『用兵之上』
爲修仁行義，治國理境，上下一心，四方懷德：『用兵之次』爲國富兵強，主賢將忠，
號令嚴明，未交兵而敵人奔亡：至於知曉兵法，戰而勝之，則流於『用兵之下』了。
末云：『今夫天下皆知事治其末，而莫知務脩其本，釋其根而樹其枝也。』皆可參看。

---

〔註540〕關於「豫」字的說法尚未有定論，原考釋者李零以爲豫乃「趨戰過程中臨時採取的
　　　　隊形」，又懷疑可能讀成「敘」。陳劍以爲「簡文之『豫』皆顯然亦當讀爲『舍』，
　　　　意爲『軍隊駐扎』（動詞）或『軍隊駐扎之所』（名詞）」。李零說法見馬承源主編：
　　　　《上海博物館藏戰國楚竹書（一）》，（上海：上海古籍出版社，2001年11月），頁
　　　　255。參陳劍：〈上博竹書《曹沫之陣》新編釋文（稿）〉，簡帛研究網，（2005年2
　　　　月12日），網址：http://www.jianbo.org/admin3/2005/chenjian001.htm。
〔註541〕馬承源主編：《上海博物館藏戰國楚竹書（四）》，（上海：上海古籍出版社，2004
　　　　年12月），頁255。

簡文『緐其本』，指『爲和於邦』」〔註542〕。

## 第三節　論「三教」章

### 壹、釋　文

臧（莊）公曰：「爲和於邦女（如）之可（何）？」

敓（曹）蔑（沫）曾（答）曰：「母（毋）穫（獲）民峕（時）〔62〕，母（毋）敓民利〔63〕，【20】緐（紳／陳）攻（功）而飤（食）〔64〕，莖（刑）罰又（有）皋（罪）〔65〕，而賞篸（爵）又（有）悳（德）〔66〕。凡畜羣（群）臣，貴戔（賤）同坒（等）〔67〕，彔（祿）母（毋）債（倍／背）〔68〕。《詩》於（固）又（有）之〔69〕曰：『幾（豈）【21】犀（弟）君子，民之父母〔70〕。』此所㠯（以）爲和於邦〔71〕。」

臧（莊）公曰：「爲和於豫（舍）女（如）可（何）〔72〕？」

敧（曹）蔑（沫）〔73〕曰：「三軍出，君自衛（率）〔74〕【22】必又（有）二酒（將）軍〔75〕，母（每）〔76〕酒（將）軍必又（有）譽（數）辟（嬖）夫＝（大夫）〔77〕，母（每）俾（嬖）夫＝（大夫）必又（有）譽（數）大官之帀（師）、公孫（孫）公子〔78〕，凡又（有）司衛（率）倀（長）【25】〔79〕□□□□□□□□□□□□□□□□□□□，其（期）會之不難〔80〕，所㠯（以）爲和於豫（舍）。」

酒（莊）公或（又）卲（問）〔81〕【23下】：「爲和於戢（陣）女（如）可（何）？」

曾（答）曰：「車闕（間）空（容）伍（伍），伍（伍）闕（間）空（容）兵〔82〕，貴【24上】立（位）〔83〕、砡（重）飤（食）〔84〕，思（使）爲前行〔85〕。三行之逡（後）〔86〕，句（苟）見耑（短）兵〔87〕，攴（什）【30▽】五（伍）之闕（間）〔88〕必又（有）公孫公子，是胃（謂）軍紀〔89〕。五人㠯（以）敓（伍），灷＝（一人）【26△】又（有）多，四人皆賞，所㠯（以）爲剚（斷）〔90〕。毋上（尚）膡（獲）而上（尚）卲（聞）命〔91〕，【62▽】所㠯（以）爲母（毋）退〔92〕。衛（率）車㠯（以）車，衛（率）徒㠯（以）徒〔93〕，所㠯（以）同死〔94〕【58△】，又（有）戒言曰：『辡（奔），尒（爾）正衁（訌）〔95〕；不辡（奔），而（爾）或興（興）或康（康）㠯（以）【37下】會』〔96〕，

---

〔註542〕邴尚白：〈上博楚竹書《曹沫之陣》注釋〉，收入臺灣大學《中國文學研究》第二十一期，2006年，頁17。

古（故）銜（帥／率）不可思（使）牪＝（牪，牪）則不行〔97〕。戡（戰）
又（有）昱（顯）道，勿兵㠯（以）克〔98〕。【38】」～

## 貳、考　釋

〔62〕、20・母（毋）穫（獲）民眥（時）

原考釋者李零以爲「讀『毋獲民時』。『獲』有違誤之義，如《淮南子・兵略》『音氣不戾八風，詘伸不獲五度』，高誘注：『獲，誤也。』」〔註543〕。

陳斯鵬隸定「穫」，據本字讀〔註544〕。

**佑仁案：**「穫」讀作「獲」，訓作「誤」，正確可從。「穫」、「獲」二字咸從「蒦」聲，可以通假。「獲」字訓作「誤」，古籍有其證，《逸周書・寶典》「其謀乃獲」，朱右曾集訓校釋云「獲猶《淮南子》『不獲五度』之『獲』，誤也。」〔註545〕，又《淮南子・兵略》「音氣不戾八風，詘伸不獲五度」，高誘注：「獲，誤也。」。

關於《淮南子》之「獲」字，朱駿聲以爲「獲」應爲「誤」之假借，無解釋理由〔註546〕。「獲」字匣紐、鐸部，「誤」字疑紐、魚部，聲紐不同，僅韻部接近，古籍則未見有其他「獲」、「誤」相通的例證，二字能否通假需要進一步證明。

古籍中談到施政者不要違誤「民時」時，還是最常使用「奪」字當動詞，如《管子・臣乘馬》云：「不奪民時，故五穀興豐。」，又《管子・小匡》云：「無奪民時，則百姓富。」，《孟子・梁惠王上》云：「彼奪其民時，使不得耕耨，以養其父母；父母凍餓，兄弟妻子離散。」，又《孟子・梁惠王上》：『百畝之田，勿奪其時，數口之家可以無饑矣。」。另外，《上博五・三德》簡15～17云「驟斂民時，天飢必來，……斂民時以兵事是者。」，而「斂」也是「誤」、「失」之義，與本簡「獲」字訓作「誤」意義相同，但用字不同。而原整理者都將「斂」讀作「奪」，筆者以爲似不必，參下一條考釋。

另外，原考釋者李零將「眥」隸定作從「止」聲之「皆」，然而「🝫」字上半實從「之」不從「止」。

〔63〕、20・母（毋）斂民利

---

〔註543〕馬承源主編：《上海博物館藏戰國楚竹書（四）》，（上海：上海古籍出版社，2004年12月），頁255。

〔註544〕陳斯鵬：〈上海博物館藏楚簡《曹沫之陣》釋文校理稿〉：簡帛研究網，（2005年2月20日），網址：http://www.jianbo.org/admin3/list.asp?id=1328。

〔註545〕朱右曾：《逸周書集訓校釋》，收入《皇清經解續編（三）》彙編叢刊第三冊，（臺北市：漢京文化，1980年），頁1943。

〔註546〕參朱駿聲：《說文通訓定聲》，（武漢市：武漢古籍書店，1983年），頁458。

原考釋者李零釋作「敓（奪）」，以爲「敓」應讀作「奪」〔註547〕。

**佑仁案**：李零先生讀「奪」可信，古文字中很多「敓」讀「奪」之例，如〈鳳羌鐘〉「敓」作𢼸，文例爲「▽楚京，賞于韓宗」，▽即應讀作「奪」。而楚簡中的「敓」字常與今本古籍「奪」字對應，如今本《禮記‧緇衣》「此以生不可奪志，死不可奪名」，兩處「奪」字《上博（一）‧緇衣》簡19、《郭店‧緇衣》簡38都作「敓」。可是，筆者考核「敓」字古義，其實已有奪取之義，如《說文》云：「敓，彊取也。《周書》曰『敓攘矯虔』，从攴、兌聲。」〔註548〕，《廣韻》也云：「敓，彊取也。古奪字。」〔註549〕，段《注》以爲「敓」字「此是『爭敓』正字，後人假『奪』爲『敓』，『奪』行而『敓』廢矣。」〔註550〕。可見簡文「敓」字實據本字讀即可，不必通假成「奪」，而古籍中作「奪民時」或「奪其民時」，其中的「奪」字可能都經過後代傳抄刊刻者的改動。

劉釗在注釋《郭店》緇衣簡19「生不可敓志，死不可敓名」時云「『敓』字《說文》訓爲『彊取也』。義同『奪』。」，已經發現「敓」、「奪」同義的現象，但是文中仍以「敓（奪）」，表示仍通讀作「奪」〔註551〕。據筆者的爬梳，秦文字中尚不見「敓」，而「奪」字則多見，或有可能秦系多用「奪」，而罕用「敓」，漢代沿用秦文字，導致古籍中罕見「敓」而多見「奪」的現象。

〔64〕、21‧繥（紳／陳）攻（功）【1】而飤（食）【2】

**【1】陳功**

原考釋者李零隸定作「繥」以爲「讀『申功而食』，疑指論功行賞（以酒食犒賞）。」〔註552〕。

陳劍隸作「紳」讀作「陳」〔註553〕，陳斯鵬〔註554〕、邴尚白〔註555〕都從此說，

〔註547〕馬承源主編：《上海博物館藏戰國楚竹書（四）》，（上海：上海古籍出版社，2004年12月），頁256。

〔註548〕許慎撰、段玉裁注：《說文解字注》，經韵樓藏版，（臺北市：洪葉出版社，1999年11月），頁125。

〔註549〕見〔宋〕陳彭年撰、李添富主編：《新校宋本廣韻》，（臺北市：洪葉文化，2001年9月），頁486。

〔註550〕許慎撰、段玉裁注：《說文解字注》，經韵樓藏版，（臺北市：洪葉出版社，1999年11月），頁125。

〔註551〕見劉釗：《郭店楚簡校釋》，（福州：福建人民出版社，2003年12月），頁65。

〔註552〕馬承源主編：《上海博物館藏戰國楚竹書（四）》，（上海：上海古籍出版社，2004年12月），頁256。

〔註553〕陳劍：〈上博竹書《曹沫之陳》新編釋文（稿）〉，簡帛研究網，（2005年2月12日），網址：http://www.jianbo.org/admin3/2005/chenjian001.htm。

邴尚白並舉《管子・君臣下》「陳功而加之以德」與《吳子・厲士》「四曰陳功居列」之文例以證。

朱賜麟以爲「《吳子・勵士》中有這樣的一個故事：『（魏）武侯問曰：『嚴刑明賞，足以勝乎？』起對曰：『嚴明之事，臣不能悉。雖然，非所恃也。夫發號布令，而人樂聞；興師動眾，而人樂戰；交兵接刃，而人樂死。此三者，人主之所恃也。』武侯曰：『致之奈何？』對曰：『君舉有功而進享之，無功而勵之。』於是武侯設坐廟廷，爲三行，饗士大夫。上功坐前行，餚席兼重器上牢；次功坐中行，餚席器差減；無功坐後行，餚席無重器。饗畢而出。又頒賜有功者父母妻子於廟門外，亦以功爲差。』46 這就是『陳功而食』、『賞爵有德』的具體作爲例證。」〔註556〕。

周鳳五釋作「程功而食」〔註557〕。

季旭昇師以爲「原考釋解『陳功而飤』爲『論功行賞』，當非。『功』可指平時的功績，也可以指戰時的功績，此處『陳功』即『量功』，係指平時對臣子工作的考核。」〔註558〕。

佑仁案：簡文「紳」字作⿰糸申，从糸、田聲、東省聲，「東」與「田」皆有聲符的效果，「申」、「陳」音義俱近，「陳」字《說文》即从申聲作「⿰𨸏⿳田申」〔註559〕，可知二字上古音甚近，則△字讀作「申」或「陳」都可通，但若據古籍文例則讀作「陳功」較佳。因爲古籍中「陳功」文例除邴尚白先生所引之外，又可見《漢書・五行志》：「下陳功，求於上，茲謂不知」，又《後漢書・張法滕馮度楊列傳》：「故樂羊陳功，文侯示以謗書。」等，但「申功」一詞筆者則未見。

【2】食

「食」字作⿰食⿱⺀匕，嚴氏隸定時應作「飤」，該字與楚文字「食」字不同之處，在於△字「食」旁上半作「⿱⺀木」，與一般作「⿱亼⿵⺆良」（秦・M99）的寫法不同，《曹沫

〔註554〕陳斯鵬：〈上海博物館藏楚簡《曹沫之陣》釋文校理稿〉：簡帛研究網，（2005 年 2 月 20 日），網址：http://www.jianbo.org/admin3/list.asp?id=1328。

〔註555〕邴尚白：〈上博楚竹書《曹沫之陣》注釋〉，收入臺灣大學《中國文學研究》第二十一期，2006 年，頁 17。

〔註556〕朱賜麟：《曹劌之陣思想研究——及其在春秋兵學思想史上的意義》，臺灣師範大學碩士論文，2006 年 6 月，頁 32。

〔註557〕周鳳五：〈上博楚竹書〈曹沫之陳〉研究〉，95 學年度行政院國家科學委員會專題研究計畫成果報告。

〔註558〕參季旭昇師主編、高佑仁執筆、朱賜麟協撰：《上海博物館藏戰國楚竹書（四）讀本・曹沫之陳釋譯》，（臺北：萬卷樓圖書公司，2007 年 3 月），頁 179。

〔註559〕許慎撰、段玉裁注：《說文解字注》，經韵樓藏版，（臺北市：洪葉出版社，1999 年 11 月），頁 742。

之陣》簡「食」字僅一例作此形，筆者目前也尚未能見楚文字中有相同寫法的例證。

「陳功而食」古籍或作「量功而食」、「計功而食」，如《管子‧君臣上》：「爲人上者，量功而食之以足；爲人臣者，受任而處之以教。」，《晏子春秋‧內篇諫下》：「士眾而桃寡，何不計功而食桃矣。」，其實與「申功而食」都是相近的概念，可參。

〔65〕、21‧垩（刑）罰又（有）皋（罪）

「垩」字讀作「刑」，其字形與「城」字相同，是異字同形的例證之一。本簡字作「垩」，與侯馬盟書「城」字作垩（侯馬盟書‧156：20）、垩（侯馬盟書‧156：22）、垩（侯馬盟書‧156：23/陸）實同形異字。

〔66〕、21‧而賞筌（爵）又（有）悳（德）

「筌」字原考釋者李零讀作「爵」〔註560〕，正確可從，「筌」從「雀」聲，「雀」、「爵」古籍通假例證甚多，此不贅述〔註561〕，出土文獻方面，郭店〈太一生水〉簡9、〈緇衣〉簡28、〈尊德性〉簡2都等處的「爵」字都假「雀」字爲之，可參。

〔67〕、21‧凡畜【1】羣（群）臣，貴戔（賤）【2】同垩（等）【3】

【1】畜

「畜」字原考釋者李零隸定作「畜」〔註562〕。

佑仁案：本簡字作「畜」，釋作「畜」無可疑。「畜」字甲骨文作（商‧合集29416），季旭昇師認爲字從（胃之象形）、幺聲〔註563〕，金文作（春秋‧秦公簋）、（書也缶），楚文字作（楚帛書‧丙‧3‧3）（九店56‧39），秦系文字作（睡虎地‧13‧63），字也從「玄」，「畜」字甲骨、金文多從「幺」聲，但本簡△字及九店、睡虎地等形體已作從「玄」，楚文字「玄」作（新蔡‧甲三：314），而改「幺」聲爲「玄」後，「玄」字匣紐、眞部，「畜」透紐、幽部，二字古音不近，使△字變成一會意字。

---

〔註560〕馬承源主編：《上海博物館藏戰國楚竹書（四）》，（上海：上海古籍出版社，2004年12月），頁256。

〔註561〕參高亨纂著、董治安整理《古字通假會典》，（濟南：齊魯書社，1997年7月），頁802。

〔註562〕馬承源主編：《上海博物館藏戰國楚竹書（四）》，（上海：上海古籍出版社，2004年12月），頁256。

〔註563〕參季旭昇師：《說文新證（下冊）》，（臺北市：藝文印書館，2004年11月），頁238。

【2】戔

「賤」字簡文作「※」，字从二「戈」，並以左右並排的方式呈現，此字形楚簡例證甚夥，乃「戔」字自不待疑，其右旁與古文字一般形態之「戈」字相同，但左旁則筆勢稍異，筆者未見楚文字中有這種寫法。這令筆者聯想到《民之父母》簡 1之「幾」字作「戔」，「戈」旁上下斷開的特殊現象〔註564〕，都是戰國時期「戈」旁形體的特殊寫法。

【3】㞷

「等」字原考釋者李零隸定「㞷」以爲「簡文『止』或做雙止，這裡釋讀成『待』。」〔註565〕。

陳劍釋作「㞷」讀作「等」〔註566〕。

陳斯鵬讀作「之」〔註567〕。

邴尙白讀作「待」〔註568〕。

佑仁案：此字楚文字中常見，如㞷（包2·232）、㞷（包2·228）、㞷（郭·老甲·36）、㞷（郭·性自命出·1），《郭店楚簡研究》隸定作「㞷」〔註569〕，包山簡228、232等字，劉信芳也都隸定作「㞷」，讀爲「事」〔註570〕，但此字明顯上从「之」不从「止」。

本簡△字釋作「待」、「等」、「之」這三種例證都可以於郭店簡中得到例證〔註571〕，因此只能從文例上判斷△字的讀法，本簡文例爲「凡畜群臣，貴賤同△，祿毋背」，很清楚曹沫所謂「同」者，指不因臣子出身的貴賤，而在態度及賞罰上有所差異，如此一來「待」、「等」、「之」也都符合這個要求。但是，考核古籍用法，以「等」字與

---

〔註564〕參拙文：〈《上海博物館藏戰國楚竹書（二）·民之父母》校讀〉，臺灣師範大學國文系《思辨集》第八集，頁128～129。

〔註565〕馬承源主編：《上海博物館藏戰國楚竹書（四）》，（上海：上海古籍出版社，2004年12月），頁256。

〔註566〕陳劍：〈上博竹書《曹沫之陳》新編釋文（稿）〉，簡帛研究網，（2005年2月12日），網址：http://www.jianbo.org/admin3/2005/chenjian001.htm。

〔註567〕陳斯鵬：〈上海博物館藏楚簡《曹沫之陣》釋文校理稿〉：簡帛研究網，（2005年2月20日），網址：http://www.jianbo.org/admin3/list.asp?id=1328。

〔註568〕邴尙白：〈上博楚竹書《曹沫之陣》注釋〉，收入臺灣大學《中國文學研究》第二十一期，2006年，頁10。

〔註569〕見張光裕主編、袁國華師合編：《郭店楚簡研究·緒言》，（臺北市：藝文印書館，1999年），頁257。

〔註570〕劉信芳：《包山楚簡解詁》，（臺北市：藝文印書館，2003年元月），頁243。

〔註571〕見張光裕主編、袁國華師合編：《郭店楚簡研究·緒言》，（臺北市：藝文印書館，1999年），頁257。

「貴賤」搭配是最多見的，如《禮記・祭統》：「所以別貴賤之等」，《禮記・曲禮上》：「見同等不起。」，《周易・繫辭下傳》：「貴賤之等也」，《周禮・春官宗伯》：「貴賤之等」，《禮記・樂記》：「禮義立，則貴賤等矣」，《禮記・祭統》：「見父子之倫焉，見貴賤之等焉」，《禮記・文王世子》：「正君臣之位、貴賤之等焉」，《禮記・坊記》：「故貴賤有等」，《史記・禮書》：「所謂辨者，貴賤有等，長少有差。」，可證。另外，「貴賤同之」亦見古籍，然已晚至明代《天工開物・乃服弟二・布衣》之「凡棉布禦寒，貴賤同之。」，因此筆者此處贊成陳劍「貴賤同等」之說。

另外，《昭王毀室》簡 1 亦見△字，然以合文型態出現，讀作「止之」，不過原考釋者將其隸定作「坐」〔註572〕，可商，而從「止之」的讀法中，即可知其字上半當從「之」正確。

〔68〕、21・彔（祿）【1】母（毋）價（倍／背）【2】

【1】彔

原考釋者李零隸定作「录」〔註573〕。

李守奎隸定作「彔」〔註574〕。

佑仁案：原簡字作彔，依嚴式隸定的標準而言，隸定作「录」、「彔」都不夠正確，本簡△字較簡 50 之「录」（作彔）多「宀」旁，且「宀」旁上添「夕」形，因此應隸定作「彔」。「录」字添「夕」形在楚文字中已見，如彔（郭・魯・7），而添「宀」旁者如彔（包・145 反）、彔（包・145），而既添「夕」形又添「宀」旁，則爲△字之寫法。另外，《璽彙》0141彔，林清源師釋作「彔」，考釋過程十分精采〔註575〕，其實該字與△字只是「夕」形與「宀」旁的擺放位置不同而已，其即「彔」字，正確可信。

其次，筆者懷疑「夕」形即「夕」字，楚文字「夕」作夕（包・271/多）、夕（秦 99・1），與△正合。「彔」古音來紐、屋部，「夕」定紐、鐸部，聲紐都是舌頭音，韻部則屬「鐸屋旁轉」〔註576〕，可知「彔」字從「夕」或許有聲化的可能。

〔註572〕馬承源主編：《上海博物館藏戰國楚竹書（四）》，（上海：上海古籍出版社，2004年 12 月），頁 183。

〔註573〕馬承源主編：《上海博物館藏戰國楚竹書（四）》，（上海：上海古籍出版社，2004年 12 月），頁 256。

〔註574〕李守奎：《〈曹沫之陣〉之隸定與古文字隸定方法初探》，（北京：學苑出版社，2005年 6 月），頁 497。

〔註575〕參林清源師：《楚國文字構形演變研究》，東海大學博士論文，1997 年 12 月，頁 189～192。

〔註576〕關於「鐸屋旁轉」陳新雄師整理過不少例證，此不贅引，參陳新雄師：《古音研究》，

【2】偝

原考釋者李零隸定作「偝」讀作「負」〔註577〕。

陳劍隸定作「偝」讀作「倍」〔註578〕。

陳斯鵬讀作「背」〔註579〕，李銳〈釋文新編〉從之〔註580〕。

邴尚白以為：「陳說不可從。『負』、『倍』雖皆有違背、背棄義，且『負』、『背』音近義通為同源字，然於楚文字中有別。『倍』字寫作『伓』，從『不』聲，見郭店《老子》甲本簡一、〈緇衣〉簡二十五、〈忠信之道〉簡三、〈語叢二〉簡十四、上博〈緇衣〉簡十三、《周易》簡四十八等。的『背』，葛陵簡中十餘見，或從『骨』作『骭』（乙四8；零210-2），或從『肉』作『肧』（甲三100；甲三301-2、301-1），『肧』又見於天星觀簡（三四零二、三九零四）。『負』字則寫作『偝』，添加聲符『不』，見於上博《周易》簡三十三、三十七。由諸多詞例來看，二字判然有別，並不混用。爵祿的頒授自應公平，方能服群臣，如《吳子‧料敵》言齊國的缺失之一即為『政寬而祿不均』，《管子‧法法》則強調『明君不以祿爵私所愛』。『貴賤同待，祿毋負』即貴賤同等對待，公平地授予其應得之祿位，不要辜負、背棄。」〔註581〕。

周鳳五釋作「祿毋悖」〔註582〕。

佑仁案：簡文字作偝，字從人、從貝、不聲。這個字可以有兩個思考的方向，一是讀作「倍」，二是讀作「負」。「伓」字戰國楚系作伓（老甲‧1）、伓（郭店‧緇衣‧25）、伓（忠信之道‧3），△字於「不」旁下添「貝」，可能是此處所談乃「俸祿」的原因。戰國楚系無「倍」字，筆者懷疑「倍」即「伓」之異體，「倍」字於「不」下增「口」旁。而「倍」即有背、違背之義，《說文‧人部》：「倍，反也。」，段玉裁《注》：「此倍之本義。」〔註583〕，《左傳‧昭公二十六年》：「倍奸齊盟。」，孔穎達疏：「倍，

---

（臺北：五南出版社，2000年11月），頁463。

〔註577〕馬承源主編：《上海博物館藏戰國楚竹書（四）》，（上海：上海古籍出版社，2004年12月），頁256。

〔註578〕陳劍：〈上博竹書《曹沫之陳》新編釋文（稿）〉，簡帛研究網，（2005年2月12日），網址：http://www.jianbo.org/admin3/2005/chenjian001.htm。

〔註579〕陳斯鵬：〈上海博物館藏楚簡《曹沫之陣》釋文校理稿〉，簡帛研究網，（2005年2月20日），網址：http://www.jianbo.org/admin3/list.asp?id=1328。

〔註580〕李銳：〈《曹劌之陣》釋文新編〉，簡帛研究網，（2005年2月25日），網址：http://www.jianbo.org/admin3/2005/lirui002.htm。

〔註581〕邴尚白：〈上博楚竹書《曹沫之陣》注釋〉，收入臺灣大學《中國文學研究》第二十一期，2006年，頁17～18。

〔註582〕周鳳五：〈上博楚竹書〈曹沫之陣〉研究〉，95學年度行政院國家科學委員會專題研究計畫成果報告。

〔註583〕許慎撰、段玉裁注：《說文解字注》，經韵樓藏版，（臺北市：洪葉出版社，1999年

即背也。違背奸犯齊同之盟也。」，《禮記・大學》：「上恤孤而民不倍。」，鄭玄注：「民不倍，不相倍棄也。」。△字从貝、不聲〔註584〕，因此有讀作「倍」的可能。

第二種可能是釋作「負」，楚文字中「負」見《上博三・周易》字作 （簡33）、（簡37），字从人、从貝、不聲，對照今本《周易》即「負」字無誤。秦系「負」作 （雲夢・效律34）、（雲夢・木牘），晉系作 ，字从貝（或从貝省）、从人，晉系「人」旁訛作 形，這種訛變型態在戰國文字中屬常態，如及、盈等字中。然則簡文△字，只是比秦系文字多添加「不」聲，並且「人」旁作一般形態，不類化作「」形而已。

關於△字訓讀，「倍」、「負」都可通，但若以楚文字的用字習慣來看，正如邴尚白的觀點，△字从「貝」因此釋作「負」較佳，不過目前从貝、不聲之字，筆者僅見《上博（三）・周易》，是否楚文字中有如此嚴格的區別，是進一步可以探索的地方。另外，「負」字《說文》解釋作「人守貝」〔註585〕，以會意字視之，馬敘倫則改作从「貝」聲〔註586〕，何琳儀也以爲「从人，貝聲。負，滂紐；貝，幫紐。幫、滂均屬唇音」〔註587〕，古音「貝」字幫紐、月部，「負」並紐、之部，二者同爲唇音無誤，然韻部實不可謂近，筆者較傾向許愼的釋字觀點。

〔69〕、21・《詩》於（固）又（有）之

李銳以爲「『於』，讀爲『焉』，參張儒、劉毓慶：《漢字通用聲素研究》，756頁，太原：山西古籍出版社，2002年4月。或疑爲『於《詩》有之』之倒。」〔註588〕。

朱賜麟以爲「『於』字在先秦古文多屬語詞，釋讀時省略亦無不可，不必強作解人。」〔註589〕。

佑仁案：「於」有讀爲「焉」之例，但簡文此處若讀爲「焉」，似亦不通順，古籍

11月），頁382。

〔註584〕「貝」字幫紐、月部，「不」字則爲並紐、侯部，韻部稍遠，因此△字「貝」旁僅能表義而不載聲。

〔註585〕許愼撰、段玉裁注：《說文解字注》，經韻樓藏版，（臺北市：洪葉出版社，1999年11月），頁283。

〔註586〕見古文字詁林編纂委員會編纂：《古文字詁林》第六冊，（上海市：上海教育出版社，2003年），頁193。

〔註587〕見何琳儀：《戰國古文字典》，（北京：中華書局，1998年），頁122。

〔註588〕李銳：〈《曹劌之陣》釋文新編〉，簡帛研究網，（2005年2月25日），網址：http://www.jianbo.org/admin3/2005/lirui002.htm。李銳：〈《曹劌之陣》重編釋文〉，簡帛研究網，（2005年5月27日），網址：http://www.jianbo.org/admin3/2005/lirui003.htm。

〔註589〕朱賜麟：《曹劌之陣思想研究——及其在春秋兵學思想史上的意義》，臺灣師範大學碩士論文，2006年6月，頁33。

也缺乏相近的文例。另外，李銳先生疑爲「於詩有之」，或有可能，因爲《上博（五）·姑成家父》簡 6 有文例作「於言有之」，此爲孔子引成語而爲說，可參。若不考慮爲倒文的話，筆者以爲「於」字或可讀作「固」，「固」字見紐、魚部，「於」字影紐、魚部，聲紐則同爲喉音，韻部相同，有通假的可能，《莊子·外物》：「《詩》固有之曰：『青青之麥，生於陵陂。生不布施，死何含珠爲！』」，此處引自逸詩。而「詩有之」爲引詩時常用的習語，如《左傳·襄公八年》：「周詩有之曰：『俟河之清，人壽幾何？兆云詢多，職競作羅。』」，《左傳·襄公二十六年》：「商頌有之曰：『不僭不濫，不敢怠皇。命于下國，封建厥福』」，《管子·小問》：「《詩》有之：『浩浩者水，育育者魚，未有室家，而安召我居。』」，《晏子春秋·叔向問齊德衰子若何晏子對以進不失忠退不失行》：「善哉！詩有之曰：『進退維谷。』其此之謂歟！」，《史記·孔子世家》載太史公之語云：「詩有之：『高山仰止，景行行止。』」，可參。此處聊備一說。

〔70〕、21、22·幾（豈）屖（弟）君子，民之父母。

　　原考釋者李零隸定作「俤」，讀作「第」，以爲「連上簡『幾』字爲讀，即『豈弟君子，民之父母』，出《詩·大雅·泂酌》。」〔註590〕。

　　陳劍以爲「『屖』字即『遲（遲）』字的聲旁，與『弟』音近可通。包山簡240、243『（病）遞（與後出之『遞』字或體『遞』無關，『弟』、『遞』古音不同部）瘥』，研究者多已指出『遞』當讀爲遲速之『遲』，可與此互證。『屖』字原誤釋爲『俤』。」〔註591〕，換言之陳劍認爲包山簡「遞瘥」一語之「遞」應讀作「遲」而非「遞」。

　　佑仁案：簡文字作李，李零嚴式隸定作「俤」確實不佳，本簡字形很清楚並非「俤」字，而應是「屖」字，從尸、辛〔註592〕，「屖」心紐、眞部，「弟」定紐、脂部，看似韻部接近而聲紐稍遠，其實不然，《說文》「遲」古文作「遲」，字即從「屖」聲〔註593〕，而「遲」正是定紐、脂部，與「弟」古音相同。楚簡中引《詩經》「豈弟君子」時，「弟」字常作「俤」，如《上博（二）·民之父母》【簡 1】作「幾俤君子」，《上博（四）·逸詩·交交鳴鷐》作「豈俤君子」〔註594〕，都是以「俤」通「弟」。

〔註590〕馬承源主編：《上海博物館藏戰國楚竹書（四）》，（上海：上海古籍出版社，2004年 12 月），頁 257。

〔註591〕陳劍：〈上博竹書《曹沫之陣》新編釋文（稿）〉，簡帛研究網，（2005 年 2 月 12 日），網址：http://www.jianbo.org/admin3/2005/chenjian001.htm。

〔註592〕季旭昇師疑爲「會意」結構，《說文》則視爲「形聲」結構，參季旭昇師：《說文新證（下冊）》，（臺北市：藝文印書館，2004 年 11 月），頁 42。

〔註593〕段玉裁以爲「兼會意形聲也」，正確可從。許慎撰、段玉裁注：《說文解字注》，經韵樓藏版，（臺北市：洪葉出版社，1999 年 11 月），頁 73。

〔註594〕「俤」字上一字的隸定方式還有爭議，筆者暫據原整理者的隸定方式，見馬承源主

《說文》：「遲，徐行也。从辵、犀聲。《詩》曰：『行道遲遲』。<img_char>，遲或从尸。<img_char>，籀文遲从屖。」〔註595〕，△字與《說文》籀文（省辵）正合。「犀」則从「辛」，金文「犀」字作<img_char>（競卣），或作<img_char>（王孫鐘）、<img_char>（曾侯乙鐘），其「辛」旁右側已加飾符。另外，包山【簡240】「遞瘥」，劉信芳以爲「《呂氏春秋・原亂》：『亂必有弟』，高誘〈注〉：『弟，次也』，遞瘥即漸次病癒，實謂疾病一時未能痊癒。」〔註596〕，王穎《包山楚簡詞匯研究》將包山簡240、243字皆釋作「遞」讀作「遲」〔註597〕，「遞」字讀「遲」較佳，「遞瘥」即痊癒的速度較慢。

簡文「幾犀君子，民之父母」讀作「幾弟君子，民之父母」，文句出於《詩經・小雅・泂酌》，在出土的楚簡資料中常見引用，如《郭店・六德》簡49有「民之父母親民易，使民相親也難」之語，《上博（二）・民之父母》首簡亦云「幾俤君子，民之父母」，而銅器銘文中亦不乏此文例，如春秋時期之宋君夫人鼎中亦見「爲民父母」文例，《龏公盨》亦有「民成父母」，關於「民之父母」一詞的演變過程及意義，可參張光裕〈新見宋君夫人鼎銘「爲民父母」與經典詮釋〉一文〔註598〕。

〔71〕、22・此所吕（以）【1】爲和於邦【2】

【1】吕

此字各家皆釋作「以」，無說。原簡照片作<img_char>，經筆者處理後作<img_char>，字形似一筆而成，字形近似 S 形，與一般「以」字作<img_char>（郭店・老乙・18）、<img_char>（郭店・老甲・6），略有不同。不過細審原簡，似是左方稍殘泐，且還可略見，且末尾又與初始的斜筆相接連，而導致誤判，應與一般「以」字寫法相同。

【2】

淺野裕一以爲「聽到此之後，莊公詢問『爲和於邦』的政策。對此曹沫表示的政策是，不將收穫期誤判爲動員民眾的時期，不奪取居民勞作而得的利益，查清功勞而報之，適當地並公平地給與賞罰，大方封爵俸祿，不分貴賤地適用統一標準而待遇之，避免功勞大而俸祿缺少，即君主負債於臣的狀態。」〔註599〕。

編：《上海博物館藏戰國楚竹書（四）》，（上海：上海古籍出版社，2004 年 12 月），頁 174。

〔註595〕許慎撰、段玉裁注：《說文解字注》，經韵樓藏版，（臺北市：洪葉出版社，1999 年 11 月），頁 73。

〔註596〕劉信芳：《包山楚簡解詁》，（臺北市：藝文印書館，2003 年元月），頁 247。

〔註597〕王穎：《包山楚簡詞匯研究》，（廈門大學博士論文，2004 年），頁 432、433。

〔註598〕張光裕：〈新見宋君夫人鼎銘「爲民父母」與經典詮釋〉，《第四屆國際文字學研討會論文集》，（香港：香港中文大學，2003 年 10 月），頁 107～116。

〔註599〕淺野裕一：〈上博楚簡《曹沫之陳》的兵學思想〉，簡帛研究網，（2005 年 9 月 25

淺野裕一將「不獲民時」一句釋作「不將收穫期誤判爲動員民眾的時期」實不佳，「不獲民時」應爲不在農耕期間徵招民力，而延誤耕種的時機。人民常於農閒之餘進行工事，可參《詩經・豳風・七月》及《上博五・競建內之》等內容。

〔72〕、22・爲和於豫（舍）

淺野裕一以爲「莊公接著問『爲和於豫』的手段。對此曹沬揭示的手段是：君主親自站在前線指揮軍隊，親自號令聚集在都城的軍隊，由君主負擔全面責任，承諾絕不推卸責任於諸將，進而鼓舞士氣。亦即，君主受到信賴，而將從各地召集的部隊在期限內聚集於都城，此便爲『爲和於豫』的手段。這種主張反映著，由於大量動員民眾，所以提高鬥志爲重要課題的狀況。因爲這是兩軍對峙後以正面交戰的會戰，所以與《孫子》不同，不能依賴於勢或詭計來提高鬥志。於是，他強調君主親征是極爲有效的手段。」〔註600〕。

很可惜淺野並無解釋「爲和於豫」之「豫」乃何意義，而他指出「君主受到信賴，而將從各地召集的部隊在期限內聚集於都城，此便爲『爲和於豫』的手段」，但無論是筆者或淺野的編聯意見中〔註601〕，我們完全找不到有看到國軍欲將兵力集中於都城的說法，另外淺野以爲「這種主張反映著，由於大量動員民眾，所以提高鬥志爲重要課題的狀況。」，但我們在曹沬對於「爲合於豫」的討論中，也完全找不到有要動員民眾的字眼，淺野對於「爲和於豫」的說明，恐怕不夠正確。

〔73〕、22・敲（曹）蔑（沬）

「敲」、「蔑」二字均添「艸」旁飾符，關於《曹沬之陣》簡「曹」、「蔑」二字的異體情形。

〔74〕、22・三軍出，君自衛（率）

李零以爲「商代、西周時期軍隊的最高一級編制是師（師字本義也是起於駐屯

日），網址：http://www.jianbo.org/admin3/2005/qianyeyuyi001.htm。
〔註600〕淺野裕一：〈上博楚簡〈曹沬之陣〉的兵學思想〉，簡帛研究網，（2005 年 9 月 25 日），網址：http://www.jianbo.org/admin3/2005/qianyeyuyi001.htm。
〔註601〕淺野先生「爲合於豫」一段的編聯乃「莊公曰，爲和於豫如何。曹沬曰，三軍出，君自率（22），必聚羣有司而告之。二三子勉之，過不在子在【君】。期會之不難，所以爲和於豫。」，參淺野裕一：〈上博楚簡〈曹沬之陣〉的兵學思想〉，簡帛研究網，（2005 年 9 月 25 日），網址：http://www.jianbo.org/admin3/2005/qianyeyuyi001.htm。單就淺野先生的編聯意見而言，在三軍正準備出師之際，國君竟招集群有司，指出過失是在寡人而非各位，如此一來則未戰而先道歉，氣勢已失一大截，這恐怕非深譜攻擊氣勢的曹沬所應有的主張。

之義）。但東周以來，軍逐漸成爲各國軍隊最高一級編制。」〔註602〕。

　　佑仁案：《周禮·夏官司馬》：「凡制軍，萬有二千五百人爲軍。」，又云：「王六軍，大國三軍，次國二軍，小國一軍。」，《左傳·襄公十四年》云：「周爲六軍，諸侯之大者三軍。」，《周禮·夏官司馬》孔穎達《疏》云：「上公爲大國，侯伯爲次國，子男爲小國也。魯是侯爵，而〈魯頌〉云：『公徒三萬』，《注》云：『萬二千五百人爲軍，大國三軍，合三萬七千五百人。言三萬者，舉成數也。』然當公之時其實二軍，故襄公十一年作三軍，則前無三軍矣。若僖公時有三軍，則中間應有合。文注詩爲三軍者，作詩之人舉魯盛時而言。若然魯公伯禽之時，則爲三軍矣。」〔註603〕，可參。

　　「三軍出，君自率」表示國君親自參與這一場戰役，藉此激發將士之鬥志，達到「百將一心，三軍同力」（見《荀子·議兵》）的效果。

## 〔75〕、25·必有二將軍

　　原考釋者李零以爲「讀『二將軍』。上言『三軍出，君親率』，君所率爲中軍，此當指左，右將或前、後將。」〔註604〕。

　　此處的「二」應該爲介於一和三之間的自然數「二」，即兩位將軍，因爲下文「毋將軍必有數變大夫」，即將「二」省略而僅留名詞「將軍」，可知「二」絕對是數詞。

## 〔76〕、25·母（每）

　　「母」原考釋者李零隸定作「毋」讀作「無」〔註605〕，學者多從此說。

　　邴尚白以爲『『每』，簡文原作『母』。……案：『母』、『毋』爲一字分化，本篇二字寫法無別，如簡二十二『民之父母』及常見的禁止之詞『毋』，多寫成『母』，僅簡六十二作『毋』。『毋』、『無』雖可通，但通常仍有區別。以本篇而言，要表示沒有的意思都寫作『亡』，因此這裡的『毋』是否可以訓爲沒有，就很值得商榷。後文說『伍之閒必有公孫、公子』，可見『將軍』、『數變大夫』及『數大官之師、公孫、公子』說的並非各種退而求其次的選擇，而是進軍、『爲和於陳』的必要條件，故本簡二『母』字均應讀作『每』。」〔註606〕。

〔註602〕李零：《吳孫子發微》，（北京：中華書局，1997年6月），頁48。

〔註603〕參【清】阮元《校勘十三經註疏·周禮》，嘉慶廿年江西南昌府學開雕影印本，（臺北：藝文印書館，1993年），頁429～430。

〔註604〕馬承源主編：《上海博物館藏戰國楚竹書（四）》，（上海：上海古籍出版社，2004年12月），頁259。

〔註605〕馬承源主編：《上海博物館藏戰國楚竹書（四）》，（上海：上海古籍出版社，2004年12月），頁259。

〔註606〕邴尚白：〈上博楚竹書《曹沫之陣》注釋〉，收入臺灣大學《中國文學研究》第二十一期，2006年，頁22。

　　朱賜麟以爲「『母、毋』與『無、亡』兩組四字音皆近同，楚簡中常見通假之例。惟應注意的是：古文字中母、毋兩字字形相同，讀者須由上下文義推斷，作『禁止』解時，才能判讀爲『毋』。所以近代文字學者皆主張：毋字爲母字之分化。先秦以前的楚簡中，今之作『沒有』解的『無』字，普遍寫作『亡』形，這也應可視之爲分化斷代的參考。雖然如此，但在筆者的認知經驗裡，這兩組四字間相互通假的例子，僅見於『無』字有時借用爲『毋』，作『禁止』義；而未見『毋』字借用爲『無』，作『沒有』義。另外，從簡文上下文意觀之，無論第 25 簡是否置於第 22 簡下，由將軍以至官師，都是部隊中最重要的各級指揮官，彼此聲息相通，如臂使指，而且同生共死，關係密切，怎麼可以缺少任何一個層級？何況是『無將軍』，又誰來指揮？尤其當第 25 簡上接第 22 簡時，『三軍出，君自率』，建中立極，全軍矚目，更不可能發生『無將軍』、『無裨大夫』的情況。因此，筆者大膽的推測：這個『母』字應是通假作從母的『每』字。」〔註607〕。

　　佑仁案：△字作◆，字即「母」字，邴尚白的隸定正確可從，但「本篇二字寫法無別」，可商，《楚文字編》「母」、「毋」有別〔註608〕，「母」字作◆（天卜）、◆（包・202），「毋」作◆（秦・M99）、◆（秦・M99）、◆（秦・M13），二形迥不相同，雖偶見二型態的結合體如◆（包・245），但僅爲少數例證，絕大多數的「母」、「毋」都應有別，《曹沫之陣》簡亦是如此〔註609〕。

　　筆者以爲邴尚白「母」讀作「每」之說很值得留意，軍隊離開「舍」而前往戰場，此段路程上軍隊的安排，即是「爲和於舍」的內容，既是編制則應有固定的安排，「和」的概念即層層領導、逐級統御，實不應有「退而求其次」之想，因此讀作「每」對簡文文義的說明而言，確實較佳。于省吾已指出「母」、「每」乃一字之分化〔註610〕，《說文》已指出「每」從「母」聲，二字音近毫無問題，不過先秦之出土文獻材料「母」讀作「每」的直接例證，筆者尚未見，秦漢文字常假「誨」字爲「每」，但似未見假「母」字爲之者，金文「海」字作◆（小臣遹鼎）、◆（小臣遹鼎）、◆（小臣遹鼎），但楚簡中「海」作◆（包山・147）〔註611〕、◆（民之父母・7）、◆（容成氏・5），

〔註607〕朱賜麟：《曹劌之陣思想研究——及其在春秋兵學思想史上的意義》，臺灣師範大學碩士論文，2006 年 6 月，頁 33。

〔註608〕可參李守奎：《楚文字編》，（上海：華東師範大學出版社，2003 年 12 月），頁 686（毋）、頁 680（母）。

〔註609〕見本書「《曹沫之陣》文字索引」。

〔註610〕參于省吾：〈釋古文字中附劃因聲指事字的一例〉，見于省吾著：《甲骨文字釋林》，（北京市：中華書局，1999 年 11 月），頁 454。

〔註611〕該字張光裕釋作「泯」，然似以釋作「海」爲佳。張光裕主編、袁國華師合著：《包山楚簡文字編》，（臺北市：藝文印書館，1992 年，11 月），頁 231。

字都从水、毋聲，文例中都讀作「海」，可知楚簡中「毋」、「海」可通。《說文》云：「海、天池也。以納百川者。从水每聲。」〔註612〕，可知「海」、「每」音近，則「毋」、「每」確實有通假的可能。

另外，邴尚白以爲「『毋』、『無』雖可通，但通常仍有區別。以本篇而言，要表示沒有的意思都寫作『亡』，因此這裡的『毋』是否可以訓爲沒有，就很值得商榷。」，此處恐思之過細，楚簡中「毋」讀作「無」者甚多，《郭店・語叢一》簡81「友君臣，毋親也」，「毋」即讀「無」〔註613〕。《郭店・性自命出》簡61「苟毋大害」，「毋」亦讀「無」，而「毋」、「無」古籍通假更多〔註614〕。

〔77〕、25・斆（數）【1】辟（嬖）夫＝（大夫）【2】

**【1】斆**

原考釋者李零以爲「『斆』同『數』」〔註615〕。

「斆」字見〈中山王斆鼎〉作🔹，文例爲「方斆百里，列城斆十」，又〈好盗壺〉作🔹，文例爲「方△百里」，「斆」即讀作「數」，本簡讀「數」正確可從。

另外，《上博（五）・君子爲禮》簡2有🔹，字从「斆日不出」上添「宀」旁，原考釋者即讀爲「數」〔註616〕，正確可從。

**【2】辟大夫**

原考釋者李零以爲「『夫＝』，合文，讀爲『大夫』。『數獄大夫』，『數』是表示若干；『獄大夫』，疑掌軍中之刑罰。」〔註617〕。

陳劍以爲「『辟』字原誤釋爲『獄』。『辟（嬖）大夫』即下文之『俾（嬖）大夫』。」〔註618〕又云「《國語・吳語》：『陳士卒百人，以爲徹行百行。行頭皆官師，擁鐸拱稽，建肥胡，奉文犀之渠。十行一嬖大夫……』韋昭注：『三君皆云：『官師，大夫

---

〔註612〕許慎撰、段玉裁注：《說文解字注》，經韵樓藏版，（臺北市：洪葉出版社，1999年11月），頁550。

〔註613〕荊門市博物館編：《郭店楚墓竹簡》，（北京市：文物出版社，1998年），頁197。

〔註614〕參高亨纂著、董治安整理《古字通假會典》，（濟南：齊魯書社，1997年7月），頁772～777。

〔註615〕馬承源主編：《上海博物館藏戰國楚竹書（四）》，（上海：上海古籍出版社，2004年12月），頁259。

〔註616〕馬承源主編：《上海博物館藏戰國楚竹書（五）》，（上海：上海古籍出版社，2005年12月），頁256。

〔註617〕馬承源主編：《上海博物館藏戰國楚竹書（四）》，（上海：上海古籍出版社，2004年12月），頁259。

〔註618〕陳劍：〈上博竹書《曹沫之陳》新編釋文（稿）〉，簡帛研究網，（2005年2月12日），網址：http://www.jianbo.org/admin3/2005/chenjian001.htm。

也。』昭謂：下言『十行一嬖大夫』，此一行宜爲士。《周禮》：『百人爲卒，卒長皆上士。』……十行，千人。嬖，下大夫也。子產謂子南曰：『子晳，上大夫。汝，嬖大夫。』』簡文『嬖大夫』與此同，『官師』當即此『大官之師』。」〔註 619〕。

陳斯鵬隸定作辟，讀作「俾」〔註 620〕。

邴尚白以爲「『辟』，陳劍讀爲『嬖』，可從。辟大夫虎符銘『辟大夫信節』的『辟』也可讀爲『嬖』。〈吳語〉及簡文的『嬖大夫』皆爲將軍次一級，『嬖』或許就是『裨』之假借，後文『每嬖大夫』的『嬖』即從『卑』寫作『俾』。『嬖（裨）大夫』可能就是裨將軍，即偏將、副將。《史記・楚世家》：『虜我大將軍屈匄、裨將軍逢侯丑等七十餘人。』」〔註 621〕。

朱賜麟以爲「《說文》：『嬖，便嬖，愛也。从女辟聲。』又『裨，接也，益也。从衣卑聲。』古音都在十六部，可相通假。……古文中『嬖』字多用作近倖之人，而『裨』在古書中多有『輔佐』義，『偏裨將校』亦屬成詞，並不陌生。軍行戰陣之間，唯賢與力是尚。所以筆者主張：與其釋讀作親信之『嬖大夫』，不如釋讀爲『裨大夫』爲優。《左傳・宣十二年》晉、楚邲之戰，傳文記載：『夏，六月，晉師救鄭。荀林父將中軍，先縠佐之；士會將上軍，郤克佐之；趙朔將下軍，欒書佐之。趙括、趙嬰齊爲中軍大夫，鞏朔、韓穿爲上軍大夫，荀首、趙同爲下軍大夫。韓厥爲司馬。』其中有中軍、上軍、下軍的將軍、佐將軍、兩大夫等編制。由彼例此，可知此處的『裨大夫』指的應就是各軍的兩大夫。……周制大國三軍、次國二軍、小國一軍。魯本次國，原只有二軍之制，所以曹劌此處『三軍出，君自率，必有二將軍；每將軍必有數裨大夫』應是以三軍泛言全軍，非言魯國眞有三軍的編制。細考《左傳》與春秋制度的記載之後，發現魯國直到襄公十一年正月，季武子始作三軍，與叔孫氏、孟孫氏三家共分公室，而各有其一。但是二十五年後，在昭公五年正月，季孫氏趁叔孫氏家變，舍中軍以卑公室，四分魯國而自取其二。季孫稱左師，孟孫爲右師，叔孫自以氏爲軍名。」〔註 622〕。

**佑仁案**：原簡字作，與字形作（簡 35）、（簡 37）寫法稍有差異，△字

〔註 619〕陳劍：〈上博竹書《曹沫之陳》新編釋文（稿）〉，簡帛研究網，（2005 年 2 月 12 日），網址：http://www.jianbo.org/admin3/2005/chenjian001.htm。

〔註 620〕陳斯鵬：〈上海博物館藏楚簡《曹沫之陣》釋文校理稿〉：簡帛研究網，（2005 年 2 月 20 日），網址：http://www.jianbo.org/admin3/list.asp?id=1328。

〔註 621〕邴尚白：〈上博楚竹書《曹沫之陳》注釋〉，收入臺灣大學《中國文學研究》第二十一期，2006 年，頁 22。

〔註 622〕朱賜麟：《曹劌之陣思想研究——及其在春秋兵學思想史上的意義》，臺灣師範大學碩士論文，2006 年 6 月，頁 33～34。

從「彳」，並且「丂」形部件右移，後者二「辟」字則清楚咸从「尸」，本簡文例「毋將軍必有數△大夫，毋俾大夫必有數大官之師、公孫公子」，比對上下文義，我們知道△即「俾」之相對應的字，而△左半雖似从「彳」，但其右半从「丂」，並疊加雙「○（即「璧」之初文）」聲，從其右旁我們可得知其乃「辟」字，僅是△字將「尸」旁訛作「彳」旁而已，而《曹沫之陣》簡文三處「辟」字咸从雙「○」聲，這也出現在闢（晉系・梁十九年亡智鼎）。

除此之外，戰國文字「辟」字與「䛆」字作 的差異，僅在「䛆」字無「○」之聲旁，然雖形構相同，「䛆」、「辟」二字的音、義皆不同，不容訛混。李零恐因△字中間偏旁似「言」而造成的誤釋，另外李零又以為「讀『裨大夫』，疑即上『獄大夫』。」〔註623〕，陳劍以為△與下文之「俾」相同，相當正確，「俾」、「嬖」二字音近可通假，「俾」幫紐、支部，「嬖」幫紐、錫部，音同韻近，《郭店・緇衣》簡 23 有「 」字，文例作「毋以△御塞莊句」，字作「卑」讀作「嬖」，可知「卑」、「嬖」可通。

《左傳・哀公五年》：「鄭駟秦富而侈，嬖大夫也，而常陳卿之車服於其庭。」，《左傳・昭公》：「宣子為子產之敏也，使從嬖大夫。」，《國語・晉語》：「欒武子、中行獻子圍公於匠麗氏。」，注云：「匠麗氏，嬖大夫家。」，《史記・晉世家》「閏月乙卯，厲公游匠驪氏。」，《集解》引賈逵之說云：「匠驪氏，晉外嬖大夫在翼者。」，又《晏子春秋・景公病久不愈欲誅祝史以謝晏子諫》云：「景公疥且瘧，期年不已。召會譴、梁丘據、晏子而問焉。」，吳則虞《晏子春秋集釋》於「會譴」下案云：「事見左昭二十年傳，杜注云：『二子齊嬖大夫。』」〔註624〕，可知辟大夫當為官職。

《國語・吳語》「十行一嬖大夫，建旌提鼓，挾經秉枹。十旌一將軍，載常建鼓，挾經秉枹。萬人以方陣，皆白裳、白旂、素甲、白羽之贈，望之如荼。」，注云：「十行，千人。嬖，下大夫也。子產謂子南曰：『子晳，上大夫。汝，嬖大夫。』」〔註625〕，「十行」乃即「十列」，一列「百人」，則「十列」千人，可知「嬖大夫」掌管千位士兵，「十行（千人）」而「建旌提鼓」，「旌」本義為旗桿上裝飾著五彩羽毛的旗子，「十行」才一「嬖大夫」，十行而建一旌，十旌（萬人）才配置一將軍，從《國語・吳語》可知將軍地位高於嬖大夫，則簡文「毋將軍必有數辟大夫」，似也有官位由高至低的安排。不過，先秦軍隊配置頗為複雜，《國語》所記載的軍隊制度與本簡是否

〔註623〕馬承源主編：《上海博物館藏戰國楚竹書（四）》，（上海：上海古籍出版社，2004年 12 月），頁 259。

〔註624〕吳則虞編著：《晏子春秋集釋》，（北京市：中華書局，1961 年），頁 44。

〔註625〕參徐元誥撰、王樹民點校：《國語集解》，（上海：中華書局，2002 年），頁 549。

相同，需進一步研究。

〔78〕、25・必又（有）豐（數）大官之帀（師）【1】、公孫（孫）公子【2】

【1】大官之師

原考釋者李零以爲讀「『大官之師』，疑指士師。《周禮・秋官》有『士師』，爲掌獄訟之官。」〔註626〕。

陳劍以爲：「《國語・吳語》：『陳士卒百人，以爲徹行百行。行頭皆官師，擁鐸拱稽，建肥胡，奉文犀之渠。十行一嬖大夫……』韋昭注：『三君皆云：『官師，大夫也。』』，並且指出「『官師』當即此『大官之師』」〔註627〕。

邴尚白以爲「陳說可從。《禮記・祭法》『官師一廟』，爲大夫下一級，鄭《注》：『官師，中士、下士。』簡三十九說：『人使士，我使大夫；人使大夫，我使將軍』，『士』、『大夫』、『將軍』可與這裡的『大官之師』、『嬖大夫』、『將軍』相對應。」〔註628〕。

【2】公孫、公子

《儀禮・喪服禮》：「諸侯之子稱公子，公子不得禰先君；公子之子稱公孫，公孫不得祖諸侯，此自卑別於尊者也。」，可參。

〔79〕、25・凡又（有）司【1】衒（率）倀（長）【2】

【1】司

本簡「司」字簡文作，然簡23「司」字作「」，二字筆勢不同。

【2】倀

原考釋者李零隸定作「倀」，以爲「即『長』，疑伍長、什長、卒長之類。」〔註629〕，正確可從，然下文殘缺，故不知爲何類之長。

〔80〕、23下・其（期）會

「亓會」原考釋者李零讀作「期會」，以爲乃「軍事術語，參看《六韜・犬韜・分兵》、《尉繚子・踵軍令》，指參加會戰的軍隊皆按約定時間準時到達預定的會戰地

〔註626〕馬承源主編：《上海博物館藏戰國楚竹書（四）》，（上海：上海古籍出版社，2004年12月），頁259。

〔註627〕陳劍：〈上博竹書《曹沫之陳》新編釋文（稿）〉，簡帛研究網，（2005年2月12日），網址：http://www.jianbo.org/admin3/2005/chenjian001.htm。

〔註628〕邴尚白：〈上博楚竹書《曹沫之陣》注釋〉，收入臺灣大學《中國文學研究》第二十一期，2006年，頁22。

〔註629〕馬承源主編：《上海博物館藏戰國楚竹書（四）》，（上海：上海古籍出版社，2004年12月），頁259。

點。」〔註630〕。

　　《六韜・分合》：「武王問太公曰：『王者帥師，三軍分為數處，將欲期會合戰，約誓賞罰，為之奈何？』」，劉向〈戰國策書錄〉云：「聘覯以相交，期會以相一，盟誓以相救。」〔註631〕，《史記・項羽本紀》：「與淮陰侯韓信、建成侯彭越，期會而擊楚軍。」《後漢書・趙岐傳》：「紹等各引兵去，皆與岐期會洛陽，奉迎軍駕。」，可知「期會」所指為約期聚集，亦軍隊有層層管理的機制，作戰時約期而會，不難達成。

〔81〕、23下・牀（莊）公或（又）酳（問）

　　原考釋者李零讀「或」為「又」〔註632〕。

　　朱賜麟以為「『或』字李零原釋讀為『又』字，未加解釋。各家釋讀皆從之，也未加解釋。然此字隸定為『或』，或本作『有』意，在文意上並無齟齬，不必改讀。以下數句之『或問』字皆同。」〔註633〕。

　　**佑仁案**：古籍中「或」讀作「又」者甚多，《古字通假會典》中引證甚多〔註634〕，此不贅述。「牀」、「莊」皆為精紐、陽部，因此「莊公」之「莊」此處假「牀」為之。

〔82〕、24・車【1】間容伍＝（伍，伍）【2】間容兵【3】

【1】車

　　《史記・樂書》：「武王克殷反商，未及下車」，《正義》云：「車，戎車也。軍法，一車三人乘之，步卒七十二。」，可參。

【2】伍

　　原考釋者李零以為「讀『伍』，古代軍隊編制的最低一級，由五人而編成。」〔註635〕。

　　邴尚白指出「《左傳・桓公五年》：『為魚麗之陳，先偏後伍，伍承彌縫。』杜《注》：

---

〔註630〕馬承源主編：《上海博物館藏戰國楚竹書（四）》，（上海：上海古籍出版社，2004年12月），頁258。

〔註631〕參繆文遠：《戰國策新校注》，（四川：巴蜀書社，1992年5月），頁1。

〔註632〕馬承源主編：《上海博物館藏戰國楚竹書（四）》，（上海：上海古籍出版社，2004年12月），頁257。

〔註633〕朱賜麟：《曹劌之陣思想研究——及其在春秋兵學思想史上的意義》，臺灣師範大學碩士論文，2006年6月，頁34。

〔註634〕參高亨《古字通假會典》【又與或】、【有與或】。高亨纂著、董治安整理《古字通假會典》，（濟南：齊魯書社，1997年7月），頁370。

〔註635〕馬承源主編：《上海博物館藏戰國楚竹書（四）》，（上海：上海古籍出版社，2004年12月），頁258。

『《司馬法》：『車戰二十五乘爲偏。』以車居前，以伍次之，承偏之隙而彌縫闕漏也。五人爲伍。此蓋魚麗陳法。』伍之作用在承車之隙，簡文言『車間容伍』，可相參看。」〔註636〕。

邴尚白之說，可從。

【3】兵

原考釋者李零以爲「指兵器」〔註637〕。

《曹沫爲陣》簡陣勢部署的方式是「車間容伍，伍間容兵」，此處「車」乃指戰車，則戰車間佈署「伍」，「伍」與「伍」之間則放置「兵」，「兵」指「兵器」可從。《周禮・地官司徒》：「則合其卒伍，簡其兵器。」可參。

〔83〕、30・貴立（位）

原考釋者李零以爲「首字殘，也可能是『立』字。」〔註638〕。

陳斯鵬釋作「（位？）」表示尙存疑〔註639〕。

「立」字之上半殘斷，李零以爲字爲「立」，可信，陳斯鵬以爲讀作「位」，《曹沫之陣》【簡24】「前立一行」，「立」即讀作「位」，可參。

〔84〕、30・砫（重）飤（食）

陳劍以爲「『厚食』與『蓐食』義同。『蓐食』古書多見，用於戰陣指在作戰之前命士兵飽食。蓐，厚也，舊注或解爲『寢蓐』、『牀蓐』者失之，『蓐食』即『厚食』，『猶言多食』，見王念孫《讀書雜志・漢書第八・韓彭英盧吳傳》『迺晨炊蓐食』條下。」〔註640〕。

李守奎指出「當是『壾』讀『重』」〔註641〕。

邴尚白隸定作「厚」〔註642〕。

---

〔註636〕邴尚白：〈上博楚竹書《曹沫之陣》注釋〉，收入臺灣大學《中國文學研究》第二十一期，2006年，頁18。

〔註637〕馬承源主編：《上海博物館藏戰國楚竹書（四）》，（上海：上海古籍出版社，2004年12月），頁258。

〔註638〕馬承源主編：《上海博物館藏戰國楚竹書（四）》，（上海：上海古籍出版社，2004年12月），頁262。

〔註639〕陳斯鵬：〈上海博物館藏楚簡《曹沫之陣》釋文校理稿〉：簡帛研究網，（2005年2月20日），網址：http://www.jianbo.org/admin3/list.asp?id=1328。

〔註640〕陳劍：〈上博竹書《曹沫之陳》新編釋文（稿）〉，簡帛研究網，（2005年2月12日），網址：http://www.jianbo.org/admin3/2005/chenjian001.htm。

〔註641〕李守奎：〈《曹沫之陣》之隸定與古文字隸定方法初探〉，（北京：學苑出版社，2005年6月），頁499。

〔註642〕邴尚白：〈上博楚竹書《曹沫之陣》注釋〉，收入臺灣大學《中國文學研究》第二十

　　季旭昇師以爲「『重食』，各家都以爲是『飽食』，但依本文的排序，『貴位重食』似應指一種身分，即地位較高的、俸祿較多的人，這些人應該在軍隊的前排，身先士卒。」〔註643〕。

　　**佑仁案**：字應隸作「𥐘」讀作「重」，學者多隸定作「厚」，可商，實應乃从石、主聲之「重」字。不過△字作**厚**，所从之「主」旁豎筆稍往左斜，有可以懷疑的空間，不過比對「重」字也見【簡54】字从「貝」、「主」聲，其「主」旁豎筆亦有向左斜的傾向，因此△字應釋爲作「重」，正確。

　　《季庚子問於孔子》簡18云「字之言也已硅」，「硅」與△字相同，僅「石」、「主」偏旁擺放的結構不同（前者前後擺放，後者上下擺放），〈季庚子問於孔子〉之字原考釋者濮茅左讀作「主」又云「或讀作『重』。」〔註644〕，季旭昇師指出「或讀是也」〔註645〕，此處確實讀「重」較佳。

## 〔85〕、30・前行

　　淺野裕一以爲「以厚祿待遇兵卒是爲了使他們志願到三排中的前排。由此得知，展開成左右兩翼的戰列由前、中、後的三排而構成。古時候將獨立步兵部隊稱爲行，但在〈曹沫之陳〉中將戰車與步兵間隔佈置而橫向展開的戰鬥隊形稱爲行。」〔註646〕。

　　《吳子兵法・應變》：「輕足利兵，以爲前行。」，傅紹傑云「前行，居於最前準備與敵交鋒予敵以迎頭痛擊者」〔註647〕，齊光云：「前行，先行」〔註648〕，李增傑以爲「〔前行〕先鋒部隊」〔註649〕。又《吳子兵法・圖國》：「晉文召爲前行四萬，以獲其志。」，傅紹傑云：「前行，一種軍制名稱」〔註650〕，可知「前行」即軍隊前排，淺野裕一對「前行」的說法不確，本處文例後接「三行之後」，可知「前行」即爲軍陣之前三行，並非安排士兵到三排的前排。

---

　　一期，2006年，頁10。

〔註643〕參季旭昇師主編、高佑仁執筆、朱賜麟協撰：《上海博物館藏戰國楚竹書（四）讀本・曹沫之陳釋譯》，（臺北：萬卷樓圖書公司，2007年3月），頁185。

〔註644〕馬承源主編：《上海博物館藏戰國楚竹書（五）》，（上海：上海古籍出版社，2005年12月），頁227。

〔註645〕季旭昇師：〈上博五芻議（上）〉，武漢大學簡帛網，（2006年2月18日），網址：http://www.bsm.org.cn/show_article.php?id=195。

〔註646〕淺野裕一：〈上博楚簡〈曹沫之陳〉的兵學思想〉，簡帛研究網，（2005年9月25日），網址：http://www.jianbo.org/admin3/2005/qianyeyuyi001.htm。

〔註647〕傅紹傑：《吳子今註今譯》，（臺北市：臺灣商務印書館，1976年），頁137。

〔註648〕齊光：《吳子兵法今譯》，（香港：中華書局香港分局，1982年8月），頁74。

〔註649〕李增傑：《吳子注譯析》，（廣東：廣東高等教育出版社，1986年3月），頁113。

〔註650〕傅紹傑：《吳子今註今譯》，（臺北市：臺灣商務印書館，1976年），頁61。

〔86〕、30・三行之邊（後）

陳劍以爲「『三行』謂（前行、前軍）向敵軍三次前進，『行』當爲動詞。《左傳・定公十四年》：『吳伐越，越子勾踐禦之，陳于檇李。勾踐患吳之整也，使死士再禽焉，不動。使罪人三行，屬劍於頸，而辭曰：『二君有治，臣奸旗鼓，不敏於君之行前。不敢逃刑，敢歸死。』遂自剄也。』『三行』之『行』字釋文音『戶郎反』，是解爲名詞。《史記・吳大伯世家》記此事云：『十九年夏，吳伐越，越王句踐迎擊之檇李。越使死士挑戰，三行造吳師，呼，自剄。』《史記・越王勾踐世家》記此事云：『元年，吳王闔廬聞允常死，乃興師伐越。越王勾踐使死士挑戰，三行至吳陳，呼而自剄。』皆謂三次前進之後到達吳軍之陣，『行』作動詞看得更爲清楚。《史記・吳大伯世家》正義音『胡郎反』，是亦將『行』解爲名詞，恐皆不確。」〔註651〕。

淺野裕一以爲「在此說明，以厚祿待遇兵卒是爲了使他們志願到三排中的前排。由此得知，展開成左右兩翼的戰列由前、中、後的三排而構成。古時候將獨立步兵部隊稱爲行，但在〈曹沫之陳〉中將戰車與步兵間隔佈置而橫向展開的戰鬥隊形稱爲行。」〔註652〕。

邴尚白以爲：「陳說不可從。『行』作動詞指行走，三次前進應說成『三進』，而非『三行』，如《左傳・宣公二年》：『三進，及溜，而後視之。』其所引《左傳》、《史記》的『三行』（案：指陳劍之引文），皆爲排成三行之意，《釋文》、《正義》所注反切並沒有問題。古代戰陣一般的配置，戈戟等『長兵』處前，刀劍等『短兵』居後（見銀雀山漢簡《孫臏兵法・威王問》簡二十七、《六韜・犬韜・戰步》等），『長以衛短，短以救長』（《司馬法・定爵》）互相支援、救應。像銀雀山漢簡《孫殯兵法・陳忌問壘》中的『短兵』列於『發（弩）』、『長兵』、『從（縱）』後方（簡六十一、六十二）正爲『三行之後』」〔註653〕。

邴尚白之說，可從。

〔87〕、30・句（苟）見耑（短）兵

原考釋者李零以爲「讀『短兵』，刀劍類的兵器。」〔註654〕。

〔註651〕陳劍：〈上博竹書《曹沫之陳》新編釋文（稿）〉，簡帛研究網，（2005年2月12日），網址：http://www.jianbo.org/admin3/2005/chenjian001.htm。
〔註652〕淺野裕一：〈上博楚簡〈曹沫之陳〉的兵學思想〉，簡帛研究網，（2005年9月25日），網址：http://www.jianbo.org/admin3/2005/qianyeyuyi001.htm。
〔註653〕邴尚白：〈上博楚竹書《曹沫之陣》注釋〉，收入臺灣大學《中國文學研究》第二十一期，2006年，頁18～19。
〔註654〕馬承源主編：《上海博物館藏戰國楚竹書（四）》，（上海：上海古籍出版社，2004年12月），頁262。

蘇建洲認爲：「『短兵』在此應指『拿短兵器的士兵』，《商君書‧境內》：『五百主，短兵五十人』，朱師轍說：『五百主，五百人之長，有持短兵之士五十人。……短兵，兵之持刀劍者也。』」〔註655〕。

季旭昇師以爲「似可讀爲『後見』，句讀爲後，楚文字多見。貴位重食處在前行，三行之後，才後出短兵，短兵是近身博鬥的士卒，正常情況之下，應該放在長兵之後。『後』、『句』同義而用字不同，楚系文字多見。」〔註656〕。

佑仁案：「嵩」字原簡作 ，原考釋者以釋作「嵩」，甚確。

「嵩」字甲骨 （後2‧7‧3）、 （前4‧42‧2），其字形分析尚有爭議〔註657〕，金文見春秋晚 （義楚嵩）、春秋晚 （鄋王嵩）。首先上博《周易》字作「 」，它與「散」字並不相同，判準在於左下角，「敝」字兩撇同長，「散」字由於從「人」因此左短長短，字作 （郭‧老乙‧4/兆）、 （郭‧六‧38）、 （郭‧唐‧17）、 （郭‧老甲‧15）諸字，其人旁寫法與「 」有很明顯的不同。《周易》簡之字依季旭昇師釋作從「而」省較佳，戰國「嵩」字下半確實類化作「而」，而我們看楚文字的「嵩」作 （望二‧策）、 （郭‧語一‧98）、 （郭‧老甲‧16），而楚系「而」字作 （包‧15）、 （帛甲2‧17）、 （郭‧唐‧26）、 （郭‧唐‧1）、 （包‧137），可見「嵩」字其下半的確實已類化作「而」，進一步說， 、 二字爲「而」省的可能性很大，「 」可能爲 （郭‧老甲‧7）、 （郭‧語四‧15）這類「而」字之省，而「 」字下半兩撇往內勾，可能是 （帛甲2‧17）、 （包‧137）這類「而」字之省。另外△字還有個特色，「 」字中間橫筆上的右上又增一橫筆，與一般作 （望二‧策）、 （郭‧語一‧98）、 （郭‧老甲‧16）不同。

《上博（三）‧周易》【簡24】「觀我敝頤」，原簡字作 〔註658〕，季旭昇師摹作 〔註659〕，今本作「觀我朵頤」。原考釋者濮茅左隸定作「散」〔註660〕，陳偉以爲「對

〔註655〕蘇建洲：〈《上博（四）‧曹沫之陳》補釋一則（二）〉，簡帛研究網，（2005年2月25日），網址：http://www.jianbo.org/admin3/2005/sujianzhou002.htm。

〔註656〕參季旭昇師主編、高佑仁執筆、朱賜麟協撰：《上海博物館藏戰國楚竹書（四）讀本‧曹沫之陳釋譯》，（臺北：萬卷樓圖書公司，2007年3月），頁186。

〔註657〕參季旭昇師：《說文新證（上冊）》，（臺北市：藝文印書館，2002年10月初版），頁588。

〔註658〕馬承源主編：《上海博物館藏戰國楚竹書（三）》，（上海：上海古籍出版社，2003年12月），頁37。

〔註659〕季旭昇師主編：《上海博物館藏戰國楚竹書（三）讀本》，（臺北：萬卷樓，2005年10月），頁305。

〔註660〕馬承源主編：《上海博物館藏戰國楚竹書（三）》，（上海：上海古籍出版社，2003年12月），頁169。

應於『微（無彳）』字，阜陽漢簡《周易》作『端』，馬王堆帛書本《周易》作『短（從才）』，今本《周易》作『朵』。疑竹書『微（無彳）』字爲『端（從夊）』字之誤，從而與『端』、『短（從才）』相通。」〔註661〕，懷疑《上博三・周易》「敳」乃「散」字之誤。廖名春以爲簡文字左下實从「而」，因此直接隸定作「敳」亦可〔註662〕。季旭昇師則以爲字不應釋作「散」，主張字應从「耑」省〔註663〕。

此外藉著談到「耑」字，本處再談有關戰國文字「ヨ」形部件常寫成「屮」的問題，《上博（三）・采風曲目》簡2有個「[字]」（暫以▽形符號代替），原考釋者是作「兇」讀作「嫩」〔註664〕，此字與一般楚系「兇」字形體稍有異，「兇」一般作[字]（郭・老乙・4）、[字]（郭・六・38/敚）、[字]（郭・老甲・15/敚）、[字]（郭・唐・17/敚）、[字]（容成氏・14/敚）、[字]（周易・24）、[字]（曹沫之陣・3/敚），《郭・老乙・4》之「[字]」字起筆與一般「兇」字稍有異〔註665〕，「兇」一般作仍多作「ヨ」形，而這些字形與▽字的差別僅在於，▽字將「ヨ」形部件寫成「屮」字作「[字]」，而將「ヨ」形部件寫成「屮」的現象還可見「耑」、「敢」等字，「耑」字一般寫法作[字]（望二・策）、[字]（郭・語一・98）、[字]（郭・老甲・16），但是《上博（三）・恆先・9》又可作「[字]」（恆先・9），又「瑞」字作[字]（包・22），《上博（三）・恆先》文例爲「先有[字]，焉有長」，隸定作「耑」（讀「短」）字，正確〔註666〕；另外，「敢」字一般戰國文字作[字]（楚系・包・38）、[字]（楚系・包・85）、[字]（秦系・詛楚文・亞駝）、[字]（晉系・璽彙・3294）、[字]（侯馬・194：5），但也可以將「ヨ」形部件寫成「屮」，如[字]（晉系・中山王圓壺）、[字]（晉系・中山王圓壺）、[字]（晉系・侯馬・16：10）等例。由此可見，▽字確實是「兇」字，而寫作從「屮」形部件的「兇」、「耑」、「敢」

---

〔註661〕見陳偉：〈楚竹書《周易》文字試釋〉，簡帛研究網，（2004年4月18日），網址：http://www.bamboosilk.org/admin3/list.asp?id=1143。

〔註662〕廖名春：〈楚簡《周易・頤》卦試釋〉，簡帛研究網，（2004年4月24日），網址：http://www.jianbo.org/ADMIN3/HTML/liaominchun04.htm#_ftnref12。

〔註663〕季旭昇師主編：《上海博物館藏戰國楚竹書（三）讀本》，（臺北：萬卷樓，2005年10月），頁67。

〔註664〕參馬承源主編：《上海博物館藏戰國楚竹書（四）》，上海古籍出版社2004年12月，頁165。

〔註665〕即將起筆的「ᄀ」改作「丨」形，這在許多从「ヨ」形部件的楚文字都可以發現，如「浧」字作[字]（郭・語叢二・17），又如[字]（郭・太・7/罷）、[字]（郭・太・7/罷）、[字]（郭・五・16/罷）、[字]（郭・五・11/翠）、[字]（郭・老甲・18/敢）、[字]（郭・老丙・14/敢）等。

〔註666〕馬承源主編：《上海博物館藏戰國楚竹書（三）》，上海古籍出版社2003年12月，頁295。

字較罕見，應爲特殊的寫法〔註667〕。

　　「耑」、「短」二字都是端紐、元部字，音韻通假沒有問題，《郭店・老子甲》【簡16】有「長耑之相型也」一句，「耑」字今本老子即作「短」。「短兵」本來應是指一種兵器而言，如《管子・參患》：「弩不可以及遠，與短兵同實。」，弩的戰鬥距離長、射程遠、貫穿力強，而短兵則適用於近身肉搏戰之用，所以「短兵」常與「長兵」相對，《史記卷・匈奴列傳》：「其長兵則弓矢，短兵則刀鋋。」《商君書・境內》：「五百主，短兵五十人，二五百主，將之，短兵百。千石之令，短兵百人。八百之令，短兵八十人。七百之令，短兵七十人。六百之令，短兵六十人。國尉，短兵千人。將短兵四千人。戰及死事，而列短兵。」

　　可想而知的是，近距離的攻伐，必定造成死傷的慘重，《漢書・傳第三十六》：「毋接短兵，多殺傷士眾。」師古曰：「用短兵則士眾多死傷。」，《明史》談到任環「嘗遇賊，短兵接，身被三創幾殆。」可見短兵是屬於消耗戰，死傷慘重。

〔88〕、30・𢾜（什）【30▽】五（伍）之𨳩（間）

　　原考釋者李零隸定作「𢾜」，以爲「疑即『枚』字。郭店楚簡《語叢四》第十五簡『必𢾜銛銛』（收入荊門市博物館《郭店楚墓竹簡》，文物出版社，1998 年）也有這個字，讀法不詳。」〔註668〕。

　　陳劍隸定作「𢾜」以爲「（審？）」，表示尚存疑〔註669〕。

　　李銳〈新編釋文〉「（什？）」，表示尚存疑〔註670〕。

　　蘇建洲以爲字亦見《郭店・語叢四》簡15，郭店簡此字徐在國釋作从支十聲。並將《曹沫之陣》簡△字通假成「協」，以爲：

　　　　本句可讀作「協毋怠」，《說文》曰：「協，眾之同和也。」則簡文是
　　　　說「同心協力，不要怠慢輕忽。」《尚書・湯誓》：「夏王率遏眾力，率割
　　　　夏邑，有眾率『怠』弗『協』。」其中「率」是語助詞，則所謂「『怠』弗
　　　　『協』」正說明「協」、「怠」二者可用於反義詞。簡文「三行」，陳劍先生

---

〔註667〕上述「ヨ」形部件常寫成「𠂢」的問題，筆者曾發表於武漢大學簡帛網，參拙文：〈《上博四》箚記三則〉，武漢大學簡帛網，（2006 年 2 月 24 日），網址：http://www.bsm. org.cn/show_article.php?id=228。

〔註668〕馬承源主編：《上海博物館藏戰國楚竹書（四）》，（上海：上海古籍出版社，2004 年 12 月），頁 262。

〔註669〕陳劍：〈上博竹書《曹沫之陣》新編釋文（稿）〉，簡帛研究網，（2005 年 2 月 12 日），網址：http://www.jianbo.org/admin3/2005/chenjian001.htm。

〔註670〕李銳：〈《曹劌之陣》釋文新編〉，簡帛研究網，（2005 年 2 月 25 日），網址：http://www. jianbo.org/admin3/2005/lirui002.htm。

認爲是「『三行』謂（前行、前軍）向敵軍三次前進，『行』當爲動詞。」又說這些「前行者即上文之『廝徒傷亡』」，可從。而「短兵」在此應指「拿短兵器的士兵」，《商君書・境內》：「五百主，短兵五十人」，朱師轍說：「五百主，五百人之長，有持短兵之士五十人。……短兵，兵之持刀劍者也。」則簡文意思大約是：前行軍向敵軍三次前進，（已深入敵國腹地），這時碰到拿短兵器的士兵，眼看就要發生近身肉搏戰，大家要齊心協力，不要怠慢輕忽。不能再發生之前「廝徒傷亡」的事情了。〔註671〕

孟蓬生以爲「此字所從的『十』字不一定是數目之『十』，也有可能是『丨』（古本切）。……郭店楚簡還有一個從『丨』的字，那就是讀爲『慎』或『塵』的那個字。其構形如下：𢼸（《語叢四》簡4）𢽾（《老子》甲本簡11）𢽾（《緇衣》簡15）……由於豎筆中間加小點，再進而演變爲短橫的情形在古文字材料中十分常見，所以陳劍將這個字隸定爲『斲』……從『丨』聲的『斲』可以讀作『慎』，則同從『技』聲的也可以讀作『慎』。所以上文提到的『技毋怠』，就可以讀作『慎毋怠』。」〔註672〕，他從楚文字的「慎」字出發，以爲「𢽾」字從《說文》訓作「上下通也」之「丨」得聲〔註673〕，故可讀作「慎」，則同從「丨」之△，亦可讀作「慎」。

白于藍釋作「（審？）」〔註674〕。

周鳳五釋作「騰」〔註675〕。

案：【簡24上】接【簡30】這是陳斯鵬、邴尚白的創見〔註676〕，不過兩位對於這樣的編聯方式都沒有解釋，「貴位」一詞見《大戴禮記・曾子制言》「不得志，不安貴位」，「貴位」的意思與「重食」相近。【簡30】最末字爲「牧」，字作𤽄，學者對此字的講法很多，原考釋者李零隸定作「牧」以爲「疑即『枚』字」〔註677〕，

---

〔註671〕蘇建洲：〈《上博（四）・曹沫之陣》補釋一則（二）〉，簡帛研究網，（2005年2月25日），網址：http://www.jianbo.org/admin3/2005/sujianzhou002.htm。

〔註672〕孟蓬生：〈上博竹書（四）閒詁（續）〉，簡帛研究網，（2005年3月6日），網址：http://www.jianbo.org/admin3/2005/mengpengsheng002.htm。

〔註673〕許慎撰、段玉裁注：《說文解字注》，經韵樓藏版，（臺北市：洪葉出版社，1999年11月），頁20。

〔註674〕白于藍：〈上博簡《曹沫之陣》釋文新編〉，簡帛研究網，（2005年4月10日），網址：http://www.jianbo.org/admin3/2005/baiyulan001.htm。

〔註675〕周鳳五：〈上博楚竹書〈曹沫之陣〉研究〉，95學年度行政院國家科學委員會專題研究計畫成果報告。

〔註676〕參陳斯鵬：〈上海博物館藏楚簡《曹沫之陣》釋文校理稿〉：簡帛研究網，（http://www.jianbo.org/），2005年2月20日。邴尚白：〈上博楚竹書〈曹沫之陣〉注釋〉，臺灣大學《中國文學研究》第二十一期，2006年，第10頁。

〔註677〕馬承源主編：《上海博物館藏戰國楚竹書（四）》，上海古籍出版社2004年12月，

陳劍隸定作「攴」以爲「（審？）」，表示尙存疑〔註678〕。李銳〈新編釋文〉「讀作（什？）」〔註679〕，不過〈釋文重編〉則改作「（審？）」〔註680〕。蘇建洲據《郭店・語叢四》簡15徐在國釋作从攴、十聲的意見，將△字通假成「協」〔註681〕，孟蓬生則讀作「愼」〔註682〕。學者大多往「十」聲方向思考，正確可信，但是由於本簡過去尙不確定與何簡連讀，因此△字的讀法莫衷一是。筆者以爲李銳讀作「什」的意見較佳，不過李銳將【簡30】接【簡52】〔註683〕，似可商，我們現在知道【簡30】應與【簡26】連讀，「攴五之間」讀「什伍之間」，「什」、「十」都是定紐、緝部字，可以通假。「攴」字从攴，《曹沫之陣》簡26「伍」字作「敔」亦从「攴」，可證。「什伍」一詞在古兵書及古籍中多見，如《吳子》：「鄉里相比，什伍相保。」，《尉繚子・制談》：「士有什伍，車有偏列」，《禮記・祭義》：「軍旅什伍，同爵則尙齒，而弟達乎軍旅矣。」，《韓非子・定法》：「連什伍而同其罪，賞厚而信，刑重而必。」，《漢書・晁錯傳》：「什伍俱前，則匈奴之兵弗能當也。」，《孔子家語・正論解》：「軍旅什伍，同爵則尙齒，而悌達乎軍旅矣」。出土文獻中亦見「什伍」一詞，如《睡虎地秦簡・秦律雜抄・36》云：「屯長、什伍知弗告，貲一甲。」，《馬王堆・經法・10》：「號令者，連爲什伍」，銀雀山《尉繚子・兵令》：「使什伍相連也」可見此處讀作「什伍」確實有可能。另外，【簡26】李零、陳劍都主張應前接【簡25】，但筆者不承此說的原因在於【簡25】已云「毋嬖大夫必有數大官之師、公孫公子」，則【簡26】亦有「伍之間必有公孫公子」，實無重複二次部署「公孫公子」的必要。

另外，【簡26】+【簡62】+【簡58】此爲陳劍的創見〔註684〕。【簡58】、【簡59】李零分爲兩簡，並於【簡58】下云「下文應接『生』字。」〔註685〕，筆者以

---

第262頁。

〔註678〕陳劍：〈上博竹書《曹沫之陳》新編釋文（稿）〉，簡帛研究網，（2005年2月12日），網址：http://www.jianbo.org/。

〔註679〕李銳：〈《曹劌之陣》釋文新編〉：簡帛研究網，（2005年2月25日），網址：http://www.jianbo.org/http://www.jianbo.org/。

〔註680〕李銳：〈《曹劌之陣》重編釋文〉，簡帛研究網，（2005年5月27日），網址：http://www.jianbo.org/。

〔註681〕蘇建洲：〈《上博（四）・曹沫之陳》補釋一則（二）〉，簡帛研究網，（2005年2月25日），網址：http://www.jianbo.org/。

〔註682〕孟蓬生：〈上博竹書（四）閒詁（續）〉，簡帛研究網，（2005年3月6日），網址：http://www.jianbo.org/。

〔註683〕李銳：〈《曹劌之陣》重編釋文〉，簡帛研究網，（2005年5月27日），網址：http://www.jianbo.org/。

〔註684〕參陳劍：〈上博竹書《曹沫之陳》新編釋文（稿）〉，簡帛研究網，（2005年2月12日），網址：http://www.jianbo.org/。

〔註685〕參馬承源主編：《上海博物館藏戰國楚竹書（四）》上海古籍出版社2004年12月，

爲此二簡應綴合，並於「死」字下補「生」字〔註686〕，讀作「同死生」。《史記‧屈原賈生列傳》：「讀服烏賦，同死生，輕去就，又爽然自失矣。」，可證古籍有其例。

　　總結上述編聯，其實曹沫的每一句話其實都緊扣著「爲和於陣」立說，「車間容伍，伍間容兵，貴位、重食使爲前行」此談陣隊的排列。三行之後，如果遇見、看見短兵，則什伍之間必須有公孫公子來指揮領導，這叫做「軍紀」，也就是讓陣勢能井然有秩序的方法，而做到「爲斷」、「爲毋退」、「同死生」自然「（士兵）其志者寡矣」（士兵有個人意志的空間甚少），「士兵」個人意志的空間越少，應戰時「陣隊」的和諧性就越高，這就是曹沫「爲和於陣」的方法。

〔89〕、26‧是胃（謂）軍紀

　　原考釋者李零以爲「疑指軍隊編制」〔註687〕。

　　筆者尚未見先秦典籍中有「軍紀」一詞，此處的「軍紀」與今日所謂的「軍事紀律」概念稍有不同，正如李零所云，簡文此處的「軍紀」較像出師時軍隊隊伍的編制。

〔90〕、26、62‧五人吕（以）敔（伍），【1】人＝（一人）【2】又（有）多【3】，四人【4】皆賞，所吕（以）爲剸（斷）【5】

【1】五人以敔

　　邴尚白指出「『禦』，簡文原作『敔』。李零讀爲『伍』。按：古兵書、軍事律令中五人爲一伍的說法有『五人爲伍』（《尉撩子‧伍制令》、〈束伍令〉）『五人而伍』（《尉僚子‧攻權》）、『五人曰伍』（上孫家寨漢墓木簡四零五號簡）。銀雀山漢簡《孫殯兵法‧五教法》則說『五人安伍』，即（同伍的）五名士兵安於其伍。本簡若讀爲『五人以伍』，似不辭。《說文》：『敔，禁也。』段《注》：『敔爲禁禦本字，禦行而敔廢矣。』『禦』指迎擊、拒禦，文獻或作『御』、『迎』，『迎』、『禦』義近。《孫子‧虛實》：『進而不可禦者』，銀雀山漢簡本『禦』作『迎』（簡五十六），《墨子》有（迎敵祠）。」〔註688〕。

　　邴尚白的懷疑有道理，但「五人以伍」似與「五人而伍」同，王念孫以爲「以，

頁281。

〔註686〕從縮小圖板來看，簡58、59確實存有添一「生」字的空間。見馬承源主編：《上海博物館藏戰國楚竹書（四）》上海古籍出版社2004年12月，頁13。

〔註687〕馬承源主編：《上海博物館藏戰國楚竹書（四）》，（上海：上海古籍出版社，2004年12月），頁259～260。

〔註688〕邴尚白：〈上博楚竹書《曹沫之陣》注釋〉，收入臺灣大學《中國文學研究》第二十一期，2006年，頁23。

猶而也。」〔註689〕。《說文》云：「敔、禁也。一曰樂器，椌楬也，形如木虎。从攴吾聲。」，禁即囚禁之義，包山簡有「𢿢」（70）、𢾺（124），劉信芳以爲「讀爲『圄』，意即牢獄……『敔公』即看守牢獄之官吏」〔註690〕，又《從政》簡 17 亦見該字，文例作「小人先人則絆△之」，陳劍以爲「『敔』《說文》訓爲『禁也』，古書多用『御』、『禦』和『圉』字，表示的都是同一個詞，前人言之已詳。」〔註691〕，陳美蘭解釋作「小人若領先，就會阻絆禁止他人前進」〔註692〕。敔、伍、禦三字都是疑紐、魚部字，字有通假之可能，但從上下文例看，並比照古籍用法，「五人以伍」應即五人爲一伍，當較好理解。

【2】一人

原考釋者李零隸定作「万=」讀「萬人」，以爲「重文，讀『萬人』。『萬人』以下應接『以軍』。案：《管子・小匡》以一萬人爲『軍』。《司馬法》佚文和《周禮，夏官，序官》以一萬二千五百人爲『軍』。」〔註693〕。

陳劍以爲「『一人』原作合文，右下角有合文號。原誤釋爲『萬（萬）人』重具文。『又』字末筆向左彎曲，此類寫法之『又』字本篇多見。」〔註694〕。

**佑仁案**：本簡字作**𢀝**，李零釋作「萬人」，恐不確，縱使讀作「萬人」也應爲「合文」而非「重文」。「万」字的來源尚未清楚，何琳儀以爲「形義不明。或疑亥、△一字分化」〔註695〕，但證據都稍嫌不足。目前金文中有作「万」形的字作**丂**（單蹯討戈），確實與△字相近，他是不是就是「万」字，而其來例也不明朗，因此就文例而言實不如陳劍所主張的讀作「一人」來得佳。

另外，金文中「一人」亦常以合文型態出現，如**𠃌**（叔尸鎛）、**𠃌**（瘦盨），文例常爲「余一人」、「我一人」，與本簡用法不同。

【3】多

〔註689〕參宗福邦、陳世鐃、蕭海波主編：《故訓匯纂》：（北京：商務印書館，2003 年），頁 82。「以」字第 22～24 條。

〔註690〕劉信芳：《包山楚簡解詁》，（臺北市：藝文印書館，2003 年元月），頁 69。

〔註691〕參陳劍：〈上博簡《子羔》、《從政》篇的拼合與編連問題小議〉，簡帛研究網，（2003 年 1 月 8 日），網址：http://www.jianbo.org/Wssf/2003/chenjian01.htm。

〔註692〕參季旭昇師主編、陳美蘭撰：《上海博物館藏戰國楚竹書（二）讀本・〈從政〉譯釋》，（臺北市：萬卷樓，2003 年，7 月），頁 82。

〔註693〕馬承源主編：《上海博物館藏戰國楚竹書（四）》，（上海：上海古籍出版社，2004 年 12 月），頁 260。

〔註694〕陳劍：〈上博竹書《曹沫之陳》新編釋文（稿）〉，簡帛研究網，（2005 年 2 月 12 日），網址：http://www.jianbo.org/admin3/2005/chenjian001.htm。

〔註695〕見何琳儀：《戰國古文字典》，（北京：中華書局，1998 年），頁 1077。

陳劍以爲「『戰功曰多』，舊注多見。」〔註696〕。

「多」爲古代戰功之稱。《書・文侯之命》：「汝多修，扞我于艱。若汝，予嘉。」，孔傳：「戰功曰多。言汝之功多，甚修矣。」，《史記・絳侯周勃世家》：「（周勃）擊李由軍雍丘下。攻開封，先至城下爲多。」，陳劍之說正確可從。

【4】四人

陳劍以爲「『四人』當指一『伍』之中除有功者外之其他四人。《尉繚子・兵教上》：『伍長教其四人』」〔註697〕。

四人即除有多之外的其他四人，陳劍看法正確可從。

【5】斷

陳劍以爲「斷，決也，猶言裁定功過賞罰之標準。」〔註698〕。

朱賜麟以爲「《廣雅・釋詁一》『劓，斷也』。《說文》：『䚟，截首也，从斷、首。劓，或从刀、專聲。』此字應可釋讀爲『劓』，從字形而論，較爲準確。」〔註699〕。

李強認爲「《說文》：『斷，截也。』所截之處必然整齊，故『斷』字可引申出整齊之義：《廣雅・釋詁》：『斷，齊也。』王念孫《疏證》：『斷……今人狀物之齊曰斬齊，是其義也。』是『斷』字有『齊』義。文中『斷』字正可釋作『齊』，如此則與上下文相合，且無主語不一致之病，所以文中之『斷』字釋作『齊』爲妥。」〔註700〕。

　　佑仁案：本簡字作🔲，《說文》「斷，🔲亦古文斷。」〔註701〕，△字與《說文》「斷」字古文相同，而「斷」訓作決斷之義是最常見的用法，在此可通。此處釋「斷」較爲簡易直截。

〔91〕、62・毋上（尚）鑊（獲）而上（尚）昏（聞）命

「毋」字原考釋者李零釋作「女」讀作「如上獲而上聞命」〔註702〕。

〔註696〕陳劍：〈上博竹書《曹沫之陳》新編釋文（稿）〉，簡帛研究網，（2005 年 2 月 12 日），網址：http://www.jianbo.org/admin3/2005/chenjian001.htm。
〔註697〕陳劍：〈上博竹書《曹沫之陳》新編釋文（稿）〉，簡帛研究網，（2005 年 2 月 12 日），網址：http://www.jianbo.org/admin3/2005/chenjian001.htm。
〔註698〕陳劍：〈上博竹書《曹沫之陳》新編釋文（稿）〉，簡帛研究網，（2005 年 2 月 12 日），網址：http://www.jianbo.org/admin3/2005/chenjian001.htm。
〔註699〕朱賜麟：《曹劌之陣思想研究──及其在春秋兵學思想史上的意義》，臺灣師範大學碩士論文，2006 年 6 月，頁 35。
〔註700〕李強：《曹沫之陳》箚記，（2007 年 3 月 14 日），武漢大學簡帛網，網址：http://www.bsm.org.cn/show_article.php?id=534。
〔註701〕許慎撰、段玉裁注：《說文解字注》，經韵樓藏版，（臺北市：洪葉出版社，1999 年 11 月），頁 724。
〔註702〕馬承源主編：《上海博物館藏戰國楚竹書（四）》，（上海：上海古籍出版社，2004

　　陳劍以爲「以上『……所以爲斷』、『……所以爲毋退』、『……所以同死』相呼應，是簡62與簡58必當連讀之證。相連處『毋上獲而上聞命，所以爲毋退』意爲以『毋上獲而上聞命』使兵眾臨戰不退卻，沈培認爲：『『上』似當讀爲『尚』，句意爲以聽命爲上而不以俘獲多少爲上。』此從其說。『毋』字原釋爲『女（如）』。」〔註703〕。

　　原釋作「女」者，實即「毋」字，據本字讀即可。訓讀部分，沈培之說可從，「上」讀作「尚」。「無尚獲而尚聞命」即是讓軍隊的行動統一，乃「爲和於陣」的重要手段。

〔92〕、58・母（毋）退

　　原考釋者李零以爲「退」字「寫法有點怪，聲旁的上部，裡面多了一豎。」〔註704〕。

　　**佑仁案**：原簡字作  ，字從彳、從皀、從夊。劉釗「卜辭『退』字用爲『撤去』義，皆指撤出某種祭祀而言」，認爲「甲骨文退字作『 』，從『皀』從『夊』。與金文退字作『 』（天亡簋）形右旁相同。」，並指出「皀」旁亦有換作「豆」、「尊」的情形，又認爲 （中山王𧎨鼎）字已省「皀」之圈足〔註705〕，「退」字甲骨已見，字作 （合集・15483）、 （佚・882），它與「復」字甲骨作 （鐵145・1），字形非常接近但其實是無關的二字，這看法劉釗在其博士論文中已經指出〔註706〕，「復」字所從的「 」，是指半穴居中出入的「復室」〔註707〕，而「退」字「夊」旁上則多從「皀」。不過二字在字型演變的脈絡上，也有不少共通之處，如戰國文字時「復」、「退」二字「夊」旁下常添加「口」形飾符，又如它們的初形後來都再加「彳」旁，「彳」旁又變成「辵」旁，不過最後隸書「退」保留「辵」旁，而「復」字則省「止」而成「彳」旁。西周金文作 （西周早・天王簋）、 （西周晚・望盨），戰國時期銘文作 （中山王𧎨鼎）、 （兆域圖銅版），楚簡字作 （郭店・老子甲・39）、 （郭店・老子乙・11）、 （郭店・魯・2）、 （相邦之道・4）、 （上博二・昔者君老）。

年12月），頁283。

〔註703〕陳劍：〈上博竹書《曹沫之陳》新編釋文（稿）〉，簡帛研究網，（2005年2月12日），網址：http://www.jianbo.org/admin3/2005/chenjian001.htm。

〔註704〕馬承源主編：《上海博物館藏戰國楚竹書（四）》，（上海：上海古籍出版社，2004年12月），頁281。

〔註705〕劉釗：《古文字構形研究》，（吉林大學博士論文，1991年），頁75～77。

〔註706〕劉釗：《古文字構形研究》，（吉林大學博士論文，1991年），頁76。

〔註707〕參季旭昇師：《說文新證（上冊）》，（臺北市：藝文印書館，2002年10月初版），頁116。

　　何琳儀認爲「退」字「从❷（窆），从夊，會離席而▽之意。夊亦聲。退之初文。戰國文字❷旁或譌作白形，小篆因之譌作日形。早期文字尚未發現▽，茲暫據就說建▽爲聲首。」〔註708〕，但是何琳儀最主要依據的字形是「行氣玉銘」，但是此字字作🔲，何琳儀摹作🔲〔註709〕，湯餘惠〔註710〕、孫啓明〔註711〕都釋作「退」字，筆者有幸能親自請益劉釗先生此問題，劉釗先生認爲此字仍是「復」字無誤，只不過字形上半產生了一定的譌變現象，並且把「退」字釋作「退席」並不好，因爲如果「退」字晚到戰國才出現，則應當不會還用「會意字」來造字。劉釗先生表示他甚至懷疑「退」字甲骨中就从「皀」得聲（筆者案：劉釗先生博士論文中未如此主張〔註712〕），劉釗先生之說甚確，此字釋作「復」較佳，同屬晉系的〈侯馬盟書〉「復」字作🔲，其「皀」旁已產生譌變，另外楚系「還」字作🔲（郭店・尊德義・34），其「皀」（已類化作「酉」形）旁下半已作近「目」形，再如秦系「復」字「夊」上即从「目」🔲（詛楚文）與🔲正合。另外，關於劉釗所主張「退」从「皀」聲的意見，「退」字透紐、沒部，「皀」字見紐、幽部，二字聲母不同，韻部也稍遠，似仍須斟酌。

　　筆者對「退」字也曾有個擬測，以何琳儀、湯餘惠所主張的〈行氣玉銘〉的「🔲」爲依據，但最後證實此字非「退」字，因此筆者排除此項可能。此是筆者學思的過程及試誤的經驗，故附記於此〔註713〕。

〔註708〕見何琳儀：《戰國古文字典》，（北京：中華書局，1998年），頁1238。
〔註709〕見何琳儀：《戰國古文字典》，（北京：中華書局，1998年），頁1238。
〔註710〕見湯餘惠：《戰國文字編》，（福州：福建人民出版社，2001年12月），頁116。
〔註711〕參孫啓明：〈《行氣銘》古文字研究〉，《醫古文知識》，2001年第四期，頁35。
〔註712〕此寶貴意見，爲筆者當面請教劉釗先生所得，2006年1月18日。
〔註713〕楷字「退」字右旁類化作「艮」，「退」字的本義無論是何琳儀所謂「離席」，或是劉釗所主張的「撤出」，其實都有「往後」之義，而「艮」字唐蘭認爲「見爲前視，艮爲回顧，見艮一聲之轉。」，季旭昇師也以爲「見」、「艮」的差異是「『艮』字『目』形向後」，本義爲「向後看」，如此一來，若先不論「退」、「艮」的古文字形體，單就其意義而言，「退」也很有可能是從「艮」字「向後看」這層意義上所分化出來的字。但是，比對「退」、「艮」二字的古文字後，我們會發現這兩字的字形恐怕是獨立的兩個字，「退」字的甲、金文已如上述，「艮」字字形也見甲骨、金文作🔲（菁・1）、🔲（敔艮駒簋），〈行氣玉銘〉「退」字作🔲，其實就字形上是很可以作聯想的，戰國文字中「目」作「❷」可以成立的，而「人」旁可以加「止」，最後省其「人」旁而「止」易成「夊」旁，這也都是在戰國文字中可以找到許多例證的演變方式，可是我們還是不認同「退」應當從「艮」，一來二字甲骨中已見並且差異很大，又象形意味濃厚的甲骨時代不可能有如此複雜的譌變現象，又《上博（三）・周易》【簡48】「艮」字作🔲，與△簡差異很大。另外《說文》云：「得，卻也。从彳日夊，一曰行遲。🔲，退或从内。🔲，古文从辵。」，🔲字與「艮」亦有不小的差距，再來我們

〔93〕、58・銜（率）車以車，銜（率）徒以徒

　　原考釋者李零以為「『銜』同『率』。這裡是指率車則與車同在，率徒則與徒同在。」〔註714〕。

　　李零之說正確可從。

〔94〕、58・所以同死

　　原考釋者李零以為「下文應接『生』字。」〔註715〕。

　　佑仁案：原簡字作，右旁從「人」，即楚文字標準的「死」字，但其右所從的「人」旁添加飾筆，「人」旁添飾筆很常見，【簡17】「蕩」字作，值得注意的是其所從的「力」旁，「死」字從「力」筆者尚未見其他簡中，但△字所從「人」旁作，要進一步訛作「力」可能性很高。不過，但此字的「死」旁「人」寫作「千」，這在「人」字單字或偏旁中常見，但在「死」字上這樣形態的呈現，筆者未見其他相同的字例，不過這不妨礙我們對該字的釋讀。

〔95〕、又（有）戒言曰：牪【1】尔正（定）討（訌）【2】

【1】牪

　　原考釋者李零以為「疑同『犇』，即『奔』字。」〔註716〕。

　　蘇建洲對於此段話有全面性的考證，並有前後兩次的看法，〈《上博（四）・曹沫之陣》箚記〉一文的意見如下：

　　　　《吳子・論將》：「吳子曰：『凡戰之要，必先占其將而察其才。……其將愚而信人，可詐而誘；……若其眾讙譁，旌旗煩亂，其卒自行自止，其兵或縱或橫，其追北恐不及，見利恐不得，此為愚將，雖眾可獲。』」此段似可作為釋讀的參考。首先是「牪」字筆者懷疑可能是屬於「同符合體字」，簡單說就是「牛」的繁體，或可讀作「愚」。「牛」，疑紐之部；愚，疑紐侯部。雙聲，韻部有相通的現象，如《莊子・大宗師》：「彼以生為附

　　　　看漢隸中「艮」字作（漢韻）、（謬韻），「退」字作（謬韻）、復（漢韻），尤其是「復」字其「旦」旁竟仍保留甲骨的原始形態，可謂一字千金，則「退」不從「艮」明矣。

〔註714〕馬承源主編：《上海博物館藏戰國楚竹書（四）》，（上海：上海古籍出版社，2004年12月），頁281。

〔註715〕馬承源主編：《上海博物館藏戰國楚竹書（四）》，（上海：上海古籍出版社，2004年12月），頁281。

〔註716〕馬承源主編：《上海博物館藏戰國楚竹書（四）》，（上海：上海古籍出版社，2004年12月），頁267。

贅縣疣」，《荀子·宥坐》楊倞《注》引「附」（侯部）作「負」（之部）。……
由上引《吳子》來看，當個將領絕不能是「愚將」。其次，「正祀」，可能
讀作「征貢」。「正」讀「征」古籍常見。「祀」讀「貢」，見於《上博（二）·
容成氏》20「四海之外皆請祀（貢）。」《左傳·昭公五年》：「皆盡『征』
之，而『貢』于公。」可見讀作「征貢」亦有文獻上的例證。愚將無法制
止手下的人「見利恐不得」，簡文「爾」指那些士兵。其三，「或興或康以
會」，「興」有事情剛開始發生的意思，如《呂氏春秋·孝行覽·義賞》：「姦
偽賊亂貪戾之道興」。《史記·樂書》：「逆氣成象，而淫樂興焉。」可以引
申爲「少數」。而「康」則有繁盛、廣大的意思，《爾雅·釋宮》：「五達謂
之康，六達謂之莊」、《史記·驪乘列傳》：「爲開康莊之衢」，可以引申爲
「很多」。「會」應該有會合、聚會的意思，如《上博（二）·容成氏》52
「以少『會』諸侯之師」。「或興或康」就字面來說，大概是說來歸附或會
合的人數「或少或多」，這應該是個偏義副詞，重點在「康」。意思是說如
果是個「智將」的話，人民或士兵都會來歸附他，贏得軍心或民心。而「行」，
筆者同意李銳先生所說「《廣雅·釋詁二》：『行，陳（陣）也。』」整句話
可釋爲「……又戒言曰：愚，爾征貢；不愚，而或興或康以會。故帥不可
使愚，愚則不行。」意思大約是說：「……又告誡說：如果是愚將，手下
士兵將會貪得無厭，向人民或柔弱的人徵收進獻的物品。如果不愚笨的話
（智將），人民或士兵會大量來歸附他或與他會合。所以不可使用或派遣
愚笨的人擔任將軍，愚將會讓戰陣潰散。」〔註717〕。

另外在〈《上博（四）·曹沫之陣》三則補議〉中蘇建洲則修正了對於「正祀」的
釋讀，他以爲「『正祀』似乎不排除讀作『定訌』」，而釋「定」爲「一定」，釋「訌」
爲「爭吵、潰亂」，將簡文這段話釋爲「又戒言曰：愚，爾定訌；不愚，而或興或
康以會。故帥不可使愚，愚則不行。」，翻譯作「又告誡說：如果是愚將，那些士
兵一定會爭吵、潰亂，（不聽上面的命令）。如果不愚笨的話（智將），士兵會大量
來歸附他或與他會合。所以不可使用或派遣愚笨的人擔任將軍，愚將會讓陣列潰
散。」〔註718〕，對於「定」、「祀」的理解有改變。

陳斯鵬指出「『牪』字見於《玉篇·牛部》，訓爲『牛件也』，又見於《字彙·牛

---

〔註717〕蘇建洲：〈《上博（四）·曹沫之陣》箚記〉，孔子2000，（2005年3月7日），網址：
http://www.confucius2000.com/admin/list.asp?id=1648。

〔註718〕蘇建洲：〈《上博（四）·曹沫之陣》三則補議〉，簡帛研究網，（2005年3月10日），
網址：http://www.jianbo.org/admin3/2005/sujianzhou003.htm。

部》，訓作『牛伴也』，《玉篇》音『牛眷切』。疑簡文『牪』字讀作『眷』。整句話重新斷讀作：『牪（眷）爾正礻工（功），不牪（眷）而或（國）！興，或（國）康以會。』眷者，顧也，戀也。『眷爾正功，不眷而國』謂須一心顧念功業，英勇征戰，不應懷戀舊國鄉土。『興』指興師，『康』訓安寧。『會』古有『成』義，《周禮・天官・醫師》『凡會膳食之宜』，鄭玄注：『會，成也。』又《穀梁傳・莊公十四年》云：『會，事之成也。』『興，國康以會』意謂興師殺敵則可保國家無虞，既是對『眷爾正功，不眷而國』的解釋，亦寓鼓舞之意。接言『帥不可思（使）牪（眷），牪（眷）則不行』，是曹蔑進一步強調『不使眷』對於率軍出戰的關鍵意義。以此回答莊公關於『一出言三軍皆勸，一出言三軍皆往』之問，不亦宜乎！《孫臏兵法・將失》：『八曰師懷，可敗也。』張震澤先生云：『懷謂懷念鄉土。』將士眷念鄉土，鬥志必弱，此兵家之忌，曹蔑正深明此理。」〔註 719〕

王蘭認為「『牪』字見于《玉篇・牛部》，訓『牛件也』；又見《字彙・牛部》，訓『牛伴也』。兩釋顯然于此不合。《玉篇・牛部》又有『犨』字，訓『牛也』，音『宄』。疑此處『牪』即『犨』字，讀為『宄』。戰國文字構件位置多變，上下結構寫為左右結構常有之，如『戔』作（郭店・緇衣 18），『多』作（郭店・老甲 36），『步』作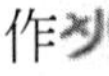（兆域圖），所以不排除『犨』有寫作『牪』的可能。」又云「宄，《說文・宀部》：『宄，姦也。外為盜，內為宄。』段玉裁注：『凡盜起外為姦，中出為宄。』《廣韻・旨韻》：『宄，內盜也。』《書・牧誓》：『俾暴虐于百姓，以姦宄于商邑。』孔穎達疏：『姦宄謂劫奪。』《國語・晉語六》：『亂在內為宄，在外為姦。禦宄以德，禦姦以刑。』縱觀上述用例，我們認為簡文此處『宄』指軍隊內部作亂。前面簡文談到『為和于陣』，強調『軍紀』、『毋尚獲而尚聞（聽）命』，上文緊接簡 60 上有：『一出言，三軍皆懽（勸）；一出言，三軍皆往。』強調的都是軍隊團結、軍令如山。曹沫正是為解釋此點而回答簡 37 下至 38 這段話。因此，『牪』讀為『宄』，于此貫通上下文義。」〔註 720〕，以為「牪」即「犨」字，讀為「宄」。

邴尚白以為從字形、文義來看，△應釋作「奔」，以為「《司馬法・天子之義》：『軍旅以舒為主，舒則民力足。雖交兵致刃，徒不趨，車不馳，逐奔不踰列，是以不亂。不失行列之政，不絕人馬之力，遲速不過誡命。』就說軍旅行動須從容舒緩，

〔註 719〕參陳斯鵬：《戰國簡帛文學文獻考論》之第四節「戰國簡帛散文文本校理舉例之二——《曹蔑之陣》校理」，中山大學博士學位論文，2005 年 6 月。

〔註 720〕王蘭：〈「牪爾正○（從礻從工）」句試釋〉，武漢大學簡帛網，（2005 年 12 月 10 日）網址：http://www.bsm.org.cn/show_article.php?id=128。

即便是兩軍交鋒廝殺之際，亦不得任意奔馳，如此才不至於擾亂行陣、竭盡人馬之力。此外，《左傳・成公十六年》也說：『其行速，過險不整。速則失志，不整，喪列。志失列喪，將何以戰？』《吳子・料敵》則說：『奔走，可擊。』均指出相同的觀念。因此，由字形、文義來看，簡文『犇』，字應可釋爲『奔』。」〔註721〕。

　　周鳳五將「犇」釋作「暚」，全句爲「暚，爾正功，不暚，爾或興或康，以會」〔註722〕。

　　李強認爲「犇：牛字本身有性格固執、與人頂撞之義，例如：《北史・邢巒傳附邢昕》：『昕好忤物，人謂之牛』。」〔註723〕。

　　佑仁案：首先談「犇」字，蘇建洲以爲「犇」是「牛」的「同符合體字」，乃「牛」的繁體，讀「犇」爲「愚」，在簡文中意即「愚將」。將「犇」視作「牛」的「同符合體字」這是有其可能的，「牛」、「愚」通假，這也是可以成立的，只不過簡文中若將「犇」解釋作「愚」（即「愚將」），於文例中似較不順暢。因爲很明顯這段話主要是在討論「我方」軍隊所會面臨的問題，而非敵軍。我們看《吳子・論將》之原文，如下「武侯問曰：『兩軍相望，不知其將，我欲相之，其術如何？』起對曰：『令賤而勇者將輕銳以嘗之，務於北無務於得，觀敵之來，一坐一起，其政以理，其追北佯爲不及，其見利佯爲不知；如此將者，名爲智將，勿與戰矣。若其眾讙譁，旌旗煩亂，其卒自行自止，其兵或縱或橫，其追北恐不及，見利恐不得，此爲愚將，雖眾可獲。』」，武侯詢問吳起，兩軍對峙，如何試探敵軍，吳起認爲派「賤而勇者」的士兵挑釁，並假裝敗北而逃，若敵方將領「其見利佯爲不知」，則爲「智將」，若「見利恐不得」拼死命追趕，而不知此爲陷阱者，此爲「愚將」，換言之《吳子》所謂的「愚將」是在說明未有謀略的「敵軍」將領。反觀簡文，用「愚」或「不愚」來評判我方之將，並不合於情理，「愚者」恐連「兵」都無法擔綱，況且總理萬人之「將」，「愚笨」者不能當「將」，這道理似不用曹沫來提醒莊公。「不愚笨」不代表「智」，「不愚」的將領，不能等同「智將」，而此處簡文將「犇」與「不犇」對比，與吳子「智將」、「愚將」對舉，恐不能合而言之。

　　關於王蘭的看法，唐代顧野王《玉篇・牛部》有「牪」，《玉篇》以爲「音宄」，

〔註721〕邴尚白：〈上博楚竹書《曹沫之陣》注釋〉，收入臺灣大學《中國文學研究》第二十一期，2006年，頁24。

〔註722〕周鳳五：〈上博楚竹書〈曹沫之陳〉研究〉，95學年度行政院國家科學委員會專題研究計畫成果報告。

〔註723〕李強：《曹沫之陳》簡記，（2007年3月14日），武漢大學簡帛網，網址：http://www.bsm.org.cn/show_article.php?id=534。

兩書所示都是中古以後的音讀，能否據此而爲上古音假借之據，是必須先面臨的問題，因此王蘭逕以爲△字讀作「宄」，恐怕須更多證明。另外古文字中有偏旁上下排列與左右排列無異者，如王蘭所舉的「戔」、「多」，或「群」與「羣」、「峰」、「峯」，但也有上下排列與左有排列乃二字者，如「砅」（音『濿』）、「泵」（音流），音義皆不同，簡文之△是否即《玉篇・牛部》的「牪」，仍需證據。

其次，是關於文義的問題，《說文》云：「宄，姦也。外爲盜，內爲宄。」段《注》云「凡盜起外爲姦，中出爲宄」〔註724〕，換言之，「盜」由外而入者曰「姦」，而盜自內起者爲「宄」，但是「宄」是指「盜」，但簡文中應是扣合「軍事」而言，似有扞格，簡文此處是談國君鼓舞三軍士氣之法，似與「盜」無關。

筆者此處比較贊成李零「牪」字「同『犇』，即『奔』字」的解釋，許錟輝師以爲「『犇』爲『奔』之異體。奔，段注本《說文・夭部》云：『走也，從夭卉聲，與走同意，俱從夭。』犇，見《龍龕手鑑・牛部》，云：『與奔亦同。』又《字彙・牛部》云：『同奔。』又《正字通・牛部》云：『犇同奔，牛駭群走也。』牛駭乃奔，故從三牛會意，據此則犇爲奔之異體無誤，《異體字字典》當收。」〔註725〕，而簡文中將三「牛」省作二「牛」。簡文云「△，爾陣社」、「△則不行」，據筆者的理解，這是指「（行軍中）若軍隊奔跑，則隊伍將非常混亂」與「軍隊奔跑則不成陣」〔註726〕，易言之，若不使之奔跑則反而能順利的到達目標，《吳子》亦云：「卒遇敵人，亂而失行。」〔註727〕，御軍最忌失序，因此曹沫亦曾談「爲和於陣」與「爲和於舍」之法，邠尚白對於軍中不得「奔」的用意，正確可從。只不過釋△作「奔」日後要再證成的是三「牛」省作二「牛」的其他例證。

另外，「牪」字也見字書中，不過時代已晚，如《玉篇》「牪，牛眷切，牛件也。」，又《字彙》云：「魚變切，音彥，牛伴也。」，《正字通》不認同讀「彥」之說，其云：「同牵，古作牪，抵也。舊註『彥，牛伴也』非。」「牵」即「觸」，金文中常見「觸」字作「牵」，但「牪」、「觸」音不近。由於其晚出之故，因此筆者以爲「牪」似與我們所討論的△字無關。不過此△字的考釋，尚待補充的地方仍多，筆者亦不排除其他種可能。

【2】尔正社

---

〔註724〕許慎撰、段玉裁注：《說文解字注》，經韵樓藏版，（臺北市：洪葉出版社，1999 年 11 月），頁 345。

〔註725〕李鍌師、陳新雄師、李殿魁等編：教育部《異體字字典》網路版，民國 93 年 1 月正式五版，網址：http://140.111.1.40/yitia/fra/fra00862.htm。

〔註726〕另外，軍隊奔走也容易成爲攻擊的目標，《吳子・料敵》云：「奔走，可擊。」可參。

〔註727〕傅紹傑：《吳子今註今譯》，（臺北市，臺灣商務印書館，1976 年），頁 128。

原考釋者李零隸定作「尔正祀」，以爲「含義不明。」〔註728〕。

蘇建洲〈《上博（四）・曹沫之陣》箚記〉一文中以爲「『正祀』，可能讀作『征貢』。『正』讀『征』古籍常見。『祀』讀『貢』，見於《上博（二）・容成氏》20『四海之外皆請祀（貢）。』《左傳・昭公五年》：『皆盡『征』之，而『貢』于公。』可見讀作「征貢」亦有文獻上的例證。〔註729〕」，另外在〈《上博（四）・曹沫之陣》三則補議〉中則認爲「『正祀』似乎不排除讀作『定訌』，而釋「定」爲「一定」，釋爲「訌」「爭吵、潰亂」〔註730〕。

淺野裕一以爲「依照文章脈絡，將『奔爾正祀』的『正』改爲『征』，將『祀』改爲『裞』」〔註731〕。

張新俊先生讀作「犇（奔）爾正攻（功）」〔註732〕。

王蘭以爲：「『戒言』似有告誡之意，告誡的內容應是分別從『犇』與『不犇』兩方面對比來講，『犇』後果如何，『不犇』後果又如何。從下文『不可思（使）犇，犇則不行』來看，很明顯是否定『犇』，肯定『不犇』。『不犇』的結果中有『興』『康』『會』等褒義詞，則相對而言的『正祀』必定表貶義，是不好的結果。因此，『正祀』此處應假作他字，非其本義。蘇建洲先生提出『正祀』應讀作『定訌』，我們贊同此說法。補充一點，《玉篇・言部》：『訌，敗也；潰也。』《詩・大雅・召旻》：『天降罪罟，蟊賊內訌。』孔穎達疏：『以訌字從言，故知訌者是爭訟相陷入之言。由爭訟相陷，故至潰敗，故《爾雅》以訌爲潰。』『爭訟相陷，故至潰敗』正是『軍隊內部作亂』的惡果，『訌』與『宂』的呼應，於此可疏通文義。」〔註733〕，王蘭贊成蘇建洲的看法，並以爲「訌」是軍隊內部作亂。

李強認爲「正祀：《說文》釋『正』曰：『正，是也。從止一……古文正從二。二，古上字。』《說文》中字凡從『一』者而『一』又上者，則多與天有關，如『天』、『帝』（古書中屢有『上帝』，甲骨卜辭中屢見『帝降……』之句）。『祀』字之左爲

〔註728〕 馬承源主編：《上海博物館藏戰國楚竹書（四）》，（上海：上海古籍出版社，2004年12月），頁267。

〔註729〕 蘇建洲：〈《上博（四）・曹沫之陣》箚記〉，孔子2000，（2005年3月7日），網址：http://www.confucius2000.com/admin/list.asp?id=1648。

〔註730〕 蘇建洲：〈《上博（四）・曹沫之陣》三則補議〉，簡帛研究網，（2005年3月10日），網址：http://www.jianbo.org/admin3/2005/sujianzhou003.htm。

〔註731〕 淺野裕一：〈上博楚簡〈曹沫之陳〉的兵學思想〉，簡帛研究網，（2005年9月25日），網址：http://www.jianbo.org/admin3/2005/qianyeyuyi001.htm。

〔註732〕 張新俊：《上博楚簡文字研究》，吉林大學博士論文，2005年6月，頁154。

〔註733〕 王蘭：〈「犇爾正○（從礻從工）」句試釋〉，武漢大學簡帛網，（2005年12月10日），網址：http://www.bsm.org.cn/show_article.php?id=128。

『示』，而《說文》釋『示』字曰：『天垂象，見吉凶，所以示人也，從二。』據《說文》『帝』字條：『二，古文諸丄字皆從一，篆文皆從二。二，古文上字。』可知『祉』字和『正』字一樣，同屬與天有關之字；而『祉』之右旁為『工』字，古時從『工』之字多有混亂、驚亂之義，如『訌』、『祉』皆是。『正』字古時與『政』字通假，而『祉』字又有混亂之義，則『正祉』之義就可以解釋為『政治混亂』。」〔註734〕。

關於字形的部份，「祉」字見〈九店簡〉【簡 23 下】，文例為「凡蓏日，可以為小（少）祉」，字作「祉」，右半稍殘泐。李家浩以為『「祉」應當分析為从『示』从『工』聲。《周禮・春官・大祝》『掌六祈，以同鬼神示，……五日攻，六日說』，鄭玄注引鄭司農云：『攻、說，皆祭名也』，又《秋官・庶氏》『掌除毒蠱，以攻說禬之』，鄭玄注：『攻說，祈名，祈其神求去之也。』『祉』當是『攻說』之『祉』的專字。」〔註735〕，李家浩的意見正確，但將「祉」視作「攻說」的專用字似太過狹隘，因為簡文△字很明顯與祭祀無關，而《容成氏》『祉』【簡20】讀作「貢」，〈太一生水〉【簡 12】「祉」也讀作「功」。包山【簡 224】「攻尹之祉執事人」，【簡 225】文例作「祉尹之祉執事人」，劉信芳將三例都隸定作「祉」讀作「攻」〔註736〕。包山【簡 224】文例作「攻尹」，【簡 225】則作「祉尹」，可見「祉」確為「攻」之異文，「祉執事人」劉信芳解釋作「依文義應是主持攻說祭儀的神職人員」〔註737〕，又見〈楚王酓肯鼎〉（集成 2623），《金文編》摹作「祉」〔註738〕。新蔡葛陵簡「祉」字作「祉」（甲三：111）、「祉」（零：465），賈連敏將二字都隸定作「祉」，【甲三：111】讀作「功」，可知「祉」並非「攻說」之「功」的專用字，本簡讀「訌」確實較佳。

關於句義的部份，淺野裕一主張「將『祉』改為『祪』」，但未言改字的理由是據「字形」還是「字音」。就字形上看△與「危」字有段距離，故不可能是「危」字，就字音「祉」字《說文》雖未收，我們可以從「祉」字在《郭店》的《老子丙》簡2、《太一生水》簡12、《窮達以時》簡9等處都讀作「攻」，又《容成氏》簡20，讀作「貢」，可知△應是個从示、工聲之字，「工」上古音見紐、歌部，「祪」見紐、支部，歌、支相差較遠，則「工」、「祪」並無通假的可能，如此一來要將△改為「祪」

---

〔註734〕李強：〈《曹沫之陳》箚記〉，（2007 年 3 月 14 日），武漢大學簡帛網，網址：http://www.bsm. org.cn/show_article.php?id=534。

〔註735〕李家浩：〈五六號墓竹簡釋文與考釋〉，《九店楚簡》，（北京：中華書局，1999 年），頁 75～76。

〔註736〕劉信芳：《包山楚簡解詁》，（臺北市：藝文印書館，2003 年元月），頁 237。

〔註737〕劉信芳：《包山楚簡解詁》，（臺北市：藝文印書館，2003 年元月），頁 237。

〔註738〕容庚：《金文編》，（北京：中華書局，2004 年 8 月），頁 17。

有一定的危險。本簡「正𢀛」一詞從蘇建洲之說，讀作「定𢀛」。

〔96〕、37・而（爾）【1】或瞾（興）或康（康）【2】㠯（以）會【3】

【1】而

「而」疑讀作「爾」，簡文文法應爲「牪，爾……；不牪，而（爾）……」，「而」通「爾」《曹沫之陣》就有其例本簡用例甚多。

【2】或興康

原考釋者李零以爲「『瞾』即『興』，有作、起之義；『康』有荒、廢之義，二者是相反的詞。」〔註739〕。

張新俊先生指出「簡文中的❀字下從『止』，上部與❀形諸字亦形體有別，目前學術界一般都把❀隸定作『瞾』，讀『興』。但是，目前所能知道的楚文字中的『興』，從來沒有下從『止』者，加之簡文的文義不是很清楚，❀字是否可以讀作『興』，還需要今後作進一步的研究」〔註740〕。

陳斯鵬指出「『興』指興師，『康』訓安寧。『會』古有『成』義，《周禮・天官・醫師》『凡會膳食之宜』，鄭玄注：『會，成也。』又《穀梁傳・莊公十四年》云：『會，事之成也。』『興，國康以會』意謂興師殺敵則可保國家無虞，既是對『眷爾正功，不眷而國』的解釋，亦寓鼓舞之意。接言『帥不可思（使）牪（眷），牪（眷）則不行』，是曹蔑進一步強調『不使眷』對於率軍出戰的關鍵意義。」〔註741〕

王蘭：「『或』於此表示『有』。《廣雅・釋詁一》：『或，有也。』《書・五子之歌》：『有一於此，未或不亡。』睡虎地秦簡《日書》：『五酉、甲辰、丙寅不可以蓋，必有火起，若或死焉。』『興』訓『昌盛』，『康』訓『安定』，此處並列對舉。『會』訓『聚合』。『而或興或康以會』即『爾有興有康以聚』，這是一種形象的說法，可意譯成『你們的軍隊就會昌盛安定地聚合起來』。此處極言『不宄』的好處，『會』之『聚合』與前半句『𢀛』之『潰亂』形成鮮明對比。」〔註742〕。

李強認爲「或：《說文》曰：『或，邦也。』」「興：《說文》曰：『起也，從舁，從同，同力也。』綜合以上所說，此句大意是：『固執而不圓通，國家政治就會混亂；

〔註739〕馬承源主編：《上海博物館藏戰國楚竹書（四）》，（上海：上海古籍出版社，2004年12月），頁267。
〔註740〕張新俊：《上博楚簡文字研究》，吉林大學博士論文，2005年6月，頁154。
〔註741〕參陳斯鵬：《戰國簡帛文學文獻考論》之第四節「戰國簡帛散文文本校理舉例之二——《曹蔑之陣》校理」，中山大學博士學位論文，2005年6月。
〔註742〕王蘭：〈「牪爾正○（從礻從工）」句試釋〉，武漢大學簡帛網，（2005年12月10日）網址：http://www.bsm.org.cn/show_article.php?id=128。

不固執，國家就會安定、團結，就可以順利集結（軍隊）。』」〔註743〕。

「興」字原簡作，「興」字確實罕見有从「止」旁者，但楚文字常添「止」旁作「飾符」。

「康」字《說文》列為「穅」之重文，《說文》云：「穅，穀之皮也，从禾、米、庚聲。𥝧，穅或省作。」〔註744〕，「康」字金文作𤰇（師㷉父鼎）、𤰇（康侯簋）、𤰇（麓伯簋），何琳儀以為「康」字从「水」，認為「中央豎筆加點為飾，許慎遂誤以為从米」〔註745〕，季旭昇師「以為『康』、『庸（鏞）之初文』均从『庚』，足證『庚』為樂器之說可從，依字形，此器當類似貨郎鼓而大。」〔註746〕，「康」从「庚」聲，「康」、「庸」、「庚」同為樂器，由此可知「康」字之「𣎳」形部件實與「水」無關，兩端的四筆應當是聲響的只是符號。原簡「康」字作，文字中間類化作「冕」，另外【簡65】字作，中間豎筆直貫而下，與△字不同，它省其「米」形中間屬飾筆性質的橫筆。

【3】以會

原考釋者李零隸定作「以會」，無說〔註747〕。

李銳〈新編釋文〉將「會」讀作「劌」，以為「『會』古音為匣紐月部字，『劌』為疑紐月部字，音近可通。」〔註748〕。

佑仁案：《左傳·宣公七年》：「鄭及晉平，公子宋之謀也，故相鄭伯以會。」，《左傳·成公十七年》：「國子相靈公以會，高、鮑處守。」，《左傳·昭公十三年》：「子產、子大叔相鄭伯以會。」，上述文例「以會」都是人物會面，簡文「以會」可能是多支軍隊從不同處出發，而會合於某個地點。又簡23有「期會」，可參。

〔97〕、38·古（故）【1】銜（帥／率）【2】不可思（使）犇＝（犇，犇）【3】
　　則不行【4】

【1】古

原考釋者李零讀「古」為「故」〔註749〕。

〔註743〕李強：《曹沫之陳》箚記，（2007 年 3 月 14 日），武漢大學簡帛網，網址：http://www.bsm.org.cn/show_article.php?id=534。

〔註744〕許慎撰、段玉裁注：《說文解字注》，經韵樓藏版，（臺北市：洪葉出版社，1999 年 11 月），頁 327。

〔註745〕見何琳儀：《戰國古文字典》，（北京：中華書局，1998 年），頁 642。

〔註746〕參季旭昇師：《說文新證（下冊）》，（臺北市：藝文印書館，2004 年 11 月），頁 278。

〔註747〕馬承源主編：《上海博物館藏戰國楚竹書（四）》，（上海：上海古籍出版社，2004 年 12 月），頁 267～268。

〔註748〕李銳：〈《曹劌之陣》釋文新編〉，簡帛研究網，（2005 年 2 月 25 日），網址：http://www.jianbo.org/admin3/2005/lirui002.htm。

〔註749〕馬承源主編：《上海博物館藏戰國楚竹書（四）》，（上海：上海古籍出版社，2004

　　李銳以爲「此處虛詞『故』當有表轉折之義」〔註750〕。

【2】銜

　　「銜」字《曹沫之陣》簡中可讀作「帥」（如簡 32、28），亦可讀作「率」（如簡 22、25、58），「帥」或「率」似皆可通，讀作「帥」則爲「將帥」率領士兵時不可使奔跑，讀作「率」則指「率領」士兵時不可使奔，二說都可。

【3】牨ㄥ

　　「牨」字後有「ㄥ」符號，在《曹沫之陣》簡中「L」形代表句讀，「＝」形則代表「合文」或「重文」，就本簡文義的通讀而言，此處作「重文」讀作（牨，牨）較妥，則此符號應是先作 L 形後，發現筆誤而再於 L 形橫筆上添一橫筆。

【4】不行

　　李銳〈新編釋文〉以爲「『行』，《廣雅・釋詁二》：『行，陳（陣）也。』」〔註751〕。

　　邴尙白以爲：「『不行』即行列不整、陣形混亂之意，此爲兵家大忌。避免『不行』的要素之一，即爲軍隊行動不可太快。」〔註752〕。

　　李銳、邴尙白之解釋，可從。

〔98〕、38・戰（戰）又（有）昱（顯）道【1】，勿兵㠯（以）克【2】。

【1】顯道

　　「顯道」意即顯著彰明之道。《書經・泰誓下》：「天有顯道，厥類惟彰。」，可參。

【2】勿兵以克

　　原考釋者李零以爲「似是『不戰而屈人之兵』的意思（參看《孫子・謀攻》）。」〔註753〕。

　　孟蓬生以爲「李先生所說甚是。『勿』，義爲『無』。《小爾雅》：『勿，無也。』《易・益卦》：『立心勿恆。』孔疏：『勿，猶無也。』又《豐卦》象詞：『勿憂，宜日中。』孔疏：『勿，無也。』『無兵以克』，是說沒有（不依靠）軍隊而取得勝利，

年 12 月），頁 268。

〔註750〕李銳：〈《曹劌之陣》釋文新編〉，簡帛研究網，（2005 年 2 月 25 日），網址：http://www.jianbo.org/admin3/2005/lirui002.htm。

〔註751〕李銳：〈《曹劌之陣》釋文新編〉，簡帛研究網，（2005 年 2 月 25 日），網址：http://www.jianbo.org/admin3/2005/lirui002.htm。

〔註752〕邴尙白：〈上博楚竹書《曹沫之陣》注釋〉，收入臺灣大學《中國文學研究》第二十一期，2006 年，頁 24。

〔註753〕馬承源主編：《上海博物館藏戰國楚竹書（四）》，（上海：上海古籍出版社，2004 年 12 月），頁 268。

亦即不戰而屈人之兵。」〔註754〕，將「勿」字解釋成「無」。

陳斯鵬釋作「刀兵以克」〔註755〕，博士論文中進一步說明云：「『刀』字作，《李釋》作『勿』，于形未安。比照本篇『則』、『利』等字『刀』旁的寫法，可知其為『刀』字無疑。『刀』和『勿』的主要區別在於外圍一筆是否有彎頭〔註756〕。後文『人之兵不砥礪，我兵必砥礪；人之甲不堅，我甲必堅』云云，正是對『刀兵以克』的具體說明。曹蔑稱此為『戰之顯道』，實際上是強調軍事實力對於戰爭的決定性作用。」〔註757〕。

淺野裕一以為「接著曹沫表示『勿兵以克』的想法。其真意是，打仗並非以兵器的優劣獲勝，而以人才的優劣來獲勝，所以將地位比敵軍的指揮官高的人物任命為指揮官，鬥志便提高而能獲勝。曹沫將之稱為『戰之顯道』。」又於注云：「如『兵者國之大事也』『此兵家之勝』（〈計〉篇）等，《孫子》常將「兵」作為軍事的意思，但〈曹沫之陳〉的『兵』皆作為兵器的意思，而看不到指軍事的『兵』字之例子。」〔註758〕。

案：陳斯鵬釋作「刀」，「勿」字之初形本義與「刀」確有關聯，甲、金文「勿」字從刀，刀旁有小點，作（甲・775）、（師酉簋），雖然「勿」從「刀」，但在戰國楚文字中，無論是單字或偏旁上，「刀」與「勿」相混的例證則非常罕見，譬如「則」字從「勿」罕見從「刀」，「初」、「剔」、「型」等字從「刀」罕見而從「勿」。以《曹沫之陣》簡為例，「則」字出現16皆從「勿」；「利」字4例皆從「勿」〔註759〕；「剔」字4例、「型」字3例，皆從「刀」。可見「刀」、「勿」的不容混淆，不僅在偏旁上，在單字的區分亦然，簡文「勿」字作，非「刀」尤為明顯，釋作「刀兵以克」，似可商。

就字詞解釋而言，「勿兵以克」筆者以為「勿兵」解釋成「無兵」似乎較不順暢。「勿」有表示禁止或勸阻之義，義同於「別」、「莫」。《廣韻・物韻》：「勿，莫也。」，《論語・衛靈公》：「己所不欲，勿施於人！」，簡文「勿兵以克」猶言「莫

---

〔註754〕孟蓬生：〈上博竹書（四）閒詁〉，簡帛研究網，（2005 年 2 月 15 日），網址：http://www.jianbo.org/admin3/2005/mengpengsheng001.htm。

〔註755〕陳斯鵬：〈上海博物館藏楚簡《曹沫之陣》釋文校理稿〉：簡帛研究網，（2005 年 2 月 20 日），網址：http://www.jianbo.org/admin3/list.asp?id=1328。

〔註756〕當然，「刀」有時也可不帶彎頭。但「勿」則尚不見有帶彎頭者。

〔註757〕參陳斯鵬：《戰國簡帛文學文獻考論》之第四節「戰國簡帛散文文本校理舉例之二——《曹蔑之陣》校理」，中山大學博士學位論文，2005 年 6 月。

〔註758〕淺野裕一：〈上博楚簡〈曹沫之陣〉的兵學思想〉，簡帛研究網，（2005 年 9 月 25 日），網址：http://www.jianbo.org/admin3/2005/qianyeyuyi001.htm。

〔註759〕羅凡晸以為「利」有可能從「勿」聲，並認為郭店竹簡「看不到從刀形之『利』字」，參羅凡晸：《郭店楚簡異體字研究》，臺灣師範大學碩士論文，2000 年 6 月，頁 202。

以士兵克敵」之義，這裡的「兵」有可能指士兵，但也可能泛指「武力」而言，而曹沫以爲勿以兵來克敵制勝，而從兩個面向來取勝，一是從兵器之砥礪與冑甲之堅來勝敵，二是而以「勢」來壓過敵軍，因此才說「人使士，我使大夫。人使大夫，我使將軍。人使將軍，我君身進。」兩方對決時，我方的出戰者永遠比對方頭銜高一捷，讓敵方未戰而氣勢已銷，則我軍以此二事制勝，莫以兵勝敵，故云：「勿兵以克」。

　　淺野裕一以爲此處「兵」字應當爲「兵器」之義，這個觀點恐不可從，筆者已於【簡 29】「厽卒使兵」一條有詳細的說明，此不贅述，簡文此處的「兵」其實應當解釋作「軍事武力」最妥當。

　　「克」即制勝、克敵之義。《左傳・莊公十年》：「彼竭我盈，故克之。」又《十一年》：「得儁曰克。」，孔穎達《疏》：「克訓勝也。」，《老子》第五十九章：「重積德則無不克。無不克則莫知其極。」，可參。

　　「克」字古文字作 （掇 2・468）、 （何尊），朱芳圃以爲「字上象冑形，下從皮省。當爲鎧之初文，亦即甲冑之甲之本字。」〔註760〕，「克」字從由從皮省，「皮」的「又」旁省略，而「由」與「皮」的「口」形共筆。季旭昇師以爲朱芳圃釋形的說法最好〔註761〕。目前所見戰國文字反而保留不省「又」旁的「克」字，如 （中山王嚳鼎）、 （郭・老乙・2）、 （璽彙・3507），可參。

# 第四節　論「勿兵以克」章

## 壹、釋　文

　　臧（莊）公曰：「勿兵目（以）克系（奚）女（如）？」

　　會（答）曰：「人之兵【38】不砥礪（礪），我兵必砥礪（礪）〔98〕。人之虖（甲）不緊，我虖（甲）必緊〔99〕。人事（使）士，我事（使）夫＝（大夫）。人事（使）夫＝（大夫），我事（使）牆（將）軍。人【39】事（使）牆（將）軍，我君身進〔100〕。此戰（戰）之昱（顯）道。」【40】～

## 貳、考　釋

〔98〕、38、39・人【1】之兵不砥礪（礪）【2】，我兵必砥礪（礪）

【1】人

〔註760〕朱芳圃：《殷周文字釋叢》，（臺北市：臺灣學生書局，1972 年），頁 75。
〔註761〕季旭昇師：《說文新證（上冊）》，（臺北市：藝文印書館，2002 年 10 月），頁 571。

此處「人」與「我」對舉，連同下文「人之甲」、「人使士」、「人使大夫」、「人使將軍」之「人」，咸乃「敵方」而言。古籍中以「人……，我……」強調對比概念者很多，如《論語・顏淵》：「司馬牛憂曰：『人皆有兄弟，我獨亡！』」，《荀子・富國》：「人皆亂，我獨治；人皆危，我獨安；人皆失喪之，我按起而治之。」〔註762〕，可參。

【2】砥礪

本簡「砥」、「礪」二字的「石」旁都省略「口」形。

「砥」字《說文》乃「底」之重文，上古音端紐、脂部。《說文》：「底，柔石也。」，段注云「柔石，石之精細者。」〔註763〕，「礪」即「礪」，「土」旁爲飾符。「礪」字亦出現包山簡作𥔿（包・149），「石」旁不省「口」形。

「砥」、「礪」都是磨刀石，「砥礪」引申爲磨鍊。《淮南子・脩務》：「有時而脩，砥礪磨堅，莫見其損。」。《書經・禹貢》：「礪砥砮丹。」孔安國《傳》：「砥細於礪，皆磨石也。」，《淮南子・說山》：「屬利劍者必以柔砥。」，可參。

〔99〕、39・人之臺（甲）不緊，我臺（甲）必緊

原考釋者李零隸定作「緊」讀作「堅」〔註764〕。

**佑仁案**：「緊」字从糸、臤聲，「緊」字即有堅強、結實之義。《管子・問》：「戈戟之緊，其屬何若。」，尹知章注云「緊，謂其堅彊者。」，丁士涵云：「緊，當作緐，戟衣也。」，姚永概以爲「改『緊』爲『緐』是也。」，章太炎以爲「尹注『緊，謂其堅強者』，此說是也。『緊』即『堅』之假借字，兩句文義當一例」，郭沫若承丁士涵之說〔註765〕，顏昌嶢《管子校釋》以爲「章說義長」〔註766〕，《新編管子》改作「緐」〔註767〕，姚永概、郭沫若、王冬珍等都從丁士涵之說。丁士涵認爲「緊」是「緐」之訛，因此要改字，可知此處作「緊」並無不妥，無須改作訓爲「戟衣」之「緐」。章太炎，雖不贊成「緊」爲訛字，但他認爲字應「堅」之假借，其實尹知章

---

〔註762〕北京大學《荀子》注釋組：《荀子新注》，（北京：中華書局，1979 年 5 月），頁 157。

〔註763〕許慎撰、段玉裁注：《說文解字注》，經韵樓藏版，（臺北市：洪葉出版社，1999 年 11 月），頁 451。

〔註764〕馬承源主編：《上海博物館藏戰國楚竹書（四）》，（上海：上海古籍出版社，2004 年 12 月），頁 268。

〔註765〕上述姚永概、章太炎、郭沫若等三家之說，咸據郭沫若、聞一多、許維遹撰：《管子集校》，（北京：科學出版社，1956 年），頁 418。

〔註766〕顏昌嶢著：《管子校釋》，（長沙市：岳麓書社，1996 年），頁 228。

〔註767〕王冬珍等校注、國立編譯館主編：《新編管子》，（臺北市：國立編譯館，2002 年），頁 650。

的注釋已說的很明白，「緊」就有堅強、堅固之義，而與《曹沫之陣》△字的文義相合，因此不煩改讀作「堅」。另外，又可見唐杜牧《冬至日寄小姪阿宜》：「頭圓筋骨緊，兩臉明且光。」，又如《水滸全傳》第一百零六回：「緊守城池，不在話下。」，而「緊守」其實也就是「固守」。

另外，《管子・問》以「緊」形容「戈戟」與簡文相同以「緊」字形容「甲」相同，丁士涵以爲「緊」應爲「緊」之訛字，就字形上看，若是在楷化以後的，「緊」或有可能訛作「緊」，但若依古文字而論，則字形訛誤的機率較低，「臤」字楚文字作 <span>（郭・六・12）、</span>（郭・緇衣・17），「殷」字作 <span>（包 2.105）、</span>（包 2.116），二者差別很大。可見，視「緊」爲「緊」之訛字，從字形上來較難信服。

另外，檢核古籍，形容「鎧甲」堅固的形容詞大多還是以「堅」爲之。如《孟子・梁惠王上》：「可使制梃以撻秦楚之堅甲利兵矣。」，《荀子・議兵》：「故堅甲利兵不足以爲勝。」，《荀子・議兵》：「楚人鮫革、犀、兕以爲甲，堅如金石。……莊蹻起，楚分而爲三四，是豈無堅甲利兵也哉？」，《管子・參患》：「兵不完利，與無操者同實，甲不堅密，與俴者同實。」，《韓非子・五蠹》：「鎧甲不堅者傷乎體」，《韓非子・五蠹》：「堅甲厲兵以備難」，《周禮・冬官考工記》：「鍛不摯則不堅，已敝則橈。」皆是其例。就古音上言，「緊」、「堅」都是从「臤」得聲，二字都是見紐、眞部。但是原則上若本字「緊」即可通讀，則無須以假借成「堅」。

《說文・臤部》：「緊，纏絲急也。從臤，從絲省。」〔註768〕，許慎認爲「緊」從絲省，不過目前戰國文字中所見的「緊」字，都不从「絲」省。另外，晉系尙有「𢆷」字作 <span>，何琳儀「疑緊之繁文」〔註769〕，也不从「絲」省。另外，臤、緊、堅都是見紐、元部字，可知「緊」應从「臤」聲，《說文》訓作會意實非。

### 〔100〕、40・身進

「身」字原簡作 <span></span>，寫法較爲特別，一般楚文字的「身」字是在「人」字身上添「目」形而作 <span>（包 2.232），或於「目」形上添加飾筆，如 </span>（包 2.230），或於「目」形下添飾筆作 <span>（包 2.213），《曹沫之陣》簡 9、簡 34 之「身」字在「目」旁上添飾筆，簡 65 之「身」字在「目」形下添飾筆，不過《曹沫之陣》簡的「目」形都簡省作「∠」。

「身」指親自之義。《爾雅・釋言二》：「身，親也。」，《墨子・號令》：「伍有罪，

---

〔註768〕許慎撰、段玉裁注：《說文解字注》，經韵樓藏版，（臺北市：洪葉出版社，1999 年 11 月），頁 119。

〔註769〕何琳儀：《戰國古文字典》，（北京：中華書局，1998 年），頁 1126。

若能身捕罪人，若告之吏，皆構之。」，《漢書・陳勝項籍傳》：「宋義乃遣其子襄相齊，身送之無鹽，飲酒高會。」，「我君身進」亦即國君親自應戰，本簡簡文亦有「親率勝」（簡 33），可以參看。

## 第五節　論「用兵之機」章

### 壹、釋　文

臧（莊）公曰：「既成（承）季（教）〔101〕矣，出帀（師）又（有）幾（機）〔102〕虖（乎）？」

會（答）曰：「又（有）。臣䎽（聞）之：三軍出，【40】丌（其）迻（將）逤（卑）〔103〕、父戺（兄）不薦（薦）〔104〕、繇（由）邦卿（御）之〔105〕，此出帀（師）之幾（機）〔106〕。」

臧（莊）公或（又）䎽（問）曰：「三軍鬱（散）果〔107〕又（有）幾（機）虖（乎）？」

會（答）曰：「又（有）。臣䎽（聞）【42】之：三軍未成戰（陣）、未豫（舍）〔108〕、行阸（阪）淒（濟）墮（障）〔109〕，此變（散）果之幾（機）〔110〕。」

臧（莊）公或（又）䎽（問）曰：「戰（戰）又（有）幾（機）虖（乎）？」

會（答）曰：「又（有）。丌（其）盍（去）之【43】不逨（速），其邊（就）之不專（傅）〔111〕，丌（其）墜（啓）節〔112〕不疾，此戰（戰）之幾（機）〔113〕。是古（故）矣（疑）陳（陣）敗，矣（疑）戰死〔114〕。」

臧（莊）公或（又）䎽（問）曰：「既戰（戰）又（有）幾（機）虖（乎）？」【44】

會（答）曰：「又（有）。亓（其）賞譤（鮮）歔（且）不中〔115〕，亓（其）詯（誅）硅（重）歔（且）不設（察）〔116〕，死者弗收〔117〕，剔（傷）者弗䎽（問）〔118〕，既戰（戰）而又（有）忥=（怠心）〔119〕，此既戰（戰）之幾（機）𠃌〔120〕。」【45】～

### 貳、考　釋

〔101〕、40・成（承）季（教）

原考釋者李零隸定作「成季」讀作「成教」〔註770〕，學者皆無異議。

---

〔註770〕馬承源主編：《上海博物館藏戰國楚竹書（四）》，（上海：上海古籍出版社，2004年 12 月），頁 269。

佑仁案：「成教」一詞亦出現於古籍，如《禮記‧大學》：「故君子不出家而成教於國」，《禮記‧鄉飲酒義》：「民入孝弟，出尊長養老，而後成教，成教而後國可安也。」，《韓非子‧外儲說左上》：「母欺子，子而不信其母，非所以成教也。」，但上述「成教」乃指化民成俗、經世教化之義，與簡文文義並不相合。因此，筆者以為「成教」應讀作「承教」，「成」字上古音定紐、耕部，「承」字定紐、蒸部，聲母相同，韻部接近，古籍亦有通假之例，《禮記‧士婚禮》「承我宗事」，《荀子‧大略》作「成我宗事」，可證。

「承教」為接受教誨、教令之義。《孟子‧梁惠王上》：「梁惠王曰：『寡人願安承教。』」，趙歧注云：「承受孟子之教令。」〔註771〕，又《戰國策‧趙策二》：「承教而動，循法無私，民之職也。」，《管子‧小問》：「管仲對曰：『夷吾聞之，聖人先知無形。今已有形而後知之，臣非聖也，善承教也。』」，《管子‧禁藏》：「民之承教，重於神寶。」，《史記‧樂毅列傳》載樂毅回信給燕惠王，即以「臣不佞，不能奉承先王之教」起頭，又在提及受召王提拔而「以為亞卿」、「得比小國諸侯」時，皆云：「自以為奉令承教，可幸無罪，故受令而不辭。」〔註772〕，此處的承教義即前文「奉承先王之教」，表示服膺昭王的命令或意見。則《曹沫之陣》簡莊公對曹沫言「既成教矣」，即表示莊公對曹沫有關「戰之顯道」的教誨，已經瞭解與接受，而欲詢問下一個問題，可見簡文此處讀作「承教」較佳。

「𡥈」原簡字作𡥈，王衛峰〈郭店楚簡中的「教」字〉〔註773〕將郭店簡中「𡥈」字做進一步的整理歸納，可參。

〔102〕、40‧幾（機）

原考釋者李零以為「讀「忌」，指忌諱。「幾」是見母微部字，「忌」是群母之部字，讀音相近。」〔註774〕，李零隸定作「幾」讀作「忌」。

陳劍讀作「機」，以為「『幾』下文屢見，原皆釋讀為『忌』，不可信。此類用法之『幾』舊注多訓為『微』、『事之微』等，古書亦多作『機』。簡文此處及下文之『幾（機）』可翻譯作『機會』、『時機』，皆就敵方之可乘之機而言，『其將卑』云云之『其』

---

〔註771〕〔清〕阮元《校勘十三經註疏‧孟子》，嘉慶廿年江西南昌府學開雕影印本，（臺北：藝文印書館，1993 年），13 下。

〔註772〕見瀧川龜太郎：《史記會注考證》，（臺北市：萬卷樓，1996 年 10 初版二刷），頁 986～987。

〔註773〕王衛峰：〈郭店楚簡中的「教」字〉，收入《蘇州大學學報》（哲學社會科學版），2005年第 1 期，頁 72～74。

〔註774〕馬承源主編：《上海博物館藏戰國楚竹書（四）》，（上海：上海古籍出版社，2004年 12 月），頁 269。

指對方、敵軍，與上文簡 17～18『以事其便嬖』之『其』同。下文『三軍出』、『三軍散果』亦皆指敵方而言。燕王職壺講燕昭王自即位起即準備出兵伐齊而『乇（度）幾（機）三十（年）』……『幾』字用法與簡文同。《逸周書‧大武》：『武有七制：政、攻、侵、伐、陳、戰、鬬。……伐有七機，機有四時、三興；……四時：一春違其農，二夏食其穀，三秋取其刈，四冬凍其葆。三興：一政以和時，二伐亂以治，三伐飢以飽。凡此七者，伐之機也。』『機』字用法與簡文尤近。」，白于藍從之。〔註775〕

筆者曾撰文以為：

《上博（四）‧曹沫之陣》發表後，陳劍先生很快的就發現「幾」字可以釋讀為「機」，且比對古代兵書中的資料，即會發現「機」字這個作「幾微」、「契機」的概念，常為古代兵法家所論及，如《吳子‧論將》云：「凡兵有四機：一曰氣機，二曰地機，三曰事機，四曰力機。」李零先生主編的《中國兵書名著今譯》將「幾」字解釋為「關鍵問題」，婁熙元、吳樹平的人解釋也相近；另外，又如《將苑》有〈應機〉之篇來專門討論；揭暄《兵經百言‧智部》也有〈機〉一條；蔡鍔《曾胡治兵語錄》也有〈兵機〉一章。這麼多關於兩兵對峙時，如何把握進攻「契機」的討論，使人很容易就將《曹沫之陣》之「出師之幾」、「散果之幾」、「戰之幾」、「既戰之幾」等四個「幾」字，也解釋成「契機」之意。但反覆推敲後，筆者以為上述幾個《曹沫之陣》的「幾」字，李零先生釋讀成「忌」的說法，應較為理想。曹沫與魯莊公對於作戰之「幾」的四次問答，【簡 40+42+43+44】可連讀，其原文如下：

（一）莊公曰：「既成教矣，出師有幾乎？」答曰：「有。臣聞之：三軍出，【簡 40】其將卑，父兄不膺，由邦禦之，此出師之幾。」

（二）莊公又問曰：「三軍散果有幾乎？」答曰：「有。臣聞【簡 42】之：三軍未成陣，未舍，行阪濟障，此散果之幾。」

（三）莊公又問曰：「戰又有幾乎？」答曰：「有。其去之【簡 43】不速，其就之不傅，其啓節不疾，此戰之幾。是故疑陣敗，疑戰死。」

（四）莊公又問曰：「既戰有幾乎？」【簡 44】答曰：「有。其賞淺且不中，其誅厚且不察，死者弗收，傷者弗問，既戰而有怠心，此既戰之幾。」

（下略）【簡 45】

陳劍先生〈上博竹書《曹沫之陣》新編釋文（稿）〉一文中，以為「其」

---

〔註775〕陳劍：〈上博竹書《曹沫之陳》新編釋文（稿）〉，簡帛研究網，（2005 年 2 月 12 日），網址：http://www.jianbo.org/admin3/2005/chenjian001.htm。

字代表的「敵軍」而言，與簡17、18之「以事其便嬖」的「其」字相同。但筆者以爲這裡的「其」字，並非只敵軍而言，經陳劍先生將40簡與41簡連讀後，此段文例作「三軍出，其將卑，父兄不䳒，由邦禦之，此出師之幾（忌）」，「其」字指的是「三軍」，此處粹討論兵法，任何軍隊遇到「將卑，父兄不䳒，由邦禦之」的情況，都是出師之「忌」，並無所謂敵軍、我軍。正如同【簡57+16】「莊公曰：『善守者奚如？』答曰：「『其食足以食之，其兵足以利之，其城固足以捍之。』一樣，「其」字是指的「善守者」而言，誰能達到此能力，誰就是「善守者」，無所謂敵我。

筆者以爲【簡 43～44】莊公問「戰有道乎？」一段，對於「幾」字的解讀而言，是非常重要的句子。曹沫回答莊公的問題說：「其去之不速，其就之不傅，其啓節不疾，此戰之幾。是故疑陣敗，疑戰死。」這段話中的「陣敗、戰死」，於立場上並無敵、我之分，而是普天之下任何一支軍隊，於用兵時若「去之不速」、「就之不傅」、「啓節不疾」就得敗，就得死。而兩個疑字，更是值得探究，如果「幾」字要解成「契機」，則魯莊公問作戰時的契機，最後曹沫最後卻加入「疑陣敗，疑戰死」兩句話作總結，顯得與整個問答格格不入。因爲若「戰之幾」是爲了覓得攻擊敵方之隙，在敵軍「去之不速，就之不傅，啓節不疾」之時，給予致命的一擊，以求得戰爭之「勝」，那麼曹沫何必立刻又說明「疑軍、疑陣」的敗？此處費解。

但若將「幾」字解成「忌」則一切豁然開朗，原文「其去之不速，其就之不傅，其啓節不疾」，正因此爲作戰時之「忌」，因此曹沫認爲軍隊狐疑不定，應當要極力避免，否則只有「敗、死」的下場。故「疑」與「忌」，更是有相對應的關係，因爲「疑戰」、「疑軍」會自取「敗」，故爲戰之「忌」，而「去之不速」、「就之不傅」「啓節不疾」更是「疑」的具體表現，是以「疑、忌、敗」三者環環相扣。而軍事決策最忌「疑」，此項討論於兵書中彩見，如：

《孫子‧九地》：「禁祥去疑。」

《吳子‧治兵》：「故曰：用兵之害，猶豫最大，三軍之災，生於狐疑。」

《吳子‧論將》：「進退多疑，其眾無依。」

《尉繚子‧勒卒令》：「夫蚤決先敵，若計不先定，慮不蚤決，則進退不定，疑生必敗。」

《孫子‧謀攻篇》：「故君之所以患於軍者三：不知軍之不可以進而謂

之進，不知軍之不可以退而謂之退，是爲縻軍；不知三軍之事，而同三軍之政者，則軍士惑矣！不知三軍之權而同三軍之任，則軍士疑矣！」

可見軍事決策的猶豫不決，向來是兵家之大忌，而所謂的「三軍之災，生於狐疑」、「疑生必敗」，其實也與曹沫所謂的「疑疑陣敗、疑戰死」是同樣的道理。而「其去之不速，其就之不傅，其啓節不疾」也與《尉繚子‧勒卒令》所云的「計不先定，慮不蚤決，進退不定」相契合。〔註776〕

邴尚白以爲：「『忌』字見於郭店〈太一生水〉簡七、〈尊德義〉簡一，均讀如本字。『幾』字則見於長臺關簡1-014、郭店《老子》甲本簡二十五、上博〈緇衣〉簡十七、〈從政〉甲篇簡八、〈民之父母〉簡一、〈彭祖〉簡二等，除讀如本字外，常借作『機』和『豈』。本篇多處『幾』字若要讀爲『忌』，必須要有更充分、謹慎的論證。根據諸『其』字及楚文字的用字習慣來，陳劍之說顯然較長。」〔註777〕。

朱賜麟以爲「讀爲『機』與『忌』的差別在於：『忌』是從我方的位置論述我方的防範之道；而『機』則是站在我方的位置談我方研判敵情的可乘之機。例如：此下莊公問三軍散果之機，曹劌答以：『三軍未成陣，未豫，行阪濟障，此散果之機。』與《吳子‧料敵》：『凡料敵，有不卜而與之戰者八……八曰陣而未定，舍而未畢，行阪涉險，半隱半出。敵如此者，擊之勿縱。』義正相當，而吳起所論正是『攻擊發動的時機』。故以文意推之，釋讀爲『機』，作『制敵可乘之機』解，於義較長」〔註778〕。

佑仁案：本處讀「忌」雖於亦無不可，但結合上下文例參看，且簡文自言此乃莊公欲與齊戰之時，故「幾」當讀作富有積極意義的「機」，而非防守意味較濃的「忌」，讀「機」可從。

〔103〕、40、42‧三軍出，丌（其）逴（將）遆（卑）

原考釋者李零隸定作「逴」，讀作「將」。〔註779〕

原簡字作𨒅，包山簡有「逞」字作𨖷（包‧234）、𨖷（包‧226），劉信芳讀作「將」〔註780〕，△字疑是由「逞」字上加一飾筆而來，「羊」字定紐、侯部，「將」

---

〔註776〕拙文：〈讀《曹沫之陣》心得兩則：「幾」、「非山非澤，亡有不民」〉，簡帛研究網，（2005年4月3日），網址：http://www.jianbo.org/admin3/2005/gaoyouren002.htm。

〔註777〕見邴尚白：〈上博楚竹書曹沫之陣注釋〉，臺灣大學第十四屆《中國文學研究》，2005年9月25日，頁24～25。

〔註778〕朱賜麟：《曹劌之陣思想研究——及其在春秋兵學思想史上的意義》，臺灣師範大學碩士論文，2006年6月，頁47。

〔註779〕馬承源主編：《上海博物館藏戰國楚竹書（四）》，（上海：上海古籍出版社，2004年12月），頁269。

〔註780〕劉信芳：《包山楚簡解詁》，（臺北市：藝文印書館，2003年元月），頁240。

字精紐、陽部，「䢔」字楚簡常讀作「將」〔註781〕，可知二字音韻可通。「䢔」字或作匡、遝、迲等，於甲骨、金文中已見，可參季旭昇師〈從《曹沫之陣》一個特殊的『將』字談到甲骨金文相關之字〉〔註782〕。

「遱」字亦見簡 18，讀作「變」，文例爲「便變」，可參。「其將卑」可見在兩軍對峙時我方氣勢上已輸，因此曹沫引以爲忌，曹沫論戰非常重視「氣勢」。

〔104〕、42·父踜（兄）【1】不鷹（薦）【2】

「兄」字考釋者李零隸定作「踜」〔註783〕。

「兄」字原簡字作踜，【簡35】「兄」字作踜，李零咸隸作「踜」，首先楷字中「壬」（音任）中間橫筆較長，「壬」（音挺）中間橫筆較短，李零的釋文很清楚从「壬」，而楚文字中王（壬）、望（壬/「望」字所从），二字是有明顯的區別，因此△字實是从「壬」而非从「壬」，隸作「踜」恐有問題。

「兄」字早期金文除作「兄」外，也作「𣌭」，西周中〈師佳殷〉作踜，春秋早〈叔家父簋〉字作踜，楚金文作踜（王孫誥鐘），此型態之字亦見楚文字中，如踜（磚·370·3）、踜（磚·370·2）、踜（包山·63）。李守奎隸定作「踜」〔註784〕，陳初生、曾憲通以爲「坒」具有聲符的功能〔註785〕，「坒」實即「往」之初文，「坒」字匣紐、陽部，「兄」曉紐、陽部，匣、曉音近，韻部相同，「坒」旁具有聲符的條件。

△字明顯从「之」而不从「止」，季旭昇師以爲「坒」字實从「之」，主張「『之』本即有往義，加『土』強化地上行動的意味」，並已指出前輩學者該字隸定多从「止」，但其嚴格而言應从「之」〔註786〕，因此嚴格來說本簡△字實應隸定作「踜」。

【2】鷹

原考釋者李零隸定作「鷹」讀作「薦」，將本句譯作「其忌在將帥出身卑賤，又無父兄薦舉，必須由國家遙控」〔註787〕，李銳從之〔註788〕。

〔註781〕參何琳儀《戰國古文字典》，（北京：中華書局，1998 年），頁 673～674。

〔註782〕季旭昇師：〈從《曹沫之陣》一個特殊的『將』字談到甲骨金文相關之字〉，輔仁大學中文系《第十八屆文字學國際學術研討會論文集》，2007 年 5 月，頁 95～102。

〔註783〕馬承源主編：《上海博物館藏戰國楚竹書（四）》，（上海：上海古籍出版社，2004年 12 月），頁 270。

〔註784〕李守奎：《楚文字編》，（上海：華東師範大學出版社，2003 年 12 月），頁 524。

〔註785〕陳初生編纂、曾憲通審校：《金文常用字典》，（西安市：陝西人民出版社，1987 年），頁 832。

〔註786〕見季旭昇師：《說文新證（上冊）》，（臺北市：藝文印書館，2002 年 10 月），頁 499。

〔註787〕馬承源主編：《上海博物館藏戰國楚竹書（四）》，（上海：上海古籍出版社，2004年 12 月），頁 270。

〔註788〕李銳：〈《曹劌之陣》釋文新編〉，簡帛研究網，（2005 年 2 月 25 日），網址：http://www.

陳劍釋作「廌（薦——存）」〔註789〕，白于藍亦如是〔註790〕。

陳斯鵬讀作「存」〔註791〕。

朱賜麟以為原考釋者的意見不可從，指出「若證之以楚薦賈不賀子文之薦子玉、趙奢不薦趙括之例，看來此說似無不可，但是並不可從。因為『廌』字雖為『薦』字所從之聲符，而以聲符為初形，也是文字學的常識。但在楚簡中，『廌』字多假借作『存』字，此處亦然。且在此處釋為『存』字，於義較長。全句可以解作：『敵方將軍之父兄都已不存，則缺乏必死的決心。』此與前後所述之『將軍身分卑微，則無威以制軍』與『受到國君掣肘，則不能臨機決斷』二事合觀，全都是古人觀師論將的具體內容。《孫子》、《吳子》都有論將以知出師勝敗的文字，也同為我軍作戰時的可乘之機，在意思上較能首尾完足。尤其簡41有句『《周志》是廌（存）』；簡14有句：『三代之陣皆廌（存）』，兩簡中之『廌』字皆是假借作『存』字使用，李零及各家亦均採此說，可為明證。所以，此字的正確釋讀應作『存』，『父兄不存』意為『父兄都已不存活於世』」〔註792〕。

　　**佑仁案**：首先「父兄不△」之「父兄」有兩個可能，一是國君之父兄，如簡35「毋長於父兄」，即指國君之父兄，第二個可能是將軍的父兄。由於本簡已有「父兄」文例，因此筆者以為指國君父兄之機率較高。

另外，「廌」字讀作「薦」或「存」在楚文字中都可能成立，不過回歸本簡文例，讀作「父兄不薦」較佳，從「毋長于父兄」，可知國君的父兄對於戰役的看法，仍扮演著舉足輕重的的角色，若父兄不推薦此將軍，而國君仍堅決任命他領兵出戰，此即「長於父兄」，已凌駕父兄之意志。本處文義簡短，可供參證的資料不多，但若與本簡簡文參看，則筆者傾向將「父兄不薦」一句，解釋作「（國君的）父兄不推薦」，意味所指派的將軍得不到父王及兄長的支持。

### 〔105〕、42‧縣（由）邦馭（御）之

原考釋者李零以為「讀『出師之忌』，下有句讀。其忌在將帥出身卑賤，又無父

jianbo.org/admin3/2005/lirui002.htm。

〔註789〕陳劍：〈上博竹書《曹沫之陳》新編釋文（稿）〉，簡帛研究網，（2005年2月12日），網址：http://www.jianbo.org/admin3/2005/chenjian001.htm。

〔註790〕白于藍：〈上博簡《曹沫之陳》釋文新編〉，簡帛研究網，（2005年4月10日），網址：http://www.jianbo.org/admin3/2005/baiyulan001.htm。

〔註791〕陳斯鵬：〈上海博物館藏楚簡《曹沫之陣》釋文校理稿〉：簡帛研究網，（2005年2月20日），網址：http://www.jianbo.org/admin3/list.asp?id=1328。

〔註792〕朱賜麟：《曹劌之陣思想研究——及其在春秋兵學思想史上的意義》，臺灣師範大學碩士論文，2006年6月，頁47～48。

兄薦舉，必須由國家遙控。」〔註793〕。

　　陳劍以爲「原第37簡下注釋引《六韜‧龍韜‧立將》：『臣聞國不可以從外治，軍不可以從中御。』謂『自古兵家最忌中御之患』，可移以說此處簡文。又銀雀山漢墓竹簡《孫臏兵法‧纂（選）卒》：『孫子曰：恒勝有五：得主剸（專）制，勝……孫子曰：恒不勝有五：御將，不勝……』簡文講對方之將『由邦御之』，亦即其將不得專制於軍中。」〔註794〕。

　　邴尚白以爲「《孫子‧謀攻》：『將能而軍不御者勝。』《黃石公三略‧中略》：『《軍勢》曰：『出車行師，將在自專；進退內御，則功難成。』』亦可參看。《六韜‧龍韜》有〈軍勢〉，《三略‧中略》五引《軍勢》，非出於《六韜》。」〔註795〕。

　　**佑仁案**：《說文》：「御，使馬也。從彳卸。𩢏，古文御。從又馬。」〔註796〕，「馭」字在《說文》中列入「御」的古文，「馭」字在西周金文中就已經大量出現，如西周早〈孟鼎〉作𤯍，西周中〈禹鼎〉作𩢾，「馭」字本爲駕馬、使馬之義。而「御」字則更是早在甲骨時期就已出現，其初文作𨑭（菁‧1.1）、𣢟（粹‧40），其後又添「彳」旁作𧗠（前2.186），金文「御」字如西周中〈致方鼎〉作「𧗠」，西周晚〈頌壺〉作「𧗠」，「御」字初形從卩、從午、午亦聲，本義爲「會人跪坐持杵操作之意，因此有用、治的意思」〔註797〕，由此可知「馭」、「御」二字來源不同，《說文》將「馭」視作「御」之古文實可商。然而《說文》這樣的收字標準也可令人理解，因爲時至戰國「御」、「馭」早有合流的現象，本簡△字作𩢾，字從馬、卸聲，同時取「御」字之聲符「卸」及「馭」字之義符「馬」，「御」、「馭」二字的關係可見一斑。

　　另外，楚文字中「馭」字保留甲骨從馬從攴的形體，如𩢾（天星4905）、𩢾（天星4505）〔註798〕，又有將「卜」旁聲化作「五」或「午」者，如𩢾（曾‧39）、𩢾（曾‧4）與𩢾（曾‧70），「馭」疑紐、魚部，「五」字疑紐、魚部，「午」字疑紐、魚部，「馭」、「五」、「午」三字上古音非常接近。

---

〔註793〕馬承源主編：《上海博物館藏戰國楚竹書（四）》，（上海：上海古籍出版社，2004年12月），頁270。

〔註794〕陳劍：〈上博竹書《曹沫之陳》新編釋文（稿）〉，簡帛研究網，（2005年2月12日），網址：http://www.jianbo.org/admin3/2005/chenjian001.htm。

〔註795〕邴尚白：〈上博楚竹書《曹沫之陣》注釋〉，收入臺灣大學《中國文學研究》第二十一期，2006年，頁25。

〔註796〕許慎撰、段玉裁注：《說文解字‧注》，經韵樓藏版，（臺北市：洪葉出版社，1999年11月），頁78。

〔註797〕見季旭昇師：《說文新證（上冊）》，（臺北市：藝文印書館，2002年10月），頁120。

〔註798〕此二字引自何琳儀：《戰國古文字典》，（北京：中華書局，1998年），頁510。

另外，《郭店・尊德義》【簡7】之「馭」字从馬从午，其文例爲「▽馬」，劉釗〔註799〕、李零〔註800〕、張光裕〔註801〕都讀作「御」，其實應即據本字讀即可，實不煩改讀。

簡文「其將卑」、「父兄不薦」、「由邦御之」，應是三項獨立的禁忌，三者並沒有絕對的關係。

## 〔106〕、42・此出市（師）之幾（機）

原考釋者李零以爲「讀『出師之忌』，下有句讀。其忌在將帥出身卑賤，又無父兄薦舉，必須由國家遙控。」〔註802〕。

「出師」即「出兵」。《左傳・文公十六年》：「夫麇與百濮，謂我饑不能師，故伐我也。若我出師，必懼而歸。」，《漢書・匈奴傳》：「出師征伐，斥奪此地。」，可參。

## 〔107〕、42・彎（散）果

原考釋者李零隸定作「彎裹」，以爲「疑讀『散裹』，銀雀山漢簡《孫臏兵法・官一》……有所謂『圉（御）裹』，是防止敵人包圍的辦法。這裡的『散裹』可能是指打破敵人包圍的辦法。」〔註803〕，在「散果之忌」注下李零又云：「以上是講出師後、臨戰前，在行軍途中防止敵人包圍的注意事項。其忌在於隊形不整而穿越險阻（容易遭人伏擊）。案：宋楚泓之役，宋襄公恪守古訓，不肯乘楚師半渡未陳而擊之，遭慘敗。後世兵家都以『半渡而擊』、『未陳而擊』爲大利（參看《孫子・行軍》、《吳子・料敵》）。」〔註804〕。

陳劍隸定作「散（？）」表示尚有疑義〔註805〕。

陳斯鵬隸定作「捷果」〔註806〕。其於博士論文則指出「舊稿採納周鳳五先生

---

〔註799〕參劉釗：《郭店楚簡校釋》，（福州：福建人門出版社，2003年12月），頁122。

〔註800〕李零：《郭店楚簡校讀記》，（北京：北京書局書版社，2002年3月），頁139。

〔註801〕見香港中文大學圖書館與香港中文大學中國語言及文學系張光裕教授共同製作的「郭店楚簡資料庫」，網址：http://bamboo.lib.cuhk.edu.hk/basisbwdocs/bamboo/bam_main.html?。

〔註802〕馬承源主編：《上海博物館藏戰國楚竹書（四）》，（上海：上海古籍出版社，2004年12月），頁270。

〔註803〕馬承源主編：《上海博物館藏戰國楚竹書（四）》，（上海：上海古籍出版社，2004年12月），頁270。

〔註804〕馬承源主編：《上海博物館藏戰國楚竹書（四）》，（上海：上海古籍出版社，2004年12月），頁271。

〔註805〕陳劍：〈上博竹書《曹沫之陳》新編釋文（稿）〉，簡帛研究網，（2005年2月12日），網址：http://www.jianbo.org/admin3/2005/chenjian001.htm。

的說法釋爲『捷』，似不確。……今按，從『散裹』之前言『出師』、之後言『戰』及『既戰』來看，它似乎應爲打仗過程中介乎『出師』與『戰』的一個環節，若指破圍則不太匹配。頗疑『散裹』爲一反義複合詞，猶言『聚散』，泛指軍隊調運行進。當此之時，最忌『行阪濟障』。《吳子·料敵》云：『陳而未定，舍而未畢，行阪涉險，半隱半出，諸如此者，擊之勿疑。』正可與簡文合證。又《孫臏兵法·將失》云：『不能以成陳（陣），出於夾（狹）道，可敗也。』說的都是同一道理。」〔註807〕。

淺野裕一以爲「其次莊公問『散裹之忌』，亦即關於軍隊集散的禁忌。曹沫對此的回答是，行軍隊形尚未整齊而欲穿越險阻的地形，便會產生軍隊分散的危險性，所以這便是關於軍隊集散的禁忌。」，又云「《孫子》在〈行軍〉篇、〈地形〉篇等，詳述各種地形對軍事行動的影響，但〈曹沫之陳〉預設的進軍距離甚短，因此論及地形之處甚少，而在被留下來的竹簡範圍內，提及地形的只有此處。」〔註808〕。

蘇建洲認爲：

《上博（四）·曹沫之陣》簡43作「■（△1）果」，李零先生隸作「樊」，釋爲「散」，讀作「散裹」。字亦見於簡42作「■（△2）果」，李零先生隸作「鷽」，亦釋爲「散」。由文例來看二者顯然是一字。對釋爲「散」，陳劍先生〈釋文〉作「散（？）」，表示還不能完全肯定。筆者以爲李零先生所釋可能是對的。甲骨文「散」字作■（《甲》1360），裘錫圭先生認爲本義是芟除草木。季師旭昇以爲從木，小點象被打散而掉下來的散落物。西周金文「散」字作■（散車父壺），偏旁類似「■」形。「△1」、「△2」的固定部件是「■」、「戈」，而王國維先生早就提出「攴」、「戈」皆有擊意，所以古文字可以相通。如《包山》135反「陰之『職』客」作■，從「戈」；134作■，從「攴」。還有古文字「啓」、「救」、「寇」，馬王堆漢墓帛書「敵」、「攻」等字所從的「攴」旁，皆有寫作從「戈」的。所以「△1」、「△2」可以理解從「■」、「攴」。至於「△1」左下的「又」旁與「△2」左下的「邑」可能皆爲飾符。前者如「僕」，《郭店·老子甲》2

〔註806〕陳斯鵬：〈上海博物館藏楚簡《曹沫之陣》釋文校理稿〉：簡帛研究網，（2005年2月20日），網址：http://www.jianbo.org/admin3/list.asp?id=1328。

〔註807〕參陳斯鵬：《戰國簡帛文學文獻考論》之第四節「戰國簡帛散文文本校理舉例之二——《曹蔑之陣》校理」，中山大學博士學位論文，2005年6月。

〔註808〕淺野裕一：〈上博楚簡〈曹沫之陣〉的兵學思想〉，簡帛研究網，（2005年9月25日），網址：http://www.jianbo.org/admin3/2005/qianyeyuyi001.htm。

作✦，亦作✦（《郭店・老子甲》13）；「相」，《郭店・老子甲》19作✦，亦作✦（《上博（四）》・柬大王泊旱 10）。至於後者，戰國文字常在姓氏或地名加上「邑」旁繁化，如楚兵器✦，何琳儀先生釋爲戴或菑，即屬地名加上「邑」旁。但是如《包山》103「䣄✦」，李學勤先生指出即曾姬壺的「䣄✦」，應該讀作「郊間」，是指農民而言。則此「間」並非地名，亦非人名。「閒（間）」字的變化過程應是：✦（《包山》13）→✦（《包山》220）→✦（《包山》103）。可見「邑」似乎可以理解爲飾符。而且「△1」、「△2」既爲一字，但一從「又」，一從「邑」，從字形來看，二者的構形地位相同，則「邑」恐怕也只能理解爲飾符。所以李零先生釋爲「散」可能是對的。〔註809〕

　　蘇建洲認同李零先生之說，主張△字即金文之「散」，並將《曹沫之陣》【簡43】字形所從「又」旁與【簡42】從「邑」旁皆視爲「飾符」之功能，而從「戈」則是與金文從「攴」意義相同而替換。

　　蘇建洲並據《曹沫之陣》的「散」字，進而推論云：「以此觀點來看《包山》60有字作✦（△3），整理者釋爲『栽』，才聲。劉釗認爲字從『至』、從『戈』，應隸作『戠』。劉信芳先生則認爲『該字右上從『朮』，與簡 269『朮』字同形；下部從『戎』，與《郭店・成之聞之》13『戎夫』之『戎』同形。字僅能隸定。原釋爲『栽』，劉釗隸作『戠』，均與字形不合。」《楚文字編》則列爲不識字。《包山》整理者及劉釗所說均於字形不合，已見於劉信芳先生的說法。但是他對『△3』字的分析，同樣是無法解決問題的。筆者懷疑『△1』與『△3』可能是同一字。首先左上『✦』旁省作『✦』，後者字形可參《天星觀》「✦」作✦。這種情形如同『麻』，《集成》11565 廿三年司寇矛亦省作『✦』。可見『△3』的寫法並非孤例。其次左下的『十』形應理解爲『又』形，如✦（《郭店・老子丙》12）、✦（《郭店・語叢四》16），則《包山》60✦可能應釋爲『散』，簡文作人名用。」〔註810〕，蘇建洲以爲包山簡「✦」字，即《曹沫之陣》「散」字，字從「又」。

　　邴尚白以爲「陳斯鵬之釋，可能是因爲三體石經『捷』字古文作『✦』，假『戠』爲『捷』，與『✦』形近。然石經『戠』字上半應爲『才』之訛，與『朮』有別，故

―――――――――――――――――――――――――――――――――――

〔註809〕蘇建洲：〈楚文字雜識〉，簡帛研究網，（2005 年 10 月 30 日），網址：http://www.jianbo.org/admin3/2005/sujianzhou006.htm。關於建洲此篇大作，某位武漢大學簡帛研究中心的先進認爲該文「對上博簡釋『散』之字的字形分析可從。」，見 2005 年 11 月 16 日該先進給予蘇建洲的回信。

〔註810〕見蘇建洲：〈楚文字雜識〉，簡帛研究網，（2005 年 10 月 30 日），網址：http://www.jianbo.org/admin3/2005/sujianzhou006.htm。

其說亦不可從。『⿱⿰林戈邑』，簡四十三作『⿱⿰林戈又』，當爲從『林』聲之字，應如何釋讀待考」〔註 811〕。

朱賜麟以爲「《說文》:『果，木實也。』段注 :『引伸假借爲誠實勇敢之稱。』典籍中常見以果爲戰陣勇決之意。……都是論 : 戰陣勇決，殺敵致果之義。而且『散』音穌旰切十四部 ;『殺』音所八切十五部，兩字音近可以通假。因此筆者推測 :『⿱⿰林戈邑果』的⿱⿰林戈邑字从二朩、戈、邑。从戈多有殺伐義，而林字《說文》:『林，葩之總名也。林之爲言微也，微纖爲功。』;『椒，分離也，从林从攴。林，分椒之意也。』段注 :『散、潸字以爲聲，散行而椒廢矣。』所以⿱⿰林戈邑字應有殺伐義，而『⿱⿰林戈邑果』一詞應指 :『以突擊行動殺敵致果。』」〔註 812〕。

季旭昇師以爲「甲骨文有『』、『』字，(《甲骨文編》490-492 頁)，吳振武先生〈「⿱屮戈」字的形音義〉釋前者爲『殺』，後者爲『彤沙』之『沙』的象形初文（亦可通讀爲『殺』)。陳劍先生〈甲骨金文「⿱屮戈」字補釋〉以爲當釋爲『翦』、『踐』、『殘』等字，又謂『金文中見于𤔲鼎、呂行壺、四十二年逑鼎和庚壺等器，與三體石經『捷』字古文爲一系的那些字，它們的聲符也像是以戈斬殺草木之，跟『』形相類。此外包括『芟』、『椒』、『殺』等字，從字形看也都像芟除、刈殺草木之形，它們的讀音又都有密切關係』，是簡文此字還有討論的空間，姑從原考釋讀爲『散』。『散果』雖未見古籍，但是由曹沫回答的『三軍未成陳、未豫、行阪濟障』等三個時機可以知道，這應該是『兩軍將戰，一方趁敵方尚未完成作戰態勢時的搶攻行爲』，原考釋謂『指打破敵人包圍的辦法』，也許是可以商榷的。」〔註 813〕。

**佑仁案**：字形方面，「散果」之「散」共出現兩次，分別作（簡 42)、（簡 43)，據季旭昇師的意見，「散」字有兩來源，一是从攴擊林的「椒」字，二是酒器「斝」形體稍變而來〔註 814〕。李零隸定作「⿱⿰林戈邑」，隸定作「⿱⿰林戈又」，可是字應从林从戈从邑，乃从「林」而不从「林」，季旭昇師以爲「林字从林、中間有小點像散落之形，即椒之初文。〔註 815〕」，雖「林」字初形本義與「木」很有關係，但其字形

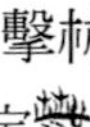

〔註 811〕邴尚白 :〈上博楚竹書《曹沫之陣》注釋〉，收入臺灣大學《中國文學研究》第二十一期，2006 年，頁 25。

〔註 812〕朱賜麟 :《曹劌之陣思想研究——及其在春秋兵學思想史上的意義》，臺灣師範大學碩士論文，2006 年 6 月，頁 49。

〔註 813〕參季旭昇師主編、高佑仁執筆、朱賜麟協撰 :《上海博物館藏戰國楚竹書（四）讀本・曹沫之陳釋譯》，（臺北 : 萬卷樓圖書公司，2007 年 3 月)，頁 193～194。

〔註 814〕見季旭昇師 :《說文新證（上冊)》，（臺北市 : 藝文印書館，2002 年 10 月)，頁 337。

〔註 815〕見季旭昇師 :《說文新證（下冊)》，（臺北市 : 藝文印書館，2004 年 11 月)，頁 586。亦可參季旭昇師《甲骨文字研究》，（臺北市 : 文史哲書局，2003 年 12 月)，頁 284

卻明顯與戰國楚系「林」字不類，可見應隸定作蠻、「燮」較妥。而《曹沫之陣》【簡43】另一處「散」字作乑，改易「邑」旁爲「又」旁，簡文此處非地名，蘇建洲則將「邑」旁視作「飾符」合情合理，但「散」字爲「芟除草木」，則「又」旁似可當義符，而不用視作無意義的飾符。

陳斯鵬釋作「捷」，邴尚白以爲是受三體石經「捷」字作「𣏕」的影響，並以爲「石經『蔽』字上半應爲『才』之訛」。不過西周中〈寰鼎〉作𢽚，字讀作「捷」，《金文編》摹作𢽚，置於「捷」字下，並云「三體石經古文作𢿃从木與从屮作蔽同意」〔註816〕，比對西周中〈寰鼎〉「捷」作𢽚，春秋晚〈庚壺〉「捷」作𢽤，可知三體石經「𣏕」字實應《金文編》所謂乃「屮」之義符替換，而非「才」之訛。而前文已述△字實从「林」不从「林」，因此與「捷」應無關係。

就句義方面，李零認爲讀「散果」爲「散裹」，指出「可能是指打破敵人包圍的辦法」，李零將「果」與《孫臏兵法》中的「御裹」聯繫起來，並將「散」解釋爲「打破」，證據仍不夠充分，待考。淺野裕一則認爲「散果之忌」應是「關於軍隊集散的禁忌」，是「散」爲「集散」，文義似不適切，在此「散果」當是一種戰法，然讀法仍須再進一步研究。

〔108〕、43‧三軍未成戰（陣）、未豫（舍）

原考釋者李零以爲「『戰』讀『陳』。『陳未豫』，似指沒有排列好陣形。『豫』或讀爲『敘』。」〔註817〕。

此句斷句李零作「三軍未成，陳（陣）未豫（舍）」〔註818〕，陳劍作「三軍未成陳，未舍，行阪濟障」以爲「原將『陳』字屬下爲讀。按《吳子‧料敵》有『吳子曰：凡料敵，有不卜而與之戰者八……八曰陣而未定，舍而未畢，行阪涉險，半隱半出……』『陣而未定，舍而未畢，行阪涉險』與簡文『三軍未成陳，未豫（舍），行阪濟障』甚相近。」〔註819〕，陳斯鵬作「三軍未成陣，未成（佑仁案：「成」字簡文無，當訛）舍」。〔註820〕。

～286。

〔註816〕參容庚：《金文編》，（北京：中華書局，2004年8月），頁783。

〔註817〕馬承源主編：《上海博物館藏戰國楚竹書（四）》，（上海：上海古籍出版社，2004年12月），頁271。

〔註818〕馬承源主編：《上海博物館藏戰國楚竹書（四）》，（上海：上海古籍出版社，2004年12月），頁271。

〔註819〕陳劍：〈上博竹書《曹沫之陳》新編釋文（稿）〉，簡帛研究網，（2005年2月12日），網址：http://www.jianbo.org/admin3/2005/chenjian001.htm。

〔註820〕陳斯鵬：〈上海博物館藏楚簡《曹沫之陣》釋文校理稿〉：簡帛研究網，（2005年2

此處斷句陳劍之說，甚是。

〔109〕、43·行隍（阪）【1】淒（濟）【2】墇（障）【3】

【1】隍

　　原考釋者李零隸定作「行隍淒墇」以爲「『隍』即『阪』，是山之坡；『墇』即『障』，是水之岸。」〔註821〕。

　　《曹沫之陣》的書手在「阜」旁書寫形態上保留了甲金文早期的樣貌，此處的「隍」字是個很好的例證，關於此書手「阜」旁的書寫風格，可參「啻（敵）邦（國）交埅（地）」一條之討論，此不贅述。

　　「隍」字李零以爲即「山之坡」甚確，《說文》：「坡，阪也。从土皮聲。」〔註822〕，又《說文》：「阪，坡者曰阪。一曰澤障。一曰山脅也。从自反聲。府遠切。」〔註823〕，換言之「阪」即斜坡。《毛詩·鄭風·東門之墠》：「茹藘在阪。」，《詩經·秦風·車鄰》「阪有漆」，二處「阪」字《集傳》咸云：「陂者曰阪。」，《爾雅·釋地》：「可食者曰原，陂者曰阪，下者曰隰。」，《龍龕手鑑·阜部》：「阪，大坡不平也。」。

【2】淒

　　「淒」字原考釋者李零讀作「濟」〔註824〕。

　　「淒」古音清紐、脂部，「濟」精紐、脂部，聲近韻同可以通假，《郭店·成之聞之》簡25、簡26兩處「濟德」之「濟」即咸假「淒」字爲之。「濟」訓作渡，此義常見，如《孫子兵法·九地》簡118「當其同舟而濟也」，馬王堆漢簡簡78「宋人□□陳（陣）矣，荊人未濟」，〈容成式〉簡31「濟於廣川」，都當渡水之義，可參。

【3】墇

　　本簡字从土、障聲，即「障」之異體字，添「土」旁更增阻隔之義。「障」即阻隔，《說文·自部》：「障，隔也。」〔註825〕，唐玄應《一切經音義》卷六引《通俗

月 20 日），網址：http://www.jianbo.org/admin3/list.asp?id=1328。

〔註821〕馬承源主編：《上海博物館藏戰國楚竹書（四）》，（上海：上海古籍出版社，2004年 12 月），頁 271。

〔註822〕許慎撰、段玉裁注：《說文解字·注》，經韵樓藏版，（臺北市：洪葉出版社，1999年 11 月），頁 689。

〔註823〕許慎撰、段玉裁注：《說文解字·注》，經韵樓藏版，（臺北市：洪葉出版社，1999年 11 月），頁 738。

〔註824〕馬承源主編：《上海博物館藏戰國楚竹書（四）》，（上海：上海古籍出版社，2004年 12 月），頁 271。

〔註825〕許慎撰、段玉裁注：《說文解字·注》，經韵樓藏版，（臺北市：洪葉出版社，1999年 11 月），頁 741。

文》：「障，蕃隔曰障也。」，凡是阻隔、屏障都可謂「障」，但在本簡中乃指岸邊的堤防。《呂氏春秋‧貴直》：「欲聞枉而惡直言，是障其源而欲其水也。」，高誘注：「障，塞也。」，又《國語‧周語中》：「澤不陂障，川無舟梁。」，《呂氏春秋‧愛類》：「禹於是疏河決江，為彭蠡之障。」，高誘注：「障，隄防也。」，漢馬融《長笛賦》：「於是山水猥至，淳㳻障潰。」，可參。而這些河海之「障」在軍事作戰中，都是敵人可能部署士兵之地，因此格外需要小心，「行阪濟障」與《吳子‧料敵》「行阪涉險」近似，動詞「濟」、「涉」都是渡水，「障」也是險阻之義。

〔110〕、43‧此雙（散）果之幾（機）

原簡字作「雙」，从林从又从戈，字形分析參第 107 條。

簡文中「三軍未成」、「陣未舍」、「行阪濟障」三項應是各自獨立的。

與《吳子》：「八曰陣而未定，舍而未畢，行阪涉險，半隱半出」一樣，其實應當都是獨立的。

〔111〕、44‧亓（其）邎（就）之不專（傅）

原考釋者李零隸定作「邎之不專」以為「讀『亓就之不附』。『就之』，與『去之』相反，是前往趨敵。『不附』，似指猶猶豫豫，欲戰不戰。」〔註826〕。

陳劍讀「專」為「傅」，以為「『專』原讀為『附』。按『專』『附』古音不同部，『專』當讀為『傅』，訓為傅著之『著』。『附』也常訓為『著』，漢代魚部與侯部合流，漢人及後代人注書遂多謂意為『著』之『傅』『讀曰附』。」〔註827〕。

陳斯鵬讀「專」為「迫」〔註828〕。

邴尚白以為「陳劍之說是，『專』、『附』上古音分屬魚部及侯部。古兵書中『傅』字的這種用法頗常見，如銀雀山漢簡《孫臏兵法‧擒龐涓》：『蟻傅』（簡九）、〈官一〉：『奔救以皮傅』（簡一五七）、〈十問〉：『或傅而詳北』（簡二二零）『五遂俱傅』（簡二二一）、〈善者〉：『進則傅於前』（簡二七八）等，諸例中的『傅』，均指軍隊迫近、接觸。另外，《墨子》有〈備蛾傅〉，而《左傳》、《國語》等書中，也有許多用例，不煩枚舉。」〔註829〕。

---

〔註826〕馬承源主編：《上海博物館藏戰國楚竹書（四）》，（上海：上海古籍出版社，2004年 12 月），頁 272。

〔註827〕陳劍：〈上博竹書《曹沫之陳》新編釋文（稿）〉，簡帛研究網，（2005 年 2 月 12 日），網址：http://www.jianbo.org/admin3/2005/chenjian001.htm。

〔註828〕陳斯鵬：〈上海博物館藏楚簡《曹沫之陣》釋文校理稿〉：簡帛研究網，（2005 年 2月 20 日），網址：http://www.jianbo.org/admin3/list.asp?id=1328。

〔註829〕見邴尚白：〈上博楚竹書《曹沫之陣》注釋〉，收入臺灣大學《中國文學研究》第二

　　原簡字作🔣，字从寸、甫聲，乃《說文》之「尃」字，「尃」、「叀」二字在許多戰國璽印、陶字中，都還難以鑑判。《甲骨文編》區分「尃」、「叀」的辦法是判斷其有無「o」形部件，因此將🔣（寧滬‧1.602）、🔣（前‧5.12.1）、🔣（乙‧6730）〔註830〕皆置於字頭「叀」下，而將🔣（後‧2.15.18）、🔣（燕‧43）、🔣（乙‧6273）置於字頭「尃」字下〔註831〕，這恐怕是受《說文》「叀」作「🔣」的影響，其實上述諸字例，都應是「叀」字，它們都是象「紡甎」之形〔註832〕。而「尃」字甲骨應作「🔣」（合‧8275），字从田从屮从廾〔註833〕，何琳儀以爲「象園圃有蔬菜之形。圃之初文。」〔註834〕，沈建華、曹錦炎亦釋作「圃」〔註835〕，季旭昇師亦接受此爲「圃之初文」〔註836〕，而「尃」字金文就開始產生向「父」字聲化的現象〔註837〕，如🔣（西周晚‧克鐘）、🔣（西周晚期‧叔尃父盨）、🔣（春秋晚‧蔡侯龘），〈克鐘〉字形容庚摹作🔣〔註838〕，「屮」旁的豎筆已稍向左傾，到了〈叔尃父盨〉、〈蔡侯龘〉「田」字上的偏旁已經是很標準的「父」字，不過金文中亦有保留甲骨字形者，如🔣（西周鐘‧師觀鼎）、🔣（西周晚‧儦匜），仍然保留「屮」旁於「田」上。戰國文字保留甲骨字形者見🔣（晉系‧古幣），但字例很少，絕大多數都已產生聲化現象，如戰國楚系文字作🔣（郭‧老甲‧12）、🔣（郭‧老甲‧12）、🔣（郭‧語一‧82），爲了與「叀」字🔣（晉系‧璽彙‧1837）作區隔，因此「尃」字「田」旁右下多加一斜筆，作🔣（包‧176）、🔣（楚系‧璽彙‧228），簡文△即此種型態。另外〈三體石經‧君奭〉字作🔣，田旁已訛作「用」旁，與小篆作🔣相同。

十一期，2006年，頁25～26。

〔註830〕字形見中國社會科學院考古研究所編：《甲骨文編》，（北京：中華書局，2004年），頁135～136。

〔註831〕字形見中國社會科學院考古研究所編：《甲骨文編》，（北京：中華書局，2004年），頁136～137。

〔註832〕見季旭昇師：《說文新證（上冊）》，（臺北市：藝文印書館，2002年10月），頁223。

〔註833〕此字朱歧祥以爲「从雙手持苗以獻上，隸作尃」，字形从田，但是該字與叀有別，其說可商。朱歧祥：《殷墟甲骨文字通釋稿》，（臺北市：文史哲，1989年），頁286。

〔註834〕何琳儀：《戰國古文字典》，（北京：中華書局，1998年），頁597。

〔註835〕宋建華、曹錦炎：《新編甲骨文字形總表》，（香港：香港中文大學，2001年），頁110。

〔註836〕見季旭昇師：《說文新證（上冊）》，（臺北市：藝文印書館，2002年10月），頁223。

〔註837〕至於甲骨有無已聲化者，由於「圃」字出現較少，因此難以驟下斷語。

〔註838〕見容庚：《金文編》，（北京：中華書局，2004年8月），頁209。

　　陳劍讀以為「『專』原讀為『附』。按『專』『附』古音不同部，『專』當讀為『傅』，訓為傅著之『著』。『附』也常訓為『著』，漢代魚部與侯部合流，漢人及後代人注書遂多謂意為『著』之『傅』『讀曰附』」，李零隸定作「專」讀作「附」，不如陳劍隸定作「專」讀作「傅」訓為「著」來得適順，李零「傅讀作附」的說法，正如陳劍所言，缺點在於「傅」是魚部，「附」則是侯部，二者的通假情形多在漢代後才產生，也就是說，在處理楚簡文字時，其實沒有必要再通假成「附」。而且從邴尚白的舉證上，可知古籍或出土文獻中可找到不少有關「傅」的戰爭動詞，而「傅」從「專」聲〔註839〕，則讀作「傅」是較正確的，也是較尊重書手寫法的訓讀方式。

　　就訓釋而言，「傅」解作「附」或「著」都可通，古籍中「傅」常解釋成「附」〔註840〕，也常解釋成「著」〔註841〕，都是附著、接觸之義。甚至「附、著」二字常互訓如《玉篇・阜部》：「附，著也。」，《詩・小雅・角弓》：「如塗塗附。」毛傳：「附，著也。」，又《桂苑珠叢》：「著，附也。」，《國語・晉語四》：「底著滯淫，誰能興之？」韋昭注「著，附也」。

　　又《郭店・忠信之道》【簡8】「故戀親專也」，原考釋者讀為「傅」〔註842〕，李零以為「這裡讀『附』。『親附』是古代的常見字。」〔註843〕。

　　邴尚白以為古兵書中有許多「傅」的用法，《孫臏兵法・擒龐涓》【簡9】：「直將蟻傅平陵」，《墨子・備城門》亦作「蟻傅」為十二種「今之世常所以攻者」，岑仲勉以為「傅即附字，猶今之密集隊衝城」〔註844〕，今本《孫子兵法》則作「蟻附」，文句為「將不勝其忿，而蟻附之，殺士三分之一，而城不拔者，此攻之災也」〔註845〕，曹操注云：「將忿不待攻器成，而使士卒緣城而上，如蟻之緣牆，必殺傷士卒也。」，杜牧云：「此言為敵所辱，不勝憤怒也。」，杜佑云：「言攻趣不拔，還為己害。」，何氏曰：「使士卒如蟻緣而登，死者過半，城且不下，斯害也已。」〔註846〕，而《墨

---

〔註839〕許慎撰、段玉裁注：《說文解字注》，經韵樓藏版，（臺北市：洪葉出版社，1999年11月），頁376。

〔註840〕見宗福邦等主編：《故訓匯纂》，（北京：商務印書館，2004年3月），頁149，「傅，讀曰附」條下。

〔註841〕見宗福邦等主編：《故訓匯纂》，（北京：商務印書館，2004年3月），頁149，「傅，著也」條下。

〔註842〕參荊門市博物館編：《郭店楚墓竹簡》，（北京市：文物出版社，1998年），頁163。

〔註843〕李零：《郭店楚簡校讀記》，（北京：北京書局書版社，2002年3月），頁101。

〔註844〕參岑仲勉：《墨子城守各篇簡注》，（北京：中華書局，1959年9月），頁4。

〔註845〕分別見李零：《吳孫子發微》，（北京：中華書局，1997年6月），頁48。

〔註846〕以上曹操、杜牧、杜佑、何氏之說，俱參自楊丙安《十一家注孫子校理》一書。楊

子・備蛾傳》也載墨子之言云:「蛾傳者,將之忿者也。」﹝註847﹞,「蟻傳」是一種進攻方式,不破門而入,乃直接攀緣城牆而入城,在攀爬的過程中﹝註848﹞,已無防禦武器,在牆上防守的士兵,自有許多攻擊方式,當然使攻者「死者過半」。但是簡文「就之不傅」,此「傅」字恐非軍事的專有名詞,因爲「去之不速」之「速」也個單純的動詞而已。

〔112〕、44・塈(啓)節

原考釋者李零以爲「讀『啓節』,疑指『發機』。《孫子・勢》:『是故善戰者,其勢險,其節短。勢如彍弩,節如發機。』又《孫子・九地》:『帥與之深入諸侯之地,而發其機。』」﹝註849﹞。

佑仁案:「塈」字原簡作「塈」,字形从「土」、「旣」聲,原考釋者讀作「啓」,可信。關於「啓」字張清俊先生有個看法,他認爲楚文字中「殷」、「啓」是有分的,「戰國時期的『啓』字,一般是寫作从『戶』从『攴』(或从『又』)从『口』;『殷』字上部與『啓』相同,下則从『邑』,二者是有區別的。」﹝註850﹞,他以爲「殷」字从邑,「啓」字从「土」,是判斷二字的標準。

《孫子・勢篇》:「鷙鳥之疾,至於毀折者,節也。是故善戰者,其勢險,其節短。勢如彍弩,節如發機。」,曹操注云:「發起擊敵。」,李荃注云:「柔勢可以轉剛,況於兵者乎?彈射之所以中飛鳥者,善於疾而有節制。」,杜牧注云:「勢者,自高注下,得險疾之勢,故能漂石也。節者,節量遠近則搏之,故能毀折物也。」,杜佑注云:「發起討敵,如鷹鸇之攫撮也,必能挫折禽獸者,皆由伺候之明,邀得屈折之節也。王子曰:『鷹隼一擊,百鳥無以爭其勢;猛虎一奮,萬獸無以爭其威。』」,梅堯臣曰:「水雖柔,勢迅則漂石,鷙雖微,節勁則折物。」,王晳注云:「鷙鳥之疾,亦勢也,由勢然後有搏擊之節。下云險,故先取漂石以喻也。何氏曰:水能動石,高下之勢也;鷙能搏物,能節其遠近也。張預曰:「鷹鸇之擒鳥雀,必節量遠近,伺候審而後擊,故能折物。尉繚子曰:『便吾器用,養吾武勇,發之如鳥擊。』」李靖

丙安:《十一家注孫子校理》,(北京:中華書局,2004年2月),頁49~50。

﹝註847﹞ 參岑仲勉:《墨子城守各篇簡注》,(北京:中華書局,1959年9月),頁754。

﹝註848﹞ 「蛾」即「蟻」。《爾雅・釋蟲》「蚍蜉,大螘」,唐陸德明《釋文》:「螘,本亦作蛾。俗作蟻字。」,《說文・虫部》:「蛾,羅也。」段玉裁注:「蛾是正字,蟻是或體。」,許慎撰、段玉裁注:《說文解字・注》,經韵樓藏版,(臺北市:洪葉出版社,1999年11月),頁672。

﹝註849﹞ 馬承源主編:《上海博物館藏戰國楚竹書(四)》,(上海:上海古籍出版社,2004年12月),頁272。

﹝註850﹞ 參張新俊:《上博楚簡文字研究》,吉林大學博士論文,2005年6月,頁13。

曰：「『鷙鳥將擊，卑飛斂翼。』皆言待之而後發也。」〔註851〕李零《孫子·勢篇》翻譯此段為：「猛禽的搏擊，竟使小動物當即斃命，是掌握節奏。所以善戰的人，他所造成的態勢是險峻的，他所掌握的節奏是短促的。製造態勢有如張滿強弩，掌握節奏有如扳動版機」〔註852〕。上述諸家對於「節」字不一，有「節量」、「節制」、「節奏」，筆者以為李零所主張的「節奏」比較好，攻擊的節奏不速，才能一步步克敵制勝。

〔113〕、44·戰（戰）之幾（機）

淺野裕一以為「莊公接著問『戰之忌』，亦即關於戰鬥的禁忌。曹沫回答說，軍隊往戰場的移動不迅速，往戰場的聚集不緊密，組織戰鬥隊形不迅速，這些是關於戰鬥的禁忌。此回答的前提是，以縱向隊形行軍，而到達戰場之後，展開成左右，進而換成戰鬥隊形的車列之作戰行動。另外，臨戰的方針沒確定而佈置不徹底的佈陣，或躊躇著打仗的疑陳、疑戰，也被認為是關於戰鬥的禁忌。」〔註853〕。

簡文並無討論到「以縱向隊形行軍，而到達戰場之後，展開成左右，進而換成戰鬥隊形的車列之作戰行動。」的意見，淺野裕一的說法可商。

〔114〕、44·是古（故）矣（疑）陳（陣）敗，矣（疑）戰夂（死）

原考釋者李零以為「以上是講投入作戰後的忌諱。其忌在於猶猶豫豫，缺乏果斷，說走又不馬上走，說戰又不馬上戰，發動攻擊遲疑不決，所以說『疑陳敗，疑戰死』。《六韜·龍韜·軍勢》：『用兵之害，猶豫最大。三軍之害，莫過狐疑。』可參看。」〔註854〕。

季旭昇師以為「此指敵方『其去之不速，其就之不傅，其啟節不疾』，猶宋襄公於泓之戰猶豫不決，予人可趁之機，因而致敗而死。」〔註855〕。

「矣」字匣紐、之部，「疑」字疑紐、脂部，音韻皆近可通，「矣」讀作「疑」出土文獻已有不少例證，《郭店·唐虞》【簡18】：「卒王天下而不矣。」，《郭店·尊德》【簡19】：「可學也而不可矣也。」，其「矣」字都讀為「疑」。

---

〔註851〕上述諸家說法，俱見楊丙安：《十一家注孫子校理》。楊丙安：《十一家注孫子校理》，（北京：中華書局，2004年2月），頁90。

〔註852〕見余大維：《孫臏兵法校理》，（臺北市：明文書局，1985年4月），頁67。

〔註853〕淺野裕一：〈上博楚簡〈曹沫之陳〉的兵學思想〉，簡帛研究網，（2005年9月25日），網址：http://www.jianbo.org/admin3/2005/qianyeyuyi001.htm。

〔註854〕馬承源主編：《上海博物館藏戰國楚竹書（四）》，（上海：上海古籍出版社，2004年12月），頁272。

〔註855〕參季旭昇師主編、高佑仁執筆、朱賜麟協撰：《上海博物館藏戰國楚竹書（四）讀本·曹沫之陳釋譯》，（臺北：萬卷樓圖書公司，2007年3月），頁196。

〔115〕、45‧亓（其）賞識（鮮）叡（且）不中

原考釋者李零以爲「從戠（楚『歲』字）聲，疑讀爲『淺』（『淺』是清母元部字，『歲』是心母月部字，讀音相近）。」〔註856〕，陳劍從之〔註857〕。

原簡字作🔲，《說文》：「識，聲也，从言、歲聲，詩曰有識其聲。」〔註858〕，「歲」字上古音心紐、月部，「淺」上古音清紐、元部，音韻相近，可以通假。

「淺」有淺薄之義。另外，「識」也有可能讀作「鮮」，「鮮」上古音心紐、元部，「鮮」訓作「少」、「寡」之義很多。《爾雅‧釋詁》：「鮮，寡也。」，郭璞注：「謂少。」《易‧繫辭上》：「百姓日用而不知，故君子之道鮮矣。」，《詩‧大雅‧蕩》：「靡不有初，鮮克有終。」鄭玄箋：「鮮，寡。」，《楚辭‧離騷》：「固亂流其鮮終兮，浞又貪夫厥家。」

「鮮」、「淺」意義相近，今暫讀作「鮮」。

〔116〕、45‧亓（其）誣（誅）【1】砫（重）【2】叡（且）不設（察）【3】

【1】誣

「誣」字原考釋者李零已讀作「誅」〔註859〕。

「誅」字包山簡即有，如【簡15】「君王誣僕於子左尹」讀「屬」，劉信芳讀「屬」以爲「屬者，託付也。……就『誣』之字形而言，應是『誅』之異構」〔註860〕，劉釗也以爲「『誣』應讀作『訴』……訴，告也。」〔註861〕，包山簡文讀「屬」較佳，而△字確實可能是「誅」的異構字。

「誅」字甲骨、金文中作「栽」，劉釗以爲：「甲骨文黽字作『🔲』、『🔲』、『🔲』、『🔲』諸形，或加束聲作『🔲』、『🔲』，甲骨文栽字作『🔲』，又作『🔲』。金文黽字作『🔲』，又改『束』聲爲『朱』聲，即將『束』聲改成與其形體接近並可代表『黽』字讀音的『朱』字。」〔註862〕，認爲「朱」、「束」是改換聲符的現象，季旭昇師認

〔註856〕馬承源主編：《上海博物館藏戰國楚竹書（四）》，（上海：上海古籍出版社，2004年12月），頁273。
〔註857〕陳劍：〈上博竹書《曹沬之陣》新編釋文（稿）〉，簡帛研究網，（2005年2月12日），網址：http://www.jianbo.org/admin3/2005/chenjian001.htm。
〔註858〕許慎撰、段玉裁注：《說文解字‧注》，經韵樓藏版，（臺北市：洪葉出版社，1999年11月），頁99。
〔註859〕馬承源主編：《上海博物館藏戰國楚竹書（四）》，（上海：上海古籍出版社，2004年12月），頁273。
〔註860〕劉信芳：《包山楚簡解詁》，（臺北市：藝文印書館，2003年元月），頁25～26。
〔註861〕劉釗：〈包山楚簡文字考釋〉，收入《出土簡帛文字叢考》，（臺北市：臺灣古籍出版有限公司，2004年），頁5。
〔註862〕劉釗：《古文字構形研究》，（吉林大學博士論文，1991年），頁137。

同劉釗對「栽」字的釋讀，但認爲「朱」很有可能就從「束」字分化出來，認爲「把『束』形中間填實，又再變爲短橫畫，就分化出『朱』字了。」〔註863〕，「束」字確實與「朱」字有很深的關係，楚簡「速」字𧻒（天·卜）、𧼪（天·卜），字即從「朱」聲。

而甲骨文「誅」字从戈，一直到〈中山王𰻞鼎〉作𰠊亦从「戈」，可見「誅」早期的意思是劃除、誅伐，其後改「朱」聲爲「豆」聲，「誅」字端紐、侯部，「豆」字定紐、侯部，二字上古音十分相近，可見以從「誅伐」之義引申爲「言語上」的懲罰、懲治也可以用「誅」。

【2】硅

原考釋者李零隸定作「砍」，讀作「厚」〔註864〕。

李守奎以爲字應「从『石』，『主』聲，當隸定作『𡐦』，是楚之『重』字。楚之『主』作『𡈼』，其上部橫畫與『�』的第二橫畫共享，『砍』之隸定顯然不確」〔註865〕。

**佑仁案：**「重」字原簡字作𰁨，李零釋作「砍」，「又」旁確實有作此形者，如𰁨（簡38/「兵」字所從），但縱使簡文字从石从又，李零也未說明讀成「厚」的理由，且一般戰國楚系「厚」字作𰁨（郭·老甲·4）、𰁨（郭·語一·82），可見李零的釋讀確實有問題。

李守奎首先指出△字應从石、主聲，讀作「重」，見解相當正確，原簡字實應从石从主，不過李守奎以爲「其上部橫畫與『�'』的第二橫畫共享」，其實應爲「第三橫筆」才是，楚系「石」字作𰁨（包·80）、𰁨（郭·性·5），「口」旁上加三橫筆，亦有作兩橫筆者如𰁨（郭·緇·35），而「硅」字「石」、「主」二旁不共筆者作𰁨（郭·成·18）、𰁨（郭·緇·44）等形，則「石」旁第三橫筆與「主」旁的橫筆呈「共筆」型態時，則作如簡文△字之形。

早期學者皆將「从石从主」與「从石从毛」、「从石从戈」等字，皆置於「厚」字下，如《郭店楚簡文字編》〔註866〕、《郭店楚簡文字研究》〔註867〕，可是近來學

---

〔註863〕此語出自《說文新證（上冊）》，但詳細的論證過程可參季師〈說朱〉一文。見季旭昇師：《說文新證（上冊）》，（臺北市：藝文印書館，2002年10月），頁485。〈說朱〉，收入《甲骨文發現一百周年學術研討會》，文史哲出版社，1998年7月，頁141。

〔註864〕馬承源主編：《上海博物館藏戰國楚竹書（四）》，（上海：上海古籍出版社，2004年12月），頁273。

〔註865〕李守奎：〈《曹沫之陣》之隸定與古文字隸定方法初探〉，收入中國文字學會主編：《漢字研究》第一輯，（北京：學苑出版社，2005年6月），頁494。

〔註866〕將从从石、主聲者置於「厚」字下，參張守中：《郭店楚簡文字編》，（北京：文物出版社，2000年5月），頁91。

者研究發現，「从石、主聲」的字形恐怕需要被獨立爲「重」字。

　　望山簡字作〓（望 2‧2），原考釋者朱德熙、裘錫圭、李家浩隸定作「厚」，以爲「此字簡文屢見，也寫作〓。信陽二一五號簡也有此字，作〓。《說文》『厚』字篆文作〓，古文作〓，與此形近。『厚』字所從的〓，下部與〓（〓）字下部相似。」〔註868〕，程燕釋作「厚」〔註869〕，田何也釋作「厚」，並據望山此字反證信陽簡〓字亦是「厚」字〔註870〕。張光裕隸定作「〓」讀作「重」，以爲原考釋者的說法錯誤，△字與楚文字「〓」的來源不同，不能混爲一談，以爲：「郭店楚簡中原釋作『厚』字者實有兩種構形：一从『〓（毛）』、一从『〓（主）』。簡文中从毛作『〓』者確是『厚』字，从主之『〓』字，學者間已與『〓』作出分別，並釋讀爲『重』。小篆作〓，上部〓乃〓之訛變，〓則是『毛』形省變設作〓之訛變。」〔註871〕，張光裕將△字改釋作「重」，十分正確。望山原考釋者所舉信陽簡作〓，不从主，釋作「厚」可從，但望山簡字作〓（望 2‧2）與信陽簡之形並不同，反而與△相同，〓、△其實都是从石、主聲，讀作「重」。望山原考釋者以爲「厚」字所從的〓，與郭（墉）字下部相似，但從古文字的演變脈絡來看，「厚」字字義與郭（墉）無關，字形演變成「〓」（即「郭」之下半偏旁），在西周中的王臣簋就有近似的形體（字形作「〓」（王臣簋，《金文編》0885 號），此器字形蒙蘇建洲學長告知）。

　　「厚」字甲骨文作〓（佚‧211），金文作〓（西周中‧牆盤）、〓（春秋‧魯伯盤），《說文》「厚」字作「〓」以爲从「反亯」，不確。唐蘭利用偏旁分析法，以爲金文〓（守冊父己爵）、〓（父丁鼎）即「厚」字所從之「〓」字，正確可從〔註872〕。季旭昇師繼續考證，以爲「〓字加鹵即成『覃』，而从『覃』的『簟』字又从『鹵』作『簫』，因此『鹵』與『覃』很可能本來是同一個字」〔註873〕，「厚」字的戰國文字「厂」旁與罈子的「口」形訛變成「石」，而「石」字下的部件燕系訛成「土」形作〓（璽彙‧724），與《說文》古文作〓相近。晉系訛成「子」作〓。楚系的變化非常複雜，有从「毛」〔註874〕或从「句」聲〔註875〕或从「戈」聲〔註876〕，秦系文

---

〔註867〕張靜：《郭店楚簡文字研究》，安徽大學博士論文，2002 年 5 月，頁 73。

〔註868〕湖北省文物考古研究所、北京大學中文系編：《望山楚簡》，（北京市：中華書局，1995 年），頁 116，注〔十二〕下。

〔註869〕程燕：《望山楚簡文字研究》，安徽大學碩士論文，2002 年，頁 12。

〔註870〕田何：《信陽長台關楚簡遣冊集釋》，吉林大學碩士論文，2004 年 5 月，頁 87。

〔註871〕見張光裕、袁國華師：《望山楚簡校錄》，（臺北市：藝文印書館，2004 年 12 月），頁 6。

〔註872〕唐蘭：《殷虛文字記》，（北京市：中華書局，1981 年），頁 31～33。

〔註873〕見季旭昇師：《說文新證（上冊）》，（臺北市：藝文印書館，2002 年 10 月），頁 455。

〔註874〕張光裕、袁國華師：《望山楚簡校錄》，（臺北市：藝文印書館，2004 年 12 月），頁

字與「郭」、「享」、「敦」同樣都類化成「子」，但「厚」字並不从主，而之所以楚系之「𡎮」字之所以可讀爲「重」，在於其以「主」爲聲旁，「重」上古音定紐、東部，「主」端紐、侯部，二字同爲舌頭音，韻部相當接近〔註877〕。

《郭店・老子甲》【簡5】字作厚，原考釋者隸定作「厚」〔註878〕，文例爲「罪莫△乎貪慾」，帛書甲本作「罪莫大於可欲」，丁原植以爲「厚有『重』、『大』之義」〔註879〕，劉信芳已改隸作「𡪅」讀作「重」〔註880〕，李零讀「重」，以爲「『重』，原書釋『厚』，舊作從之。現在看來，此字實從石從主，與『厚』字寫法不同。簡文『厚』與這種寫法的『重』字極易混淆，除去此例，下《緇衣》簡44、《成之聞之》簡18、39、《尊德義》簡29過去釋爲『厚』的字，其實也都是『重』字。」〔註881〕，其實李零很早就釋出從石從主聲者應是「重」字，只是△字作厚，字將「主」聲置於「石」旁右側，與一般楚系「重」字稍異，其實此書手的偏旁移位現象，在《曹沫之陣》【簡54】的「厚」字上也曾經出現，字作厚，與厚（郭・老甲・4）、厚（郭・語一・82），可見【簡54】之字已將「石」旁下的部件移至左邊，並且增添「口」旁。

其次，《曹沫之陣》【簡54】亦有一字作賹，字從貝從主，文例爲「束而厚之，△賞薄刑」，與「薄」字對文，原考釋者釋作「重」可從，但是字形明顯與△不同，此處「貝」當是義符，同樣的情形也出現在寶、賞等字上。

「砫」字《說文》未收，《玉篇・石部》云「砫，石室。」，是「宔」的異體字，《說文》云：「宗廟宔祏也，从宀、主聲」〔註882〕。這個作爲「宔」的異體字之「砫」與△字咸從「主」聲，音韻可通，只是該「砫」字必須晚到《玉篇》中才見，與楚

6。蘇建洲：《上海博物館藏戰國楚竹書（二）校釋》，（臺北市：臺灣師範大學博士論文，2004年），頁72。

〔註875〕張光裕、袁國華師：《望山楚簡校錄》，（臺北市：藝文印書館，2004年12月），頁6。

〔註876〕蘇建洲：《上海博物館藏戰國楚竹書（二）校釋》，（臺北市：臺灣師範大學博士論文，2004年），頁72。

〔註877〕陳新雄老師將「侯、屋、東」歸爲同一類，參陳新雄師：《古音研究》，（五南出版社2000年11月），頁428～430。

〔註878〕荊門市博物館編：《郭店楚墓竹簡》，（北京市：文物出版社，1998年），頁111。

〔註879〕丁原植：《郭店竹簡老子釋析與研究》，（臺北市：萬卷樓，1998年9月），頁33。

〔註880〕劉信芳撰：《荊門郭店竹簡老子解詁》，（臺北市：藝文印書館，1999年），頁6。另外，劉信芳：〈荊門郭店楚簡老子文字考釋〉亦有同樣的意見，收入吉林大學古文字研究室編：《中國古文字研究》第一輯，（長春市：吉林大學出版社，1999年），頁104。

〔註881〕李零：《郭店楚簡校讀記》，（北京：北京大學，2002年3月），頁12。

〔註882〕許慎撰、段玉裁注：《說文解字・注》，經韻樓藏版，（臺北市：洪葉出版社，1999年11月），頁346。

文字的△是同一字，亦僅是異代同形，仍需進一步的考察。

【2】設

原考釋者李零以爲「見於郭店楚簡《窮達以時》、《五行》等篇，是作『察』字」〔註883〕。

字作⬚，張光裕以爲隸定作「謷」分析作「从言从業」，主張「惟原字既从言作，今統一隸定爲『謷』。『謷』字亦屢見於包山楚簡。說文云『謷，言微親謷也。從言，察省聲。』」〔註884〕。

鄭剛以爲《郭店・五行》【簡13】之字爲「戚」，再進一步推論《郭店・五行》【簡08】乃「戚」之訛變，故咸爲「戚」字。讀《窮達以時》之文例爲「識天人之份」〔註885〕，恐非。

此處讀作「誅重且不察」合理，「誅重」一詞亦見古籍如《韓非子・姦劫弒臣》：「於是犯之者其誅重而必，告之者其賞厚而信，故姦莫不得而被刑者眾，民疾怨而眾過日聞。」，或作「重誅」，如《管子・參患》：「猛毅者何也？輕誅殺人之謂猛毅。懦弱者何也？重誅殺人之謂懦弱。此皆有失彼此。凡輕誅者殺不辜，而重誅者失有皋，故上殺不辜，則道正者不安」，《管子・法法》：「懦弱之君者重誅，重誅之過，行邪者不革。」，《韓非子・姦劫弒臣》：「不畏重誅，不利重賞。」，而無論「誅重」或「重誅」其實都是指處之以重罪。

〔117〕、45・收

原考釋者李零以爲「指收屍」〔註886〕。

《史記卷・扁鵲倉公列傳》記載虢太子死，扁鵲問中庶子喜方者云：「扁鵲曰：『其死何如時？』曰：『雞鳴至今。』曰：『收乎？』曰：『未也，其死未能半日也。』」，《集解》云「收謂棺斂」〔註887〕。另外，《上博（三）・周易》有「師或輿尸」（簡6）、「長子帥師，弟子輿尸，貞凶」（簡8）之文句，「輿尸」即以車輛運載屍體，可以參看。

〔註883〕馬承源主編：《上海博物館藏戰國楚竹書（四）》，（上海：上海古籍出版社，2004年12月），頁273。

〔註884〕見張光裕：《郭店楚簡研究・緒言》。張光裕主編、袁國華師合著：《郭店楚簡研究》，（臺北市：藝文印書館，1999年，元月），頁3。

〔註885〕鄭剛：〈釋戚〉，收入鄭剛：《楚簡孔子論說辯證》，（汕頭：汕頭大學出版社，2004年5月），頁42～49。

〔註886〕馬承源主編：《上海博物館藏戰國楚竹書（四）》，（上海：上海古籍出版社，2004年12月），頁273。

〔註887〕見瀧川龜太郎：《史記會注考證》，（臺北市：萬卷樓，1996年10初版二刷），頁1144。

〔118〕、45・剔（傷）者【1】弗餇（問）【2】

**【1】剔**

　　「剔」字从刀、易聲，包山簡中多見如簡 22、30、80、83、24、142 等處，張守中以爲「同傷」〔註888〕，《郭店・太一生水》【簡12】：「故功成而身不傷。」，「傷」字即从刀、易聲，或「刀」旁亦可改成「戈」旁，「刀」、「戈」義類相通〔註889〕，如《郭店・唐虞之道》【簡11】「養生而弗傷」，其「傷」字即从「戈」旁。

　　「易」字古文字作[易]（商・甲・456），日中或加一點如[易]（商・甲・3343）、[易]（周中・易鼎）、[易]（同篹），這種字形與楚簡中「夏」字作[夏]（上博・緇衣・18），是異代同形的有趣現象，古文字中「易」字在豎筆左旁常會添加二至三斜筆的裝飾性符號，如[易]（周早・宅篹）、[易]（周晚・膞弔鼎），而往左邊的斜筆與豎筆相連而漸成「勿」形，這在金文中就已經出現，如[易]（蜜壺）、[易]（嘉子易伯匝）、[易]（春秋晚・沈兒鐘），橫筆下半的字形已與「勿」字作[勿]（南疆鉦）、[勿]（師酉簋）相同。簡文字作[剔]，與「勿」字作[利]（天・卜/利）、[利]（信1・015/利）、[利]（包2・141/利）相同。

**【2】餇**

　　原考釋者李零以爲「即『問』，指慰問。」〔註890〕。

　　「問」有慰問、探望之義。《周禮・秋官・大行人》：「（上公之禮）出入五積，三問三勞。」又「（諸侯之禮）出入四積，再問再勞……（諸子之禮）出入三積，壹問壹勞。」，鄭玄注：「問，問不恙也。」，《曹沫之陣》簡亦有「善於死者爲生者」（簡47），可參。

〔119〕、45・又（有）[忌]＝（怠心）

　　原考釋者李零以爲「合文，讀『殆心』，指危懼之心。」〔註891〕。

　　陳劍讀爲「怠」〔註892〕，陳斯鵬從之〔註893〕。

〔註888〕張守中：《包山楚簡文字編》，（文物出版社，1996 年 8 月），頁 64。

〔註889〕參高明：《中國古文字學通論》，（北京市：文物出版社，1987 年 4 月），頁 160。

〔註890〕馬承源主編：《上海博物館藏戰國楚竹書（四）》，（上海：上海古籍出版社，2004 年 12 月），頁 273。

〔註891〕馬承源主編：《上海博物館藏戰國楚竹書（四）》，（上海：上海古籍出版社，2004 年 12 月），頁 273。

〔註892〕陳劍：〈上博竹書《曹沫之陳》新編釋文（稿）〉，簡帛研究網，（2005 年 2 月 12 日），網址：http://www.jianbo.org/admin3/2005/chenjian001.htm。

〔註893〕陳斯鵬：〈上海博物館藏楚簡《曹沫之陣》釋文校理稿〉：簡帛研究網，（2005 年 2 月 20 日），網址：http://www.jianbo.org/admin3/list.asp?id=1328。

　　邴尚白以爲：「陳說較長。簡文言賞罰不公，死傷弗恤，則將士自然懈怠而不肯效命。」〔註894〕。

　　佑仁案：李零讀作「殆」，陳劍讀作「怠」。「殆」有危懼、不安之義，《論語·爲政》：「學而不思則罔，思而不學則殆。」，《孫子·謀攻》：「知彼知己，百戰不殆。……不知彼，不知己，每戰必殆。」。而「怠」則有鬆懈、怠惰之義。《玉篇·心部》：「怠，懈怠也。」，《書·大禹謨》：「無怠無荒，四夷來王。」，孔傳：「無怠惰荒廢，則四夷歸往之。」，《呂氏春秋·達鬱》：「壯而怠則失時，老而解則無名。」，高誘注：「怠，懈。」。就文義而言，確實讀作「怠」較佳。

　　「怠心」一詞似無出現於先秦文獻中，但類似概念者卻有，如《商君書·農戰》：「農戰之民千人，而有詩書辯慧者一人焉，千人者皆怠於農戰矣。」，《吳子·論將》：「停久不移，將士懈怠，其軍不備，可潛而襲」，《商軍書》「怠於農戰」與《吳子》「將士懈怠」其實都是對戰事產生「怠心」。

〔120〕、45·**此既戰（戰）之幾（機）**乚

　　原考釋者李零以爲「『幾』字下有句讀。以上是講戰鬥結束後的忌諱。其忌在於賞誅無當，對死者和傷者缺乏關心，讓人對戰爭仍心有餘悸。」〔註895〕。

　　淺野裕一以爲「其次，莊公問『既戰之忌』，亦即關於戰後處理的禁忌。對此曹沫回答說，對有軍功者的獎賞少，對有過失者的刑罰重，而且處置不適當，不收容戰死者的屍體，不慰問負傷者，而在國內產生不安之心，這些是關於戰後處理的禁忌。」〔註896〕。

　　佑仁案：淺野裕一解「忈」字作「不安之心」，其實釋作「怠」，即「懈怠」之意較佳。

〔註894〕邴尚白：〈上博楚竹書《曹沫之陣》注釋〉，收入臺灣大學《中國文學研究》第二十一期，2006 年，頁 26。
〔註895〕馬承源主編：《上海博物館藏戰國楚竹書（四）》，（上海：上海古籍出版社，2004年 12 月），頁 273。
〔註896〕淺野裕一：〈上博楚簡〈曹沫之陣〉的兵學思想〉，簡帛研究網，（2005 年 9 月 25日），網址：http://www.jianbo.org/admin3/2005/qianyeyuyi001.htm。